全面深化改革的动力支持研究

曹仁军◎著

中国经济出版社
CHINA ECONOMIC PUBLISHING HOUSE
·北 京·

图书在版编目（CIP）数据

全面深化改革的动力支持研究 / 曹仁军著. -- 北京 :
中国经济出版社，2025. 7. -- ISBN 978-7-5136-8303-6

Ⅰ. D61

中国国家版本馆 CIP 数据核字第 2025GN4754 号

组稿编辑　崔姜薇
责任编辑　夏军城
责任印制　李　伟
封面设计　任燕飞

出版发行　中国经济出版社
印 刷 者　河北宝昌佳彩印刷有限公司
经 销 者　各地新华书店
开　　本　710mm×1000mm　1/16
印　　张　17.5
字　　数　304 千字
版　　次　2025 年 7 月第 1 版
印　　次　2025 年 7 月第 1 次
定　　价　88.00 元
广告经营许可证　京西工商广字第 8179 号

中国经济出版社 **网址** http://epc.sinopec.com/epc/ **社址** 北京市东城区安定门外大街 58 号 **邮编** 100011
本版图书如存在印装质量问题，请与本社销售中心联系调换（联系电话：010-57512564）

PREFACE 前　言

改革开放精神是党中央批准的第一批纳入中国共产党人精神谱系的伟大精神之一，其形成的空间范围广、时间跨度长，与探索中国特色社会主义道路的历程相得益彰，是具有重要历史节点意义的精神形态。选择具有重要历史节点意义的精神形态进行深入研究，有助于打通具体精神同整体精神研究之间的区隔。改革开放精神是马克思主义与时俱进的理论品质、中华民族开拓创新的实践品格与改革开放基本经验相结合的重要思想成果，它是新时代党的思想建设的生动教材，是以全面深化改革推进中国式现代化的强大精神动力。

马克思主义凝练精神特质的理论与方法，是中国共产党人凝练改革开放精神的理论基础和科学依据。中华优秀传统文化关于精神特质凝练的思维路向与方法论意蕴，对中国共产党人凝练改革开放精神具有重要的启示意义。哲学社会科学关于精神特质凝练的思维路向与方法论意蕴，为中国共产党人凝练改革开放精神提供了可资借鉴的理论资源。

改革开放精神的生成，遵循着“实践—经验—精神”的进路。改革开放的实践历程分为四个阶段：目标探索阶段、框架构建阶段、体制完善阶段、全面深化阶段。改革开放的实践经验主要包括坚持四项基本原则，坚持解放思想、实事求是的思想路线，坚持人民主体地位、发挥群众首创精神，坚持理论创新与实践创新的良性互动，坚持辩证唯物主义和历史唯物主义世界观和方法论。在习近平总书记关于全面深化改革开放重要论述的指导下，结合改革开放以来党和国家领导人凝练时代精神的思路，按照“赓续优良传统、升华实践经验、把握实践指向”的方法，改革开放精神基本内涵的四个主要方面应运而生：侧重改革的“敢闯敢试、敢为人先”的精神；侧重创新的“勇于创新、大胆探索”的精神；侧重开放的“胸怀天下、兼收并蓄”的精神；侧重实干的“脚踏实地、埋头苦干”的精神。

改革开放精神个性鲜明、意义重大。赓续传承中华优秀传统文化的变革日新和开放包容精神，为改革开放精神注入刚健有为和自信包容的深厚文化底蕴；注重把握时代脉搏、紧跟时代潮流，使改革开放精神具有鲜明的时代气息；立足基本经验、着眼实践要求，赋予改革开放精神以突出的实践品格。改革开放精神的提出是对改革开放主体论、方法论、经验论的凝练升华，丰富了社会主义改革开放理论，充实了中国共产党人精神谱系，促进了中华民族精神的现代转化。中国共产党人不断提炼时代精神，主要是着眼于凝聚意志、引领实践，创造性地开展工作。改革开放精神的重大实践意义正在于此，它为推进中国式现代化注入强劲动力，为全面深化改革开放注入生机活力，为发展新质生产力激活创新动能。

弘扬改革开放精神，需要在党的领导下，以新时代战略眼光统一筹划、合理布局。只有明确时代要求、遵循重大原则、完善实践路径，改革开放精神的弘扬才能落到实处。面对世界百年未有之大变局，要牢记初心使命，夯实立足时代之基；要拓宽理论视野，科学回答时代之问；要强化前瞻意识，主动引领时代之变。弘扬改革开放精神，要遵循以下重大原则：必须坚持中国共产党的集中统一领导；必须坚持解放思想、实事求是、守正创新；必须坚持处理好改革开放精神与民族传统、时代元素、外来精神文化的关系。弘扬改革开放精神，需要有清晰可行的实践路径。要明确主体责任，加强整体规划部署；要完善协同机制，整合各方参与力量；要加强舆论引导，占领主流思想高地；要构建媒体矩阵，赋能快速高效传播；要融入专题活动，强化自觉践行意识；要把握实践要求，提升改革创新能力。只有将上述各环节紧密衔接，环环相扣，才能增强改革开放精神的渗透力、影响力、引领力，才能使其在推进中国式现代化实践中发挥应有的作用。

CONTENTS 目　录

导　论

伟大的实践铸就伟大的精神，伟大的精神引领伟大的实践。习近平总书记指出："改革开放铸就的伟大改革开放精神，极大丰富了民族精神内涵，成为当代中国人民最鲜明的精神标识！"① 改革开放精神研究的主要依据就是党和国家领导人关于凝练、弘扬时代精神的重要论述，以及有关改革开放的重要论述。国内外有关改革开放精神的研究成果颇丰，见仁见智。只有将前人的重要研究成果进行细致梳理，对各种不同的观点进行辨析、归纳，才能明确"改革开放精神研究"这一选题该突出什么、吸纳什么、借鉴什么，才能明确需要突破的重点、难点，才能有针对性地提出研究思路和研究方法。对书中涉及的核心概念进行考辨和界定是有必要的，这将为本书的研究方向提供清晰的指引。

第一节　选题依据和选题意义

选题改革开放精神研究具有扎实的依据和重要的意义。选题严格依据党和国家领导人关于凝练、弘扬时代精神的重要论述，以及有关改革开放的重要论述。选题具有重要的理论意义和实践意义：从理论上看，有助于加强中国共产党人精神谱系的学理支撑，有助于进一步深化对社会主义核心价值体系的研究；从实践上看，有助于筑牢中国式现代化的精神支撑，有助于为全面深化改革开放凝聚共识、统一意志。

一、选题依据

改革开放是当代中国的鲜明特色，是中国共产党的鲜明旗帜。经过长期的实践检验，人们对邓小平同志1992年发出的"不改革开放，只能是死路一

① 习近平谈治国理政（第三卷）[M]．北京：外文出版社，2020：191.

条"[①] 这一振聋发聩的呼喊理解得越来越深刻。改革开放是党和国家在经历了艰苦探索、吸取国内外经验教训之后作出的战略选择。当前，我国处于全面建设社会主义现代化国家的重要历史时期。一方面，伟大的实践呼唤伟大的精神，没有时代精神的高度弘扬，就难以实现伟大的历史使命；另一方面，在少部分人中出现了与时代要求格格不入的诸如崇洋媚外、历史虚无主义等思想倾向。对此，习近平总书记指出："要教育引导全党大力发扬红色传统、传承红色基因，赓续共产党人精神血脉，始终保持革命者的大无畏奋斗精神，鼓起迈进新征程、奋进新时代的精气神。"[②] 大力弘扬中华民族精神、积极培育时代精神，成为我们的当务之急。

改革开放以来，党中央非常重视时代精神的培育与弘扬。邓小平同志指出："要教育全党同志发扬大公无私、服从大局、艰苦奋斗、廉洁奉公的精神，坚持共产主义思想和共产主义道德。"[③] 江泽民同志号召"在全党大力提倡解放思想、改革创新的精神，尊重科学、真抓实干的精神，顾全大局、团结协作的精神，谦虚谨慎、崇尚先进的精神，艰苦奋斗、无私奉献的精神"。[④] 胡锦涛同志强调要宣传和弘扬解放思想、锐意改革、艰苦创业、开拓创新的精神，不断增强中华民族的创造力。同时，党中央还对各个领域、各个时期的时代精神作了一系列概括，比如创业精神、科学家精神、抗洪精神、抗震救灾精神、载人航天精神、奥运精神等。在此基础上，党中央对时代精神进行了更凝练的概括。2004 年 8 月，中共中央、国务院发布的《关于进一步加强和改进大学生思想政治教育的意见》，第一次作了"以改革创新为核心的时代精神"[⑤] 的表述。随后，2004 年 9 月，党的十六届四中全会明确提出"弘扬以改革创新为核心的时代精神"；2006 年 10 月，党的十六届六中全会又把"以改革创新为核心的时代精神与以爱国主义为核心的民族精神"确立为社会主义核心价值体系的基本内容之一。习近平总书记在庆祝改革开放 40 周年大会上的讲话中明确指出："改革开放铸就的伟大改革开放精神，极大丰富了民族精神内涵，成为当代中国人民最鲜明的精神标识！"[⑥] 这一论断表明，改革开放精神是中华民族精神在改革开放新时期的赓续传承和生动体现，是

① 邓小平文选（第三卷）[M]. 北京：人民出版社，1993：370.
② 习近平谈治国理政（第四卷）[M]. 北京：外文出版社，2022：515.
③ 邓小平文选（第二卷）[M]. 北京：人民出版社，1994：367.
④ 中共中央文献研究室. 十四大以来重要文献选编（上）[M]. 北京：中央文献出版社，2011：37.
⑤ 韩震. 社会主义核心价值体系研究 [M]. 北京：人民出版社，2007：74.
⑥ 习近平谈治国理政（第三卷）[M]. 北京：外文出版社，2020：191.

中华民族共同的宝贵精神财富。当前，全面深化改革开放进入深水区和攻坚期。这就需要我们根据时代的变化不断更新文化精神，使其能够适应时代要求、引领时代潮流。要在新时代继续把改革开放推向前进，必须对改革开放精神进行深入的研究。

二、选题意义

（一）理论意义

第一，研究改革开放精神有助于加强中国共产党人精神谱系的学理支撑。100 多年来，中国共产党人铸就了一系列伟大精神，构筑起形态丰富、蔚为壮观的中国共产党人精神谱系。自 2021 年 7 月以来，对中国共产党人精神谱系的研究已成为学术界的一大热点，相关研究成果大量涌现，但能够深入阐发精神谱系的内涵与属性、对象与特征、内容与体系、哲学基础与研究方法的成果却不多。从目前情况看，对中国共产党人精神谱系的研究和论证尚处于方兴未艾的起步阶段，还有大量的工作需要我们去做。王炳林、马雪梅认为，“弘扬以伟大建党精神为源头的中国共产党人精神谱系，应深化理论研究，强化学理支撑”。[①] 古语说“工欲善其事，必先利其器”，理论研究若没有科学的方法论作为必备工具，很难探究到研究对象的内在规律。本书深入研究了马克思主义、中华优秀传统文化以及哲学社会科学关于凝练精神特质的理论与方法，为学术界进一步凝练中国共产党人精神谱系的核心要义提供了重要的方法论借鉴，有助于加强中国共产党人精神谱系的学理支撑。

第二，研究改革开放精神有助于进一步深化对社会主义核心价值体系的研究。改革开放以来，中国特色社会主义事业取得了举世瞩目的成就，走中国特色社会主义道路是全体中华民族成员的共同理想。这一以马克思主义与中国国情相结合而成的共同理想已经成为当代中华民族精神的重要部分。改革创新精神等都是在坚持中国特色社会主义共同理想、建设中国特色社会主义伟大事业中凝结而成的，这一共同理想在当前表现为对社会主义现代化强国的追求。社会主义现代化强国由人民群众共同建设、共同享有，“两个共同”进一步提升了人们对中国特色社会主义共同理想的认同。社会主义荣辱观则体现了中华民族精神的当代发展。例如，“以崇尚科学为荣，以愚昧无知为耻”以及“以遵纪守法为荣，以违法乱纪为耻”就是以改革创新为核心的

---

① 王炳林，马雪梅．弘扬以伟大建党精神为源头的中国共产党人精神谱系［J］．中国青年社会科学，2022，41（6）：2.

时代精神的集中体现，是传统中华民族精神所不曾突出的内容。更为重要的是，社会主义荣辱观实现了把传统美德与社会主义价值取向的结合，其理论表达及在中华民族全体成员中的普遍树立和自觉践行既体现了对中华民族精神的传承和发展，也体现了对社会主义和共产主义价值观的认同。总之，马克思主义指导思想、中国特色社会主义共同理想、以爱国主义为核心的民族精神和以改革创新为核心的时代精神、社会主义荣辱观都与作为当代民族精神的改革开放精神有着内在的必然联系，它们所蕴含的社会主义和共产主义价值取向都在改革开放精神之中得到体现，社会主义和共产主义的价值理想已经成为改革开放精神的鲜明底色。因此，对改革开放精神的研究有助于进一步深化对社会主义核心价值体系的研究。

（二）现实意义

第一，研究改革开放精神有助于筑牢中国式现代化的精神支撑。任何民族都必须有强大精神力量的支撑，否则就不会有统一的意志和有力的行动。由于民族精神内在具有凝聚、激励和支撑等功能，凝聚起整个民族的共同意志，展现出民族成员的身份标识，使民族成员时刻认识到其是所在民族群体的一员。一个民族在面临共同的历史任务或面临民族危机的时候，民族精神所承载的意志品质和生存智慧就可以把无数民族成员个体凝聚在一起，使民族成员的行为取向统一起来，在共同价值理想的指导下，为本民族的生存和发展斗争。① 早在改革开放之初，邓小平同志就不断强调“两手抓，两手都要硬”的战略思想②，把社会主义精神文明建设看作一个事关改革开放事业兴衰成败的重要方面。习近平总书记指出：“我们党坚持和发展中国特色社会主义文化，激发全民族文化创新创造活力，为中国式现代化提供强大精神力量。”③ 党中央越是在全面深化改革和扩大对外开放的重要关口，越是强调加强先进文化建设和精神支柱建设，为中国式现代化筑牢精神之基、力量之源，确保中国式现代化行稳致远。改革开放精神是当代中国人民最鲜明的精神标识，它的地位和功能决定了其必然成为中国式现代化的强大精神动力。本书深入探讨了改革开放精神的理论意义和实践意义，以及弘扬改革开放精神的现实路径，为完善由精神向实践的转化机制拓展了新的视野，有助于筑牢中

① 孙文营．民族精神的六大功能［J］．贵州民族研究，2009，29（4）：32.

② 中共中央文献研究室．社会主义精神文明建设文献选编［M］．北京：中央文献出版社，1996：572.

③ 中国式现代化是中国共产党领导的社会主义现代化［N］．人民日报，2023-06-01（1）.

国式现代化的精神支撑。

第二，研究改革开放精神有助于为全面深化改革开放凝聚共识、统一意志。首先，改革开放精神能够强化破解深层次问题的主体担当，能够进一步激励人们解放思想，打破传统观念的束缚，以创新思维推动改革发展；它能够激励人们勇于实践，不断探索解决问题的新途径和新方法；能够激励人们加强理论研究，为破解深层次问题提供科学的理论指导；能够激励人们弘扬团结协作的精神，汇聚全社会的力量共同推动问题的解决。其次，改革开放精神能够激发应对发展新变化的思想活力。解放思想、实事求是激发了人们的创新意识，使人们敢于挑战传统，勇于尝试新事物，从而推动社会的进步与发展。与时俱进、求真务实的精神促使人们关注学术前沿，了解最新的研究成果，勇于提出自己的见解和假设，不断更新知识体系，增强思维能力，提高认识世界和改造世界的能力。改革开放精神使人们保持积极向上的心态，勇于面对挑战和困难，从而不断提升自身素质和精神状态。在改革开放精神的引领下，人们的思想观念得到更新，社会风气得到改善，从而形成良好的思想氛围。最后，改革开放精神有助于保持落实改革新举措的恒久动力。在改革开放的实践中，钉钉子精神得到了充分体现。无论是经济体制改革还是科技创新，无论是社会治理还是生态文明建设，都需要我们发扬钉钉子精神，直到实现最终目标。这些都是改革开放精神的题中之义，更是全面深化改革开放和推进中国式现代化的重要动力。

第二节　国内外关于该课题的研究现状

习近平总书记在庆祝改革开放40周年大会上指出：“改革开放铸就的伟大改革开放精神，极大丰富了民族精神内涵，成为当代中国人民最鲜明的精神标识!”① 自这一重要论断提出以来，国内外掀起了对改革开放精神的研究热潮。学者们从不同角度、不同层面对改革开放精神进行了深入研究，探讨了改革开放精神的科学内涵等方面的问题。这些成果是我们进一步深化研究改革开放精神的重要基础。

一、国内研究现状

国内学者围绕改革开放精神，已形成基本研究框架和研究范式，同时对

① 习近平谈治国理政（第三卷）［M］. 北京：外文出版社，2020：191.

改革开放和凝练精神特质的方法等问题进行了探讨，为进一步深入研究改革开放精神提供了充分的理论资源。

（一）关于改革开放精神的研究

截至 2024 年 5 月 31 日，笔者在中国知网以“改革开放精神”为主题词进行搜索发现，期刊论文有 1398 篇，报纸文章有 333 篇。

期刊论文的发表年度趋势和主题分布如图 1 和图 2 所示。

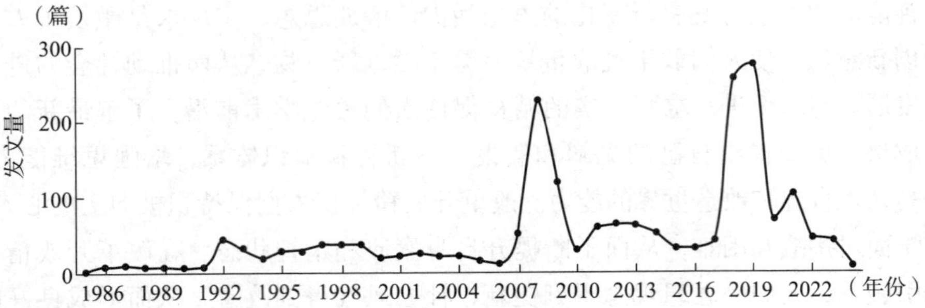

图 1　有关改革开放精神研究的期刊论文发表年度趋势

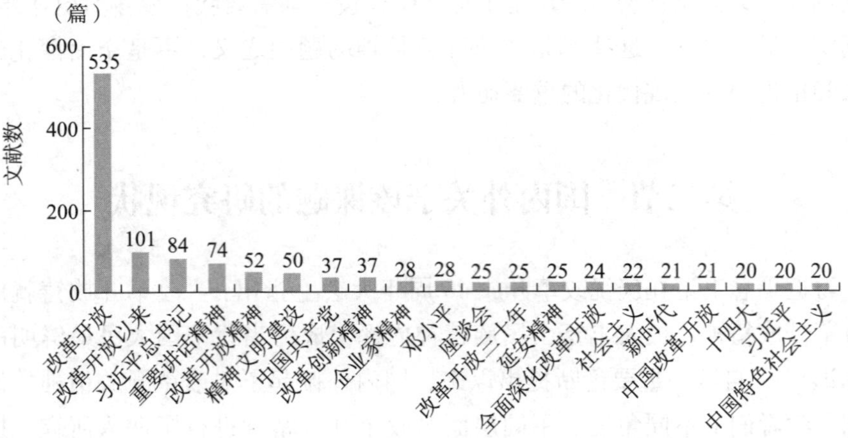

图 2　有关改革开放精神研究的期刊论文主题分布

图 1 显示，2008 年和 2019 年分别出现过两个发文高峰，结合主题分布图 2 可以判断，2008 年发文的主题集中于改革开放 30 周年基本经验的研究，而 2019 年发文的主题则集中于改革开放精神的研究。

关于改革开放精神，目前的观点主要有四种：实践生成说、文化属性说、多维建构说和社会功能说。

1. 实践生成说

持这种观点的学者认为，改革开放精神是在改革开放实践中不断孕育、发展和完善的，来源于实践，又指导实践，突出的实践品格是改革开放精神的基本特征。韩振峰、韩庆祥是这种观点的代表。韩振峰在《改革开放铸就了伟大改革开放精神》（2019）中提出，伟大的改革开放精神是从改革开放伟大实践中得来的，是对我国改革开放实践历程及其经验的高度凝练和升华，是党和人民在改革开放实践中孕育铸就的弥足珍贵的精神财富。① 韩庆祥在《改革开放根本经验的哲学梳理》（2019）中提出，中国改革开放的伟大意义，绝不亚于意大利的“文艺复兴”，可称为中国的“民族复兴”。我们应以理性思维的方式，全面深入总结改革开放的根本经验。② 持这种观点的学者还有包心鉴、何自力、樊伟、奚洁人等。

包心鉴在《论伟大改革开放精神》（2019）中提出，伟大改革开放精神是我国改革开放伟大实践的精神结晶，是推进社会变革、促进人的发展的巨大精神力量。③ 何自力在《发扬改革开放精神，将改革开放进行到底》（2019）中提出，改革开放精神是对改革开放伟大成就的高度肯定，是对改革开放成功经验的理论升华。④ 樊伟在《改革开放精神论略》（2019）中指出，改革开放精神是40多年改革开放实践铸就的活的理念。⑤ 奚洁人在《新时代凝聚中国力量的精神伟力——习近平改革开放论述的精神聚合力》（2018）中指出，这场伟大革命铸就的伟大的改革开放精神，是以解放思想为逻辑起点的，从一开始就显现了思想的伟力。⑥

2. 文化属性说

持这种观点的学者认为，改革开放精神源于中华民族悠久的文化传统，是对中华优秀传统文化的继承与发展。中华优秀传统文化中的勇于创新、自强不息、开放包容等精神，为改革开放精神提供了深厚的文化土壤。持这种

① 韩振峰．改革开放铸就了伟大改革开放精神［J］．思想理论教育导刊，2019（3）：21-23.

② 韩庆祥．改革开放根本经验的哲学梳理［J］．北京大学学报（哲学社会科学版），2019，56（1）：39-47.

③ 包心鉴．论伟大改革开放精神［J］．中国井冈山干部学院学报，2019，12（2）：27-33.

④ 何自力．发扬改革开放精神，将改革开放进行到底［J］．当代经济研究，2019（1）：20-23.

⑤ 樊伟．改革开放精神论略［J］．中国高等教育，2019（1）：13-15.

⑥ 奚洁人．新时代凝聚中国力量的精神伟力——习近平改革开放论述的精神聚合力［J］．南京政治学院学报，2018，34（6）：27-32，140.

观点的学者以文化溯源思路追溯改革开放精神的文化根脉，突出改革开放精神的文化属性。

陈金龙、冯颜利是这种观点的代表。陈金龙在其著作《改革开放与民族精神》（2008）中提出，改革开放以来中国共产党人不仅弘扬了民族精神的传统内容，而且与时俱进地培育了当代的民族精神，为民族精神注入了新的内容和活力。① 时代的发展要求我们进一步丰富民族精神的内涵，培育新的民族精神。张文娟、冯颜利认为，改革开放精神是立足于改革开放伟大实践，通过对千百年来伟大民族精神的再现与重构而形成的一种精神品格，具有独特的发生逻辑。② 李明、赵金科在《改革开放精神：民族精神与时代精神的传承与创新》（2020）中提出，改革开放精神的生成与民族精神、时代精神具有内在的逻辑关联，因此要探索改革开放精神形成的文化基础、实践基础和时代背景，只有这样才能更好地诠释改革开放精神的时代意义。③

持这种观点的学者还有丁少锋、刘居安、宋扺、娄礼生等。学者们认为，改革开放是中国现代化进程中的一场伟大革命，它不仅推动了经济社会的飞速发展，更在深层次上激发了中华民族的文化自觉和文化创新。改革开放精神源于中华民族悠久的文化传统，是对中华优秀传统文化的继承与发展。同时，改革开放精神是对中国近代以来屈辱历史的深刻反思，是对国家富强、民族振兴的强烈渴望。改革开放精神具有深厚的文化根脉和独特的文化特性，既是对传统文化的继承与发展，也是对现代社会的积极回应。改革开放精神强调对外开放，积极吸收世界文明成果，体现了中华民族多元一体文化的包容性。这种开放包容的精神，不仅促进了中国与世界的交流互鉴，而且丰富了中华文化的内涵。改革开放精神的核心是改革创新，鼓励敢为人先、勇于探索的精神，体现了中华民族不畏艰难、勇于进取的文化特质。改革开放以来的伟大实践，正是这种改革创新精神的生动体现。改革开放精神强调实事求是、求真务实，注重解决实际问题，体现了中华民族务实进取的文化品格。

3. 多维建构说

持这种观点的学者认为，改革开放精神是多个维度共同建构的产物。它既是历史的传承与创新，也是理论的丰富与发展；既是实践的成果与展现，

---

① 陈金龙．改革开放与民族精神［M］．广州：广东教育出版社，2008：67.

② 张文娟，冯颜利．改革开放精神的发生逻辑与时代特质［J］．人民论坛，2021（12）：50-52.

③ 李明，赵金科．改革开放精神：民族精神与时代精神的传承与创新［J］．南京航空航天大学学报（社会科学版），2020，22（3）：20-27.

也是价值的升华与提升。从历史维度来看，改革开放精神是对中国近现代历史经验的深刻总结，是在探索中国特色社会主义道路中形成的宝贵精神财富。历史维度的考量让人们明白，改革开放精神是对历史的传承与创新，是对国家命运的深刻反思与积极应对。从理论维度来看，它以中国特色社会主义理论体系为指导，将马克思主义基本原理与中国实际相结合，丰富了社会主义改革开放理论。从实践维度来看，改革开放精神是在实践中不断丰富和发展的。改革开放以来，中国在各个领域取得了举世瞩目的成就。这些成就正是改革开放精神在实践中的生动体现。实践维度的展现让我们看到，改革开放精神是推动中国发展的强大动力，是引领中国赶上时代、走向世界舞台中央的重要法宝。

郑敬斌在《理解改革开放精神的三维向度》（2019）中提出，理解改革开放精神，要坚持理论、历史和现实三个维度的有机统一。从理论维度来看，改革开放精神坚持马克思主义立场，体现马克思主义观点，贯穿马克思主义方法；从历史维度来看，改革开放精神在历史的长河里可溯源于中华民族精神，涵育于中国共产党的自我革命传统，最终形成于改革开放的伟大实践；从现实维度来看，改革开放精神应立足当下、着眼未来，在“精神危机”中破解现实难题，在实现伟大奋斗目标中凝心聚力，在全面深化改革和全面开放的实践中丰富内涵。[①] 燕连福、郭世平在《论改革开放精神的形成渊源、基本内涵与弘扬路径》（2019）中提出，在新时代要准确把握改革开放精神的基本内涵，需要全面理解改革开放精神的目标、灵魂、生命和核心。只有从这几个方面入手，才能准确凝练改革开放精神的内涵。[②] 郑佳然在《试论改革开放精神的内涵及价值》（2019）中提出，改革开放的伟大进程铸就了以实事求是、开拓创新、海纳百川、人民利益至上为核心内容的改革开放精神，极大丰富了民族精神内涵，体现了鲜明的时代特点，是当代中国人民最鲜明的精神标识。[③] 杨增崇、王晓晓在《历史、理论与现实三重维度下改革开放精神弘扬理路》（2022）中提出，新时代弘扬改革开放精神应当在历史、理论和现实三重维度中深刻理解把握伟大改革开放精神的科学内涵。在历史维度上，要继承中华优秀传统文化中的革故鼎新精神与开放态度、学习“四史”特别是

① 郑敬斌．理解改革开放精神的三维向度［J］．东岳论丛，2019，40（7）：184-190.

② 燕连福，郭世平．论改革开放精神的形成渊源、基本内涵与弘扬路径［J］．思想教育研究，2019（1）：24-26.

③ 郑佳然．试论改革开放精神的内涵及价值［J］．高校马克思主义理论研究，2019，5（4）：125-131.

改革开放史，从学习历史中汲取智慧和力量；在理论维度上，要探究其与伟大建党精神、特区精神等诸多精神的关系，与中国精神、民族精神的关系以及其在中国共产党人精神谱系中的地位问题，把握改革开放精神的社会主义属性与特质；在现实维度中，要立足我国改革发展新实际，统筹国内、国际两个大局，坚持新发展理念，注重法治思维，从而在中国特色社会主义制度自我完善和发展过程中充分发挥其精神支撑作用。①

4. 社会功能说

持这种观点的学者认为，从社会功能的角度来看，改革开放精神的本质在于其推动社会进步、激发社会活力、促进公平正义和增强国家竞争力的能力。这种精神不仅改变了中国的面貌，也为全球发展提供了宝贵的经验和启示。改革开放精神的核心在于不断创新和进取，激发了全社会的创造力。改革开放精神强调开放包容、合作共赢，激发了社会的活力，促进了社会的繁荣发展。改革开放精神坚持公平正义，注重保障和改善民生，促进了社会的和谐稳定。持这种观点的学者有吴潜涛、徐雯婷、姜宏大等。

吴潜涛、郭灏在《改革开放精神的本质属性及其弘扬》（2020）中提出，新时代弘扬伟大改革开放精神，必须正确把握改革开放精神在深化改革开放实践中的地位和作用，必须实现好对中华优秀传统文化的创造性转换、创新性发展，必须多维度协同推进改革开放精神的新时代发展。② 徐雯婷在《高校弘扬改革开放精神的基本原则与具体策略》（2020）中提出，高校在弘扬改革开放精神的实践中应当遵循五个基本原则，即坚持正确导向与鼓励自主创新相结合、把握共性特征与突出个性特征相结合、全员覆盖与抓牢重点相结合、立足中国实际与坚持世界眼光相结合、创新理论宣教与注重实践锻炼相结合。从各类社会实践、理论学习研究、校园文化活动、网络社交互动等方面入手，坚持具体问题具体分析，不断优化工作策略。③ 姜宏大在《在思想政治理论课中强化伟大改革开放精神的培育》（2019）中提出，在思想政治理论课中强化伟大改革开放精神的培育，一要师者先行，让具有伟大改革开放精神的人进行伟大改革开放精神的培育；二要梳理相关内容，将伟大改革开放精神融入

① 杨增崇，王晓晓．历史、理论与现实三重维度下改革开放精神弘扬理路［J］．红色文化学刊，2022（2）：22-30，109-110.

② 吴潜涛，郭灏．改革开放精神的本质属性及其弘扬［J］．高校马克思主义理论教育研究，2020（1）：47-56.

③ 徐雯婷．高校弘扬改革开放精神的基本原则与具体策略［J］．西南科技大学学报（哲学社会科学版），2020，37（1）：74-78，88.

思想政治理论课教学体系；三要课堂深耕，在思想政治理论课小课堂同社会大课堂结合中进行伟大改革开放精神的培育。① 姜英哲、丁永刚在《改革开放精神形成的三重内涵及其新时代实践意蕴》（2021）中提出，新时代中华儿女应不断弘扬和践行改革开放精神，坚持与时俱进品质，秉持自强不息精神，发扬艰苦奋斗精神，坚持以人民为中心，构建开放合作、互利共赢的对外开放格局，在实践中不断发展中国特色社会主义。②

（二）关于改革开放精神的其他相关研究

1. 关于改革开放的研究

早在改革开放初期，理论界就举办了一系列研讨活动，形成了一批具有深远影响的理论成果。这些研究以 10 周年纪念为主要时间节点，集中探讨了改革开放实践中的重大问题。然而，在这一时期，由于缺乏对改革开放的深入理解和把握，一些研究存在贯通性相对较弱的问题。随着时间的推移，有关改革开放的研究逐渐得到拓展和深化。2013 年，中国社会科学院当代中国研究所与华中师范大学联合举办的“中国改革开放史前沿问题学术研讨会”就是一座里程碑。此次研讨会围绕加强和深化改革开放史研究的重要意义，改革开放史研究的内涵和外延、取得的成果和不足以及应当注意把握的立场、观点、方法等问题展开了热烈讨论。与会学者就改革开放史研究的内容和范围、重点和难点以及如何推进改革开放史研究等问题达成初步共识。

改革开放既是决定当代中国命运的关键战略也是决定实现“两个一百年”奋斗目标、实现中华民族伟大复兴的关键战略，在中共党史和新中国史上具有重要地位，为此学者们多从历史学的宏观视角进行研究阐释。其目的有三：一是生动记录改革开放波澜壮阔的历史进程，为改革画像，为先贤留名，为人民存史。二是总结好改革开放的历史经验，发挥党史资政作用，为新时代全面深化改革开放贡献智慧和力量。三是用改革开放精神激励人民、教育人民、启迪人民，增进改革共识。

生动记录改革开放历史进程的著作，比较有代表性的有曹普所著的《中国改革开放全景录》（2018），王伟光著的《改革开放与中国特色社会主义道

① 姜宏大．在思想政治理论课中强化伟大改革开放精神的培育［J］．辽宁师范大学学报（社会科学版），2019，42（5）：84-89.

② 姜英哲，丁永刚．改革开放精神形成的三重内涵及其新时代实践意蕴［J］．宝鸡文理学院学报（社会科学版），2021，41（1）：39-46，78.

路》（2019），罗平汉主编的《伟大的改革开放》（2019），李佐军、田惠敏编著的《与改革同行：中国改革开放和伟大复兴》（2021），中共深圳市委党史研究室、深圳市史志办公室编著的《深圳改革开放四十年》（2021），中国中共文献研究会编的《改革开放与新时代：庆祝改革开放40周年学术研讨会论文集》（2020）等。这些著作生动记录了我们党团结带领全国各族人民进行改革开放的伟大实践，集中反映了改革开放和社会主义现代化建设取得的历史性成就，充分彰显了中国特色社会主义道路自信、理论自信、制度自信、文化自信，为后世留下了翔实、珍贵的历史资料。

总结改革开放历史经验的著作，比较有代表性的有袁木著的《关于改革开放的若干认识问题》（2016），石云霞主编的《中国特色社会主义改革开放的历史经验研究》（2008），王海军著的《改革开放以来中国共产党理论创新基本经验研究》（2011），刘诗白著的《改革开放的理论与实践》（2018），贾康著的《改革时代创新研讨集萃》（2018），郑剑、李冉、陈振凯、张广昭著的《试点：改革的中国经验》（2018）等。这些著作深入阐发了我们党在改革开放实践中是如何坚持和发展马克思主义、如何处理四项基本原则与改革开放的关系、如何坚持实践创新与理论创新的互动、如何处理改革发展稳定的关系、如何加强和改善党的领导等基本经验的。

学术界针对改革开放的研究取得了许多重大成果，不仅为我们提供了宝贵的历史经验和启示，而且为我们指明了未来的发展方向和目标。然而，我们也应该看到存在的问题和不足，继续努力深化和完善相关研究。

2. 关于精神特质凝练的原则和方法的研究

目前这方面的研究成果比较少，理论界只有商志晓、石仲泉、韩震、王炳林、佘双好、王立兵等少数专家进行了探讨。

进入改革开放新时期以来，商志晓是在最早提出这一问题的学者。他在《民族精神论要》（1995）中强调，在揭示民族精神的含义时，既需要对概念本身有一个准确凝练的规定和表述，又必须考虑到它的实际运用。①

此后，韩震在其专著《社会主义核心价值观凝练研究》（2012）中提出了凝练社会主义核心价值观的基本原则：①必须是国家社会制度价值取向的体现。②必须是战略目的性的，而不是战术手段性的；必须是理念性的，而不是工具层面的。③必须是基本的、持久的价值，而不是次生性和阶段性的价值。④必须是更具解释力的价值，而不是包含在其他价值中的价值。⑤必

① 商志晓．民族精神论要［J］．南京社会科学，1995（10）：8.

须是具有一定超越性的理念，超越一般的经济和生活诉求。⑥必须是代表人类社会发展和历史前进方向且具有世界意义的理念。[①] 佘双好在《中国梦之中国精神》（2015）中也提出了凝练社会主义核心价值观的基本原则，即必须坚持中国特色社会主义道路、必须符合历史发展的方向、注意语言简练明确。[②] 韩震提出的原则比佘双好的观点更具体、更具有操作性。由于核心价值观的凝练与精神特质的凝练遵循同样的思维逻辑，所以我们可以把韩震教授提出的凝练核心价值观的六条原则作为凝练精神特质的原则来使用。

王炳林和房正在《关于深化中国共产党革命精神研究的几个问题》（2016）中提出了凝练和总结中国共产党革命精神的若干原则，包括“由量变到质变”的渐进性原则、“共性中寻找个性”的独特性原则、“抓住主要矛盾”的核心性原则。[③]

石仲泉在《“大别山精神”刍议》（2017）中对这个问题作了较为系统的思考。他认为概括和表述各个“精神”的内涵，至少应把握好三个关系：①共性与个性的关系；②历史与现实的关系；③精准与通俗的关系。这为中国共产党革命精神特质的凝练提供了基本原则，具有较高的学术价值。[④] 王立兵在《大别山精神凝练的方法论思考》（2020）一文中提出，要从辩证唯物主义和历史唯物主义方法论视角，把握好内容上的整体与局部、历史与现实、普遍与特殊以及表述上的“方言”与“普通话”四个关系。[⑤]

五位学者的观点见仁见智。其中，石仲泉提出的“共性与个性的关系、历史与现实的关系、精准与通俗的关系”具有普遍的适用性，韩震提出的六条原则更加具体、具有较强的可操作性。

二、国外研究现状

（一）国外学者关于改革开放精神的研究

美国著名的中国问题研究专家谢伟思在其论文《“延安精神”与中国的改革》中提出，“延安精神”对于中国共产党来说是一种内涵丰富的精神资源，

---

① 韩震．社会主义核心价值观凝练研究［M］．北京：北京师范大学出版社，2012：67-70.

② 佘双好．中国梦之中国精神［M］．武汉：武汉大学出版社，2015：280-282.

③ 王炳林，房正．关于深化中国共产党革命精神研究的几个问题［J］．中国高校社会科学，2016（3）：4-15，155.

④ 石仲泉．“大别山精神”刍议［J］．苏区研究，2017（4）：49-59.

⑤ 王立兵．大别山精神凝练的方法论思考［J］．黄冈师范学院学报，2020，40（2）：1-4.

与当代的改革开放具有思想脉络的一致性。[①] 美国著名的中国问题研究专家罗伯特·劳伦斯·库恩在《中国共产党为什么能创造中国发展奇迹?》(2021)中认为，世界要了解中国，就必须了解中国共产党的思维方式。新加坡学者林任君在《中国经济改革的历史意义与国际影响》一文中提出，贯穿整个改革运动的其实是"实践是检验真理的唯一标准"这种精神。[②] 美国学者威廉·H. 布兰察德（William H. Blanchard）在其著作《革命道德关于革命者的精神分析》(2004）中，充分融合了心理学、政治学、历史学的研究手段，避开"革命问题"社会结构分析的主要路径，而以心理学方法潜入革命者精神世界分析的底层。作者把"内疚负重"向"拯救责任"的心理进路，看成革命者的无意识动因，从而在一个几乎被人忽略的视角上，将革命问题解读为一种心理层面的冲突，力求还原革命者的心理动因。法国学者夏泰宁研究了邓小平南方谈话之后中国人观念的变化，他认为邓小平提出的"以经济建设为中心"的观念已成为中国全民共识，而且争当世界第一流强国的意识已深入人心。[③] 日本学者天儿慧在《论邓小平时代》中提出，邓小平不屈不挠的战斗精神给了中国的改革者很大鼓励，这种精神极大推动了中国改革开放的进程。[④]

（二）国外学者关于改革开放精神的其他相关研究

1. 国外学者关于时代精神的研究

实证主义者孔德在其所著的《论实证精神》和《实证哲学教程》中提出，历史分为英雄时期、过渡时期、工业时期，与之相适应的人类精神发展经历了神学、形而上学、科学阶段。他特别推崇的是工业阶段的"实证精神"。与孔德形成鲜明对照的是，存在主义者雅斯贝尔斯则对技术时代世界的非精神化提出了担忧。他在《时代的精神状况》中说："我们时代的精神状况既包含着巨大的危险，也包含着巨大的可能性。如果我们不能胜任我们所面临的任务，那么这种精神状况就预示着人类的失败。"[⑤] 他认为，当代人类的境遇所面临的主要危险在于，技术性的统治秩序使人正在失去他自己的世界，

---

① 齐欣，等. 世界著名政治家、学者论邓小平［M］. 上海：上海人民出版社，1999：810.

② 国外邓小平研究述评［J］. 理论与当代，2004（7）：57-64.

③ 夏泰宁. 社会转型时期中国人观念的变化［N］. 联合早报，1992-06-16.

④ 齐欣，等. 世界著名政治家、学者论邓小平［M］. 上海：上海人民出版社，1999：601.

⑤ 卡尔·雅斯贝尔斯. 时代的精神状况［M］. 王德峰，译，上海：上海世纪出版集团，2005：15.

人不能成其为人。但是在当代，“在普遍的生活机器与一个真正的人的世界之间的张力是不可避免的”。[①] 所以，当代哲学的主要任务，就是通过对人的实存的澄明，使之获得自我拯救的可能性。一句话，即使人类意识到自身。

大卫·雷·格里芬在其所著的《后现代精神》一书中，对现代精神和后现代精神进行了对比。他认为，构成现代精神最重要的两个方面，一是个人主义，二是二元论，两者是人类思想史上独一无二的观念。后现代精神的两个方面的核心内容，一是以内在的关系为中心，反对个人主义。强调个人的自我和他的身体、他的周围自然环境、他的家庭、他的文化等有一种内在联系。二是有机主义，超越二元论和唯物主义。后现代世界的人借助家园感和亲情感用在交往中获得享受和任其自然的态度取代了现代人的占有欲。

2. 国外学者关于中国改革开放和社会主义现代化的研究

美国哈佛大学教授麦克法夸尔（MacFarquhar）主编的《中国政治：中华人民共和国60年》（2011），从历史的视角重新反思中国特色社会主义，与他们20世纪的研究相比，其思想认识有了明显的变化，绝大多数人高度评价“中国道路”和“中国模式”。[②] 美国著名的中国问题研究专家大卫·兰普顿在其著作《一脉相承的领导者：治理中国从邓小平到习近平》中，从国家治理体系视角论述了当代中国从邓小平到习近平一脉相承的转变过程。

日本学者冈部达味、毛里和子在其《改革开放时代的中国》（1989）中认为，中国的改革是有意识地从经济领域展开的，而且取得了显著的成果。“经济社会和政治社会搞活了，中国进入了国际社会，而且中国的国际地位也同时提高了。在现代中国40年的历史上，改革开放时代是第一次使增长、稳定与和平同时存在的十年，这样说并不夸张。”[③] 美国学者巴里·诺顿在其论文《经济学家邓小平》中提出，中国经济改革的第一个特点是，一个很大的国营部分与迅速发展的非国营部分并存的双轨制，是中国经济改革的一个最重要的特点。中国经济改革的第二个特点是它的外向性。第三个特点是，改革是在经济持续与加速发展的条件下进行的。[④] 美国学者戴维·W. 张在其著作《邓小平领导下的中国》中探讨了“中国特色社会主义”之“特色”的若干要素。中国不愿照搬任何外国的现代化模式，中国就是中国，她只能走自

---

① 卡尔·雅斯贝尔斯．时代的精神状况［M］．王德峰，译，上海：上海世纪出版集团，2005：13.

② 成龙．新世纪国外邓小平研究特点分析［J］．中共党史研究，2014（8）：37-46.

③ 齐欣，等．世界著名政治家、学者论邓小平［M］．上海：上海人民出版社，1999：725.

④ 巴里·诺顿．经济学家邓小平［J］．福建党史月刊，1994（8）：6-9.

己的路。[①] 美国学者龙安志著、蒲昳林译《大开放：美国人亲历中国改革开放40年》（2018），描述了改革开放40年来中国社会发生的翻天覆地的变化，描绘了中国以生态文明建设、“一带一路”倡议推动人类命运共同体的宏伟蓝图，在向世界呈现一个全面、客观、开放的中国新形象的同时，为世界各国思考、探索和平衡未来全球治理新模式提供了宝贵范例。

三、研究现状评析

国内学者对改革开放精神的研究已形成基本的研究框架和研究范式，为下一步继续深化研究打下了良好基础。改革开放精神的研究框架，主要围绕改革开放的历史背景、理论依据、实践过程及其对中国社会经济发展的深远影响等方面展开。学者们通过历史文献的梳理、实地调查的开展以及多学科的交叉研究，逐步构建起一个全面、系统的研究框架。这一框架不仅有助于理解改革开放的历史脉络，而且为深入探讨改革开放精神提供了坚实基础。在研究范式的深化方面，国内学者注重从多个维度对改革开放精神进行解读。他们不仅关注改革开放的经济层面，还深入探讨了其在政治、文化、社会等领域的影响。同时，学者们还运用比较研究的方法，将改革开放精神与其他国家和地区的民族文化精神进行比较分析，从而更加清晰地揭示了改革开放精神的独特性。

同时，国内学者的研究呈现新的趋势。首先，越来越多的学者开始关注改革开放精神与社会主义核心价值观之间的内在联系。他们认为，改革开放精神是社会主义核心价值观的重要组成部分，而且在推动社会主义核心价值观的建设中发挥着重要作用。其次，一些学者开始将改革开放精神放在全球化的背景下进行研究，探讨了它是如何助力中国国际形象的塑造的。最后，还有一些学者致力于将改革开放精神与企业文化建设等实际问题相结合，提出了一系列具有实践意义的建议和措施。国内学者对改革开放精神的研究已经进入了一个新的阶段，呈现多元化、综合化和应用化特点。

国内学者在研究改革开放精神方面虽然已取得可喜的成绩，但仍存在内涵揭示不够深刻、方法支撑不足等问题。针对这些不足与短板，今后对改革开放精神的研究应从以下三个方面进行突破：一是依据习近平总书记关于全面深化改革开放的重要论述，凝练更具本质概括性的改革开放精神的基本内涵，这是下一步研究的重中之重；二是依据党和国家领导人关于时代精神的

① 戴维·W. 张．邓小平领导下的中国［M］．喻晓，译，北京：法律出版社，1991：163.

论述，概括总结中国共产党人凝练精神特质的方法；三是要结合时代要求，加强弘扬改革开放精神路径的研究。

国外学者针对中国改革开放精神的研究，展现了一个多角度的理论棱镜，不仅折射出他们对于当下中国改革开放和中国精神的理论认识，而且从知识论、方法论层面带来了多样化的研究方法和认识方式。这为我们提供了一种新的思维方式与认识视角，使我们有可能突破自身固有的视域观察到自身的认识盲区，有助于深化研究。当然，由于文化上的差异，国外研究者的一些看法并不妥当。对于这些问题，我们要辩证地分析。

第三节　研究思路与研究方法

一、研究思路

本书分为六部分，设导论和正文五章。

第一章，全面梳理精神特质凝练的理论基础与思维启示，重点挖掘马克思主义关于精神特质凝练的理论与方法，以中华优秀传统文化和哲学社会科学中关于精神特质凝练的思维路向与方法论意蕴作为可资借鉴的理论资源。

第二章，研究改革开放精神的实践基础和生成路径，对改革开放的历史背景、实践进程、伟大成就进行详细论述，对改革开放的基本经验进行概括提炼，严格依据党和国家领导人的相关论述呈现改革开放精神的凝练进路和生成逻辑。

第三章，针对改革开放精神的基本内涵，分别从“敢闯敢试、敢为人先”“勇于创新、大胆探索”“胸怀天下、兼收并蓄”“脚踏实地、埋头苦干”四个方面进行高度凝练和概括，力求精准把握改革开放精神的基本内涵。

第四章，阐发改革开放精神的基本特征与重大意义，展现改革开放精神在推进中国式现代化、全面深化改革开放以及发展新质生产力中的重大作用。

第五章，全面阐述弘扬改革开放精神的时代要求、需遵循的重大原则及可行的实践路径，将改革开放精神的弘扬落到实处。

通过上述研究，笔者力求为改革开放精神提供厚重的哲学和中共党史党建学的学理支撑，并为当代中国时代精神的建构提供充分的学理依据。一是对改革开放精神涉及的一些基本理论进行挖掘，尤其是对马克思主义和中华优秀传统文化关于凝练精神特质的理论与方法进行深入探讨，为凝练改革开放精神打下牢固的理论基础。二是从改革开放的实践出发，对改革开放的基本经验进行探讨，打通从“经验”到“精神”的桥梁，即凝练改革开放精神的方法。三是深入剖析改革开放的伟大实践进程，着眼全面深化改革开放的时代要求，对改革开放精神的基本内涵进行高度凝练，力求完整呈现改革开放精神的全貌。四是根据时代要求，给出相应的弘扬改革开放精神的可行性实践路径。

二、研究方法

笔者基于马克思主义立场对改革开放精神进行研究，主要的理论观点和研究路径都是建立在马克思主义基本原理之上；主要运用了文献研究的方法、逻辑与历史相统一的方法以及共性与个性相结合的方法。

第一，文献研究的方法。要全面、清晰地把握研究对象，就必须尽可能掌握丰富的研究资料。自 2019 年以来，学术界对改革开放精神的研究取得了较大进展，相关资料越来越多。笔者运用中国知网和全国图书馆参考咨询联盟，对文献资料进行了仔细搜集和细致梳理。尤其是在本书第一章，为从浩如烟海的文献中挖掘凝练精神特质的理论与方法，笔者查阅了《马克思恩格斯全集》、《列宁全集》、中华基本古籍和哲学社会科学中的大量文献资料。

第二，逻辑与历史相统一的方法。恩格斯指出：“历史从哪里开始，思想进程也应当从哪里开始，而思想进程的进一步发展不过是历史过程在抽象的、理论上前后一贯的形式上的反映。”① 研究改革开放精神，必须以翔实、鲜活的史料为基础，从史料中捕捉各阶层在特定环境下细微的心理活动。在掌握大量史料的基础上，灵活运用阶级分析、矛盾分析等方法，把握历史创造主体在改革开放实践中所呈现的创新胆略和开拓精神。中国共产党人在改革开放的每一个重大历史关头，都会主动总结新鲜的实践经验，并着眼未来对党员干部和人民群众提出前瞻性的实践要求，从而形成“赓续优良传统、升华实践经验、把握实践指向”的凝练精神特质的方法。

第三，共性与个性相结合的方法。共性寓于个性之中，通过个性体现出来，个性又离不开共性的普遍规定。具体到本书的研究，笔者既从中国共产党人精神谱系的多种样态中概括其普遍的共性特质，又以改革开放精神为个例进行深入剖析，再将其个性与中国共产党人精神谱系的共性特质进行比较，从而更加精准地凝练改革开放精神的基本内涵。

---

① 马克思恩格斯文集（第 2 卷）[M]. 北京：人民出版社，2009：603.

第四节　本书攻克的难关与创新之处

一、本书攻克的难关

目前党中央对改革开放精神的具体内涵尚没有明确界定，这就需要笔者在搜集、整理大量已有研究成果的基础上，遵循习近平总书记关于全面深化改革开放的重要讲话精神，对改革开放精神的内涵进行科学的凝练。这既需要对改革开放史进行贯通性研究，更需要深刻领悟中华民族精神的历史演进脉络和中国共产党革命精神的核心要义。关键之处是，要理解中国共产党人如何在赓续优良传统、升华实践经验、把握实践指向中保持先进性本色，以及改革开放精神在推进中国式现代化中的重大意义。

二、本书的创新之处

本书的创新之处主要体现在以下三个方面：

（1）选题新颖。改革开放精神属于党中央明确的第一批纳入中国共产党人精神谱系的伟大精神，具有鲜明的时代特色。

（2）全面梳理了精神特质凝练的理论基础与思维启示。以党和国家领导人的相关论述为依据，概括了中国共产党人凝练改革开放精神的方法，即“赓续优良传统、升华实践经验、把握实践指向”，为中国共产党人精神谱系的研究提供了方法借鉴。

（3）以党和国家领导人的相关论述为依据，按照“赓续优良传统、升华实践经验、把握实践指向”的方法，凝练了改革开放精神的基本内涵：“敢闯敢试、敢为人先，勇于创新、大胆探索，胸怀天下、兼收并蓄，脚踏实地、埋头苦干。”

第五节　核心概念界定

一、精神

对于“精神”，可以从广义和狭义两个层面进行把握。从广义上看，精神与物质相对，指所有的非物质现象，即作为特殊物质的人脑的活动以及这一活动所产生的一切非物质化的结果。这里，精神被看作人对外部世界和人自身的反映，囊括了各种心理、思维、观念、学说等一切意识现象。从狭义上看，精神是指人的各种意识现象中处于深层而又相对稳定的方面，指人的心理意识和一切文化现象中作为内核、灵魂的东西，即处于主导地位、起到支柱作用的那种精神。[①] 改革开放精神中的“精神”，是在狭义层面使用的。

二、改革开放

习近平总书记指出：“改革开放是我们党在新的时代条件下带领人民进行的新的伟大革命，是当代中国最鲜明的特色，也是我们党最鲜明的旗帜。三十五年来，我们党靠什么来振奋民心、统一思想、凝聚力量？靠什么来激发全体人民的创造精神和创造活力？靠什么来实现我国经济社会快速发展、在与资本主义竞争中赢得比较优势？靠的就是改革开放。”[②] “改革开放是决定当代中国命运的关键一招，也是决定中国式现代化成败的关键一招。”[③] 改革开放是强国之路，是当代中国的主旋律，是时代的最强音。当代中国之所以在新的国际竞争中没有被“开除球籍”，反而大踏步赶上了时代，最重要的法宝就是进行改革开放，这成为决定当代中国命运的关键一招。正是基于改革开放这关键一招，党和人民才开创和发展了中国特色社会主义。

三、改革开放精神

笔者在中国共产党思想理论资源库中对“改革开放精神”这一概念进行搜索，发现约 20 种文献提到了“改革开放精神”。1992 年之前，只有两种文献使用此表述。1992 年之后，在官方文件和党建研究文献中开始大量出现“改革开放精神”的表述。如“代表和委员们高度评价李鹏总理所作的政府工作报告……是充满改革开放精神的报告”；[④] “对晋升领导职务的，特别是对晋升较高层次领导职务的还应看其是否具备一定的马克思主义理论水平、政策水平、改革开放精神和组织领导能力”；[⑤] “可见他更重视对改革开放精神

---

① 商志晓．精神与民族精神刍议［J］．山东社会科学，1990（3）：74-79.

② 习近平著作选读（第一卷）［M］．北京：人民出版社，2023：175.

③ 习近平在学习贯彻党的二十大精神研讨班开班式上发表重要讲话　强调正确理解和大力推进中国式现代化［N］．人民日报，2023-02-08（1）.

④ 中国人民政治协商会议第七届全国委员会第五次会议文件［M］．北京：人民出版社，1992：34.

⑤ 人事部．《国家公务员暂行条例》释义［M］．北京：人民出版社，1993：123-124.

实质的理解”;[1]“片面地强调服从上级意图和挑剔姓‘资’姓‘社’的观念都不利于确立符合改革开放精神的党员标准。只有把改革开放的精神与经济建设的中心工作、共产党员的本质要求有机地统一起来，才能使我们确立的党员标准更具准确性、全面性和科学性”。[2] 通过总结以上各种文献资料发现，“改革开放精神”这一表述的高频次呈现是在 1992 年及其后，是作为引领和督促党员干部自觉维护和推动改革开放的先进价值标准使用的。2018 年，习近平总书记在庆祝改革开放 40 周年大会上的讲话中指出改革开放精神“极大丰富了民族精神内涵，成为当代中国人民最鲜明的精神标识”，改革开放精神上升为中华民族精神的重要组成部分，具有了鲜明的民族性、当代性、标识性。

由于改革开放精神是“当代中国人民最鲜明的精神标识”，[3] 对改革开放精神的凝练，应着力突出其当代性和标识性。因此，我们应该遵循习近平总书记对全面深化改革开放重要论述的本质要求，以着眼未来、推动实践为原则，进而凝练出改革开放精神基本内涵的四个主要方面：侧重改革的“敢闯敢试、敢为人先”的精神；侧重创新的“勇于创新、大胆探索”的精神；侧重开放的“胸怀天下、兼收并蓄”的精神；侧重实干的“脚踏实地、埋头苦干”的精神。

改革开放精神是中国人民在奔向现代化的道路上，创造美好生活的精神动力和价值支撑。正是有了改革开放精神的激励和引领，才有了突破旧体制和旧观念的诸多创举，才有了敢为人先、务实进取的生动实践，进而创造了 40 多年经济社会持续发展的伟大成就。改革开放精神底蕴深厚、历久弥新，仍将是推进中国式现代化、全面深化改革开放、发展新质生产力的强大精神动力。

---

① 冷溶，高屹．学习邓小平同志南巡重要讲话［M］．北京：人民出版社，1992：133.

② 任克礼．新时期的党建工作［M］．北京：人民出版社，1994：95.

③ 习近平谈治国理政（第三卷）［M］．北京：外文出版社，2020：191.

第一章

Chapter 1

精神特质凝练的理论基础与思维启示

马克思主义凝练精神特质的理论与方法，是中国共产党人凝练改革开放精神的理论基础和科学依据。中华优秀传统文化关于精神特质凝练的思维路向和方法论意蕴，对中国共产党人凝练改革开放精神具有重要的启示意义。哲学社会科学关于精神特质凝练的思维路向和方法论意蕴，为中国共产党人凝练改革开放精神提供了可资借鉴的理论资源。这三方面内蕴的诸多思想方法，如阶级分析方法、时代分析方法、典型分析方法、赓续优良传统的方法、升华实践经验的方法、把握实践指向的方法、诗歌意象隐喻的方法、元典精神笺释的方法、历史心理分析的方法以及比较文化研究的方法，为中国共产党人凝练改革开放精神提供了坚实的方法论支撑。

第一节　马克思主义关于精神特质凝练的理论与方法

马克思主义关于精神特质凝练的理论与方法，是中国共产党人凝练改革开放精神的理论基础与科学依据。其中，马克思、恩格斯、列宁关于精神特质凝练的理论与方法，为中国共产党人凝练改革开放精神提供了科学的理论指引。中国共产党人关于精神特质凝练的理论与方法，是凝练改革开放精神的直接依据。

一、马克思主义关于精神特质凝练的理论

马克思、恩格斯、列宁凝练革命精神的核心特质，主要是为了塑造无产阶级的革命意识和凝聚历史合力；而中国共产党人凝练精神特质，是总结百年奋斗经验的重要途径，是加强党的思想建设的重要方式。

（一）马克思、恩格斯、列宁关于精神特质凝练的理论

1. 凝练革命精神的核心特质有助于塑造无产阶级的革命意识

在无产阶级革命的历史长河中，精神力量始终是保证革命胜利的关键因素。恩格斯指出："革命是政治的最高行动；谁要想革命，谁就要有准备革命和教育工人进行革命的手段。"① 凝练革命精神的核心特质，就是"教育工人进行革命的手段"之一，有助于在无产阶级的历史使命教育中塑造其鲜明的革命意识。

马克思、恩格斯在批判机会主义和侥幸心理的同时，凝练出无产阶级革命精神的核心特质，即共产主义远大理想与革命必胜的坚定信念。无产阶级革命史是一部波澜壮阔、充满斗争与牺牲的史诗。然而，在这段历史中，难免有机会主义和侥幸心理出现，这些错误的思想倾向给革命事业带来了损失。马克思、恩格斯都曾对此进行过深刻的剖析和批判。

机会主义是一种在革命过程中出现的不良思想倾向，表现为"为了眼前暂时的利益而忘记根本大计，只图一时的成就而不顾后果，为了运动的现在而牺牲运动的未来"。② 机会主义者往往只看到暂时的困难和挫折，而忽略革命胜利的必然性。他们缺乏坚定的信念和决心，容易被眼前的困难吓倒，甚至不惜牺牲革命的根本利益以求一时的苟安。这种思想倾向在无产阶级革命史上多次出现，给革命事业带来了严重的损失。"'真诚的'机会主义也许比其他一切机会主义更危险。"③ 侥幸心理则是一种对革命胜利的盲目乐观和轻率态度。持有侥幸心理的人往往认为革命的成功是轻而易举的，他们缺乏对革命艰巨性和复杂性的认识，也不去努力寻找和创造革命胜利的条件。他们寄希望于偶然的幸运和意外的成功，而不是通过艰苦的努力和长期的斗争来争取革命的胜利。这种心理同样给革命事业带来了严重的损失。

马克思、恩格斯在批判机会主义和侥幸心理的同时，强调革命者应具有共产主义远大理想与革命必胜的坚定信念，明确了无产阶级革命精神的核心特质。马克思指出："谁最勇敢、最坚定，谁就能取得胜利。"④ 无产阶级革命是一场长期的、艰苦的斗争，需要远大理想和坚定信念的支撑。只有坚持正确的革命原则，不断总结经验教训，才能最终取得革命胜利。

---

① 马克思恩格斯文集（第 3 卷）[M]. 北京：人民出版社，2009：224.
② 马克思恩格斯文集（第 4 卷）[M]. 北京：人民出版社，2009：414.
③ 马克思恩格斯文集（第 4 卷）[M]. 北京：人民出版社，2009：414-415.
④ 马克思恩格斯文集（第 2 卷）[M]. 北京：人民出版社，2009：71.

凝练革命精神的核心特质，对于通过历史使命教育塑造无产阶级的革命意识具有重要意义。革命精神的核心特质延伸开来，首先，体现在对真理的不懈追求上。无产阶级在革命过程中，始终坚持以科学的理论为指导，不断探寻社会发展的客观规律，以此来指导革命实践。这种对真理的追求，不仅使无产阶级在理论上保持先进性，更在实践中展现出强大的革命力量。其次，革命精神的核心特质还体现在无畏的奋斗精神上。无产阶级深知革命的艰难曲折，但他们从未退缩，始终以坚定的信念和顽强的意志，为实现革命目标而奋斗。这种奋斗精神，是无产阶级革命胜利的重要保证，也是激励后人继续前行的宝贵财富。最后，革命精神的核心特质还体现在对人民的深厚感情上。无产阶级的革命，是为了人民的利益而进行的，他们的奋斗是为了全人类的解放和幸福。这种对人民的深厚感情，使无产阶级始终与人民群众保持紧密的联系，得到了人民群众的广泛支持和拥护。因此，凝练革命精神的核心特质具有重大意义。首先，它能够帮助无产阶级树立正确的世界观和历史观，坚定革命信念。其次，它能够激发无产阶级的斗争精神，使其在面对困难和挫折时保持坚韧不拔的斗志。最后，它能够为无产阶级提供科学的理论指导，使其在革命实践中不断总结经验教训，不断完善革命策略。

2. 凝练革命精神的核心特质有助于凝聚历史合力

历史合力，是指在一个特定历史时期，各种社会力量相互作用所形成的共同影响历史进程的力量。正向的历史合力，既来自社会经济的发展，也来自政治制度的变革，更来自文化精神的引领。正向历史合力的形成，需要各种进步力量的凝聚与整合，而凝练革命精神的核心特质则是凝聚与整合各种进步力量的思想基础。

凝练革命精神的核心特质，首先，需要对历史进行深入的研究和挖掘，从中提取出符合时代要求和民族特点的精神元素。恩格斯指出："人们总是通过每一个人追求他自己的、自觉预期的目的来创造他们的历史，而这许多按不同方向活动的愿望及其对外部世界的各种各样作用的合力，就是历史。"① 其次，由于"每个意志都对合力有所贡献"②，因而需要通过教育、宣传等多种途径，将无产阶级先锋队的价值理念传播给广大人民群众，形成共同的价值认同和行动准则。最后，需要在实践中不断检验和完善这些精神特质，使其不断适应时代发展的需要，成为推动社会进步的精神动力。

---

① 马克思恩格斯文集（第4卷）[M]．北京：人民出版社，2009：302.

② 马克思恩格斯文集（第10卷）[M]．北京：人民出版社，2009：593.

马克思和恩格斯在他们众多的理论著作中，不仅系统地阐述了科学社会主义的理论，更通过对历史上伟大革命家的分析，提炼出共产主义远大理想与革命必胜的坚定信念等核心精神特质。恩格斯指出："探讨那些作为自觉的动机明显地或不明显地，直接地或以意识形态的形式，甚至以被神圣化的形式反映在行动着的群众及其领袖即所谓伟大人物的头脑中的动因——这是能够引导我们去探索那些在整个历史中以及个别时期和个别国家的历史中起支配作用的规律的唯一途径。"① 正是这些精神特质，使得历史上的革命家能够在艰难困苦的环境中坚持斗争，取得最终胜利。这种对精神特质的提炼，为后来的革命者提供了强大的精神动力。

列宁在领导俄国革命的过程中，也十分注重对先进群体精神特质的挖掘和传承。他强调，革命的成功需要有一支具有坚定信念、敢于斗争、善于斗争的革命队伍。为此，他深入分析了俄国历史上的先进群体和先进人物，如十二月党人、赫尔岑、车尔尼雪夫斯基等，提炼出他们的爱国情怀、斗争精神和革命智慧，用以教育和激励广大革命群众。

共产主义远大理想和革命必胜的坚定信念等核心特质，是凝聚与整合各种进步力量的黏合剂。无产阶级的革命历史是一部充满艰辛与奋斗的史诗，它见证了各种进步力量是如何被共产主义远大理想和革命必胜的坚定信念吸引，并共同推动历史前进。共产主义的远大理想，是革命者心中的灯塔，它照亮了前行的道路，为革命提供了不懈奋斗的目标。在革命的低潮期，远大理想如同磁石，吸引着志同道合的仁人志士，汇聚成一股不可阻挡的力量。革命必胜的坚定信念，是革命者心中的定海神针。正是坚定的信念，让革命者在面对困难时不屈不挠，保持高昂的斗志。它让革命者相信，只要团结一心、共同努力，就一定能够战胜一切困难，实现革命的最终胜利。正是因为有了远大理想与坚定信念的引领和凝聚，各种进步力量才能紧密团结成一个强大的整体。在这个整体中，不同的力量能够相互支持、相互配合，发挥出最大的战斗力。

（二）中国共产党人关于精神特质凝练的理论

1. 凝练党的精神特质是中国共产党总结百年奋斗经验的重要途径

中国共产党的精神特质具有标识性、集中性的特点，是贯通中国共产党

① 马克思恩格斯文集（第4卷）[M]. 北京：人民出版社，2009：304.

人精神谱系的灵魂，是中国共产党百年奋斗经验的理论升华。① 在长期的革命、建设、改革和新时代的实践中，中国共产党形成了一系列具有鲜明时代特征和深刻内涵的精神形态，如井冈山精神、长征精神、延安精神、西柏坡精神、改革开放精神、脱贫攻坚精神等。这些精神形态是中国共产党人精神谱系的重要组成部分，是党的宝贵精神财富。只有从这些精神形态中凝练出更具本质规定性的精神特质，才能够更好地总结中国共产党的百年奋斗经验。

凝练党的精神特质对于中国共产党总结百年奋斗经验具有重要意义。凝练党的精神特质有助于深刻认识党的历史和发展脉络，更好地理解党的理论和路线方针政策；通过对党的精神特质的凝练，我们可以更好地理解和把握党的历史经验和智慧，为总结党的百年奋斗经验提供有力的思想基础和理论支撑。②

第一，凝练党的精神特质有助于深刻认识党的历史和发展脉络，更好地理解党的理论和路线方针政策。党的精神特质与党的历史和发展紧密相联，是党的历史经验的总结和提炼。通过对党的精神特质的凝练，可以更加清晰地呈现党在不同历史时期所展现出的坚定信念、顽强拼搏和无私奉献的精神风貌，以及这些精神特质是如何推动党的事业不断向前发展的。党的理论和路线方针政策是对党的历史经验的科学总结和对时代要求的准确把握。通过对党的精神特质的深入理解和凝练，我们可以更加准确地把握党的理论和路线方针政策的精髓和实质，从而更好地贯彻落实党的决策部署，推动党的事业不断取得新的胜利。

第二，凝练党的精神特质，可以更好地理解和把握党的历史经验和智慧，为总结党的百年奋斗经验提供有力的思想基础和理论支撑。党的历史是一部波澜壮阔、筚路蓝缕的奋斗史。通过凝练党的精神特质，我们能够更加深刻地理解党在不同历史时期所面临的困难和挑战，以及党是如何克服这些困难、取得胜利的。这些历史经验是宝贵的财富，对于新时代党的建设和事业发展具有重要的指导意义。党的智慧是在长期革命、建设、改革和新时代的实践中积累的宝贵经验。凝练党的精神特质，就是要将这些智慧传承下去，发扬光大。这不仅是对历史的尊重，更是对未来的担当。通过传承和发扬党的智

---

① 王钰鑫．中国共产党人精神谱系的出场形态、力量构成、赓续路径［J］．马克思主义研究，2023（6）：99-107.

② 肖贵清，吴璇．善于总结历史经验是中国共产党的优良传统——学习《中共中央关于党的百年奋斗重大成就和历史经验的决议》精神［J］．山东社会科学，2022（5）：5-12.

慧，我们能够更好地应对各种风险挑战，推动党和国家事业不断向前发展。总结党的百年奋斗经验，需要有力的思想基础和理论支撑。凝练党的精神特质，正是为了构建这样的思想基础和理论支撑。① 通过深入研究和阐释党的精神特质，我们能够更加清晰地认识党的历史使命和发展方向，为新时代党的建设和事业发展提供强大的精神动力和理论指引。

总之，凝练党的精神特质是总结党的百年奋斗经验的重要途径。通过这一过程，我们能够更好地理解党的理论和路线方针政策，更好地理解和把握党的历史经验和智慧，为新时代党的建设和事业发展提供有力的思想基础和理论支撑。

2. 凝练党的精神特质是中国共产党思想建设的重要方式

政党的精神特质是政党的灵魂和核心价值观的体现，决定了政党的行为准则和价值追求，为政党的各项活动提供了精神指引。共同的精神特质能够激发党员的归属感和荣誉感，增强党的凝聚力和向心力，使党员在思想上更加统一、行动上更加一致。精神特质是政党战斗力的重要源泉，能够激发党员的斗志和创造力，使党在面对困难和挑战时更加坚定、更加有力。

中国共产党自成立以来，始终高度重视党的思想建设，将其作为保持党的先进性、纯洁性和战斗力的关键举措。在这一伟大实践中，凝练精神特质成为不可或缺的重要环节。凝练精神特质，包括对党的优良传统和作风的继承与发扬，对革命精神、创业精神、改革精神的深入挖掘与传承，以及对社会主义核心价值观的弘扬与实践。这些精神特质，不仅是党的宝贵精神财富，更是推动党和国家事业不断向前发展的强大动力。中国共产党通过开展各种形式的学习教育活动，如“不忘初心、牢记使命”主题教育、党史学习教育等，引导广大党员干部深入学习党的历史，深刻领悟党的精神特质，不断增强党性修养。同时，结合新时代的发展要求，不断丰富和发展党的精神特质，使其更加符合时代特征、更加贴近人民需求。

凝练精神特质为中国共产党思想建设起到了培根铸魂的关键作用。② 中国共产党在长期的革命、建设、改革和新时代伟大实践中，形成了包括井冈山精神、长征精神、延安精神、西柏坡精神、抗美援朝精神、“两弹一星”精

① 肖贵清，吴璇．善于总结历史经验是中国共产党的优良传统——学习《中共中央关于党的百年奋斗重大成就和历史经验的决议》精神［J］．山东社会科学，2022（5）：5-12.

② 李晓凤，唐秀华．共产党人理想信念教育的逻辑、经验与路径［J］．科学社会主义，2023（4）：80-87.

神、改革开放精神、特区精神、抗洪精神、抗震救灾精神、脱贫攻坚精神等在内的伟大精神。这些精神特质是党的宝贵精神财富，为党的思想建设提供了强大的精神动力。凝练精神特质对于党的思想建设来说，具有不可替代的作用。在不同的历史时期，党面临着不同的任务和挑战，凝练精神特质能够帮助党明确思想建设的方向，确保党的理论和路线方针政策始终沿着正确的方向前进。无论是在革命时期的艰苦卓绝，还是在和平时期的改革开放，凝练精神特质都为党提供了强大的精神支撑和方向指引。凝练精神特质还具有培根铸魂的作用。它不仅能够激发党员的奋斗精神，还能够深化党的思想建设内涵。通过对党的历史、理论和传统的深入学习和领会，党员能够更加深入地理解党的初心和使命，从而更加自觉地践行党的理论和路线方针政策。这种深入的思想建设，能够使党的组织更加坚强有力，党员的信仰更加坚定不移。

二、马克思主义关于精神特质凝练的方法

恩格斯指出："思维的任务现在就是要透过一切迷乱现象探索这一过程的逐步发展的阶段，并且透过一切表面的偶然性揭示这一过程的内在规律性。"① 马克思主义蕴含着丰富的凝练精神特质的科学方法。

（一）马克思、恩格斯、列宁关于精神特质凝练的方法

阶级分析方法、时代分析方法和典型分析方法是马克思、恩格斯、列宁凝练精神特质的科学思想方法。这些思想方法体现了他们卓越的理论素养和深刻的洞察力，为凝练改革开放精神提供了遵循与指引。

1. 阶级分析方法

阶级分析方法是马克思、恩格斯凝练精神特质的重要思想方法，蕴含着独特的理论视角和丰富的理论维度。② 在马克思主义的理论体系中，经济地位、政治立场和意识形态是考察不同阶级精神特质的三个关键维度。马克思、恩格斯认为，只有通过对这些关键维度的深入探究，才能更深刻地揭示精神现象的阶级本质。

"阶级分析必须以分析社会各阶级的经济状况、经济地位和经济关系作为出发点。"③ 人们在生产关系中的不同位置和角色，影响他们的思想观念和价

① 马克思恩格斯文集（第9卷）[M]. 北京：人民出版社，2009：27.
② 陈跃 . 马克思主义阶级分析理论与实践研究 [M]. 北京：人民出版社，2015：327.
③ 倪志安，等 . 马克思主义哲学方法论研究 [M]. 北京：人民出版社，2007：364.

值取向。例如，资产阶级和无产阶级由于在生产关系中的不同位置和角色，产生了截然不同的意识形态和精神面貌。资产阶级追求利润最大化，而无产阶级则更加关注人的自由全面发展。政治立场是阶级差别的集中体现。政治立场不仅反映了不同阶级的经济利益，而且体现了不同阶级对政治生活的态度。① 不同的政治立场会导致不同的社会行动和价值取向，进而影响整个社会的精神风貌。意识形态是对经济地位和政治立场的反映，不同的意识形态会影响人们对世界的认知和行为方式，进而塑造不同的社会精神风貌。例如，资产阶级的意识形态强调个人主义和自由主义，而无产阶级的意识形态则强调集体主义和社会主义。

马克思运用阶级分析方法，对同一民族的不同阶级进行了纵向对比。马克思在其名著《路易·波拿巴的雾月十八日》一文中以卓越的洞察力和天才的笔触，生动地描绘了当时法国社会各阶级的精神面貌。马克思首先对资产阶级的精神面貌进行了深刻揭示。在波拿巴政权崛起的过程中，资产阶级表现出了明显的虚伪和妥协："由于感觉到自己软弱无力，他们才不得不在他们阶级统治的完备的条件面前退缩下来，力图返回到那些不大完备、不太发达、因而危险也较少的阶级统治的形式上去。"② 他们一方面对波拿巴的独裁统治表示不满，另一方面又因为波拿巴政权能够维护他们的利益而选择妥协。这种虚伪和妥协的态度，体现了资产阶级在面对强权时的软弱和自私。小资产阶级在法国社会中占据重要地位，但他们在波拿巴政权下却陷入了迷茫和无奈。马克思描述了小资产阶级在经济上的困境和在政治上的无力感，他们"采取模棱两可的态度，尽力避免采取可能达到目的的手段，而急于寻找失败的借口"。③ 他们既无法像资产阶级那样通过妥协来维护自己的利益，也无法像无产阶级那样通过革命来改变命运。这种迷茫和无奈的精神状态，反映了小资产阶级在特定历史时期的困境。与资产阶级和小资产阶级不同的是，无产阶级在波拿巴政权下表现出了强烈的觉醒和斗争精神。马克思在文中高度赞扬了无产阶级的革命精神和组织力量。他们通过罢工、示威等方式表达了对波拿巴政权的不满和反抗，成为推动法国社会进步的重要力量。这种觉醒和斗争的精神面貌，展示了无产阶级在特定历史时期的先进性和革命性。通过对法国社会各阶级精神面貌的生动描绘，马克思在《路易·波拿巴的雾月

① 倪志安，等．马克思主义哲学方法论研究［M］．北京：人民出版社，2007：364.

② 马克思恩格斯文集（第2卷）［M］．北京：人民出版社，2009：500.

③ 马克思恩格斯文集（第2卷）［M］．北京：人民出版社，2009：503.

十八日》中为我们展现了一个独特的历史视角。他“以基于经济利益的阶级斗争作为基本线索，对法国二月革命到波拿巴政变时期的历史作出了令人信服的解读和总结”,① 揭示了不同阶级在特定历史时期的精神状态及其背后的社会根源。同时，他也预示了未来社会变革的方向和可能性。

恩格斯运用阶级分析方法，对不同民族的同一阶级进行了横向对比。他在《致保尔·恩斯特》的信中对德国和挪威的小资产阶级进行了深入的对比分析。他指出，在德国，16 世纪初的农民起义失败后，封建统治者加强了对农民的统治和压迫。17 世纪上半叶又开始了历时 30 年的欧洲各国封建主的混战，导致德国陷入诸侯割据状态，资产阶级在经济、政治上完全依赖和屈从于贵族权贵。“德国的小市民阶层并不是一个正常的历史状态，而是一幅夸张到了极点的漫画，是一种退化。”② 它造成了小市民阶层卑鄙自私、奴颜婢膝的庸俗气，形成“胆怯、狭隘、束手无策、毫无首创能力这样一些畸形发展的特殊性格”。③挪威小资产阶级却与之相反，挪威“这个国家由于它的闭塞和自然条件而落后，可是，它的状况是完全适合它的生产条件的，因而是正常的”。④“在挪威，掺杂着少量中等资产阶级的小农和小资产阶级，好几个世纪以来都是正常的社会状态。”⑤在挪威，小资产阶级拥有位居世界前列的帆船队，因而在生产关系中占据重要地位。挪威的生产力水平与阶级状况相适应，小资产阶级也得到正常发展。“挪威的小资产者是自由农民之子，在这种情况下，与堕落的德国小市民相比，他们是真正的人。”⑥正因如此，他们“有自己的性格及首创精神”。⑦

在《共产党宣言》等经典文献中，马克思、恩格斯曾多次阐述过资产阶级和无产阶级的精神特质。他们认为，资产阶级追求的是个人利益和物质财富的最大化，这种追求导致了资产阶级的自私自利和拜金主义倾向。相反，无产阶级作为被剥削的阶级，他们的利益与整个社会的利益紧密相连，因此他们具有共产主义远大理想和革命必胜的坚定信念。马克思、恩格斯运用阶级分析方法凝练出的这些精神特质，不仅揭示了不同阶级的内在精神风貌，而且为我们理解精神现象提供了重要视角。当今时代，尽管阶级结构已经发生了深刻变化，但阶级分析方法仍然具有重要的理论价值。

---

① 《马克思主义历史理论经典著作导读》编写组．马克思主义历史理论经典著作导读［M］. 北京：人民出版社，2013：143.

②③④⑤ 马克思恩格斯文集（第 10 卷）［M］. 北京：人民出版社，2009：584.

⑥⑦ 马克思恩格斯文集（第 10 卷）［M］. 北京：人民出版社，2009：585.

2. 时代分析方法

列宁继承并发展了马克思、恩格斯的时代观，将时代分析方法创造性地运用于精神特质的凝练。列宁指出："我们能够知道，而且确实知道，哪一个阶级是这个或那个时代的中心，决定着时代的主要内容、时代发展的主要方向、时代的历史背景的主要特点等等。只有在这个基础上，即首先考虑到各个'时代'的不同的基本特征（而不是个别国家的个别历史事件），我们才能够正确地制定自己的策略。"① 列宁的时代分析方法力求排除个别历史事件的干扰，以十月革命为时间节点，将十月革命前后两个时代的精神风貌进行对比，凝练出旧时代的"奥勃洛摩夫精神"，以及十月革命后的艰苦奋斗和无私奉献的精神。

列宁指出，十月革命之前的沙俄时代，民众的整体精神风貌表现出浓厚的"中世纪式"的保守特性。早在1912年，列宁就曾对俄国的社会属性有过一个判断："俄国在许多重要方面无疑是一个亚洲国家，而且是一个最野蛮的、中世纪式的、丢人的落后的亚洲国家。"② 特别是还存在着"最落后的土地占有制和最野蛮的乡村"。③ 类似的提法还包括"中世纪的份地""中世纪的土地占有制""中世纪式的村社""中世纪制度残余""中世纪的灾难"等。以表现为"农奴制依附"为主的"中世纪式"生产方式，再加上政治上的沙皇专制，必然造成"农村的愚昧状态"。"农奴制的时代是劳动者沉睡的时代。"④ 正是长期的农奴制统治，使农民们成为"受盘剥的、愚昧的、贫困的、因循守旧的农民。"而且这种"农民文化"的影响并不仅局限于农民群体或农村范围。在整个俄国，十月革命前城市化味道最浓的大概是彼得堡，莫斯科"则不过是一个过分迅速发展起来的乡村"。大部分人到莫斯科只具有临时打工的性质，即使人在城市并且或许身为"无产阶级"，但并没有割断与农村的联系。这一特点使十月革命前后的"俄国城市具有浓厚的乡村气息"。换个说法，即如许多研究者指出的："都市中的农民文化"氛围十分浓厚。"都市中的农民文化"表现在社会生活的各个方面，而在工人阶级群体中也有广泛影响。我国学者陈之骅指出："俄国无产阶级与西欧无产阶级相比，优点是较少受社会民主主义思想的浸染，缺点却是'行会习气'较重。"⑤ 由此在文

① 列宁全集第二版增订版（第26卷）［M］. 北京：人民出版社，2017：143.
② 列宁全集第二版增订版（第21卷）［M］. 北京：人民出版社，2017：426-427.
③ 列宁全集第二版增订版资料汇编·前言卷［M］. 北京：人民出版社，2020：160.
④ 列宁全集第二版增订版（第25卷）［M］. 北京：人民出版社，2017：318.
⑤ 陈之骅. 苏联史纲（1917—1937）（下）［M］. 北京：人民出版社，1991：641.

化上的反映，就是在俄国城市工人中盛行所谓的“地方性忠诚”、同乡意识与同乡的社会行为。甚至“都市中的农民文化”还可能由于都市的文化传播与整合中心地位而更多地采取精英形态，从而使都市在许多情况下显得比农村还农村。例如，传统农村公社中公社—农奴制—专制主义的“三位一体”结构对市场机制与自由竞争的抑制，转入城市工业，便是俄国资本主义在相对不发达情况下却具有比西方更高程度的垄断性。因而，“城市工人也具有比西方工人更突出得多的共同体人格”。①

俄罗斯民族在精神上所具有的共性特征是由这个民族的历史及生存环境决定的，是整个民族历史的精神积淀。

拜占庭帝国皇权统治下形成的东正教具有很强的依附性，经过千百年的传播，对俄罗斯民族的历史文化产生了重要影响。于是，一方面如俄国哲学家别尔嘉耶夫分析的那样，俄罗斯虽然在地理上邻近西欧，但是“就精神结构而言，俄罗斯人民是东方的”②；另一方面则又不能不带有更多的“真正俄罗斯人的心理和情绪”。对于后者，十月革命后的列宁逐渐形成清晰的认识。1922年初，列宁在《论苏维埃共和国所处的国际和国内形势》中提出一个重要观点：“俄国完成了三次革命，但奥勃洛摩夫们仍然存在，因为奥勃洛摩夫不仅是地主，而且是农民；不仅是农民，而且是知识分子；不仅是知识分子，而且是工人和共产党员。只要看一下我们如何开会，如何在各个委员会里工作，就可以说老奥勃洛摩夫仍然存在，对这种人必须长时间搓洗敲打，才会产生一些效果。”③ 奥勃洛摩夫原为俄国作家冈察洛夫同名小说中的主人公，他本是个受过西方文明教育的先进贵族：正直、善良还“具有黄金般的心灵”，但是消极保守、惧怕变革、因循守旧、不思进取。他的最大特点是无法集中思想考虑任何实际问题，更不能克服微不足道的障碍，去处理或解决一件日常生活中的具体事情，因而最终一事无成。列宁在革命实践中深刻认识到，奥勃洛摩夫式的生活方式、心理特征等，其实是俄罗斯民族在农奴制和沙皇专制长期统治下的精神产物，它不仅属于贵族地主奥勃洛摩夫，更是整个民族的，特别是作为俄罗斯民族性格中的消极面，是需要随着时代发展、社会进步而被改造的因素。正是在此意义上，列宁晚年经常以“奥勃洛摩夫精神”来概括民族性中的落后因素对俄共（布）党内政治文化建设的不良

① 杨海波．列宁文化理论研究［M］．北京：人民出版社，2015：229.

② 尼·亚·别尔嘉耶夫．俄罗斯思想的宗教阐释［M］．邱远华，吴学金，译，北京：东方出版社，1998：1.

③ 列宁全集第二版增订版（第43卷）［M］．北京：人民出版社，2017：12-13.

影响。

以十月革命为标志，世界历史进入无产阶级社会主义革命的时代。列宁认为，无产阶级社会主义革命的崭新时代条件，必然涵育起不同于旧时代的精神风貌。苏联人民在如火如荼的社会主义建设中，展现出艰苦奋斗和无私奉献的精神。他们不怕困难、不畏牺牲，为了社会主义建设的胜利，不惜付出一切代价。这种精神在苏联的各个历史时期都得到了充分的体现，成为苏联人民的精神支柱。苏联人民对社会主义理想的坚定信仰，成为他们精神的灵魂。他们坚信，社会主义是一种更加公平、正义、富强的社会制度，是他们为之奋斗的理想。这种信仰激励着苏联人民在困难和挫折面前不屈不挠，坚定不移地走向胜利。在苏联社会，个人的利益服从于集体的利益，这种集体主义精神是苏联人民在旧时代难以想象的。他们坚信，只有团结一致，才能战胜一切困难和挑战。无论是在工业生产中，还是在农业耕作中，苏联人民都展现出了高度的协作精神和集体主义意识，这种精神成为苏联社会发展的重要动力。苏联人民在社会主义建设的道路上，展现出前所未有的探索和创新精神。他们不再满足于传统的生产方式和生活模式，而是积极地投身于工业化、农业集体化等伟大实践中。科学家们勇攀科学高峰，工程师们建设着壮丽的工厂和铁路，农民们开展着集体化耕作，这一切都体现了苏联人民勇于探索和创新的精神。在苏联，教育得到了高度重视，科学和文化事业得到了蓬勃发展。苏联人民追求真理、崇尚科学的精神特质得到了充分体现。他们相信，科学是推动社会进步的重要力量，只有不断地追求真理、探索未知，才能推动社会发展和进步。苏联人民对自己的国家和人民充满了深厚的情感，他们深知，是无产阶级革命让他们摆脱了旧时代的苦难，是国家为他们提供了施展才华的舞台。因此，他们更加珍惜来之不易的幸福生活，更加热爱自己的国家和人民。这种对国家和人民的深厚情感，成为苏联人民团结一心、共同奋斗的精神纽带。

3. 典型分析方法

在马克思主义的理论视域中，“典型环境中的典型人物”① 能够将阶级性和时代性融为一体并艺术地呈现出来。恩格斯指出：“主要的出场人物是一定的阶级和倾向的代表，因而也是他们时代的一定思想的代表，他们的动机不是来自琐碎的个人欲望，而正是来自他们所处的历史潮流。”②

① 马克思恩格斯文集（第10卷）[M]. 北京：人民出版社，2009：570.
② 马克思恩格斯文集（第10卷）[M]. 北京：人民出版社，2009：174.

恩格斯总结了历史上有关典型塑造问题的理论成果，并根据无产阶级对于凝练精神特质的要求，对典型分析方法进行了科学的概括："据我看来，现实主义的意思是，除细节的真实外，还要真实地再现典型环境中的典型人物。您的人物，就他们本身而言，是够典型的；但是环绕着这些人物并促使他们行动的环境，也许就不是那样典型了。"① "每个人都是典型，但同时又是一定的单个人，正如老黑格尔所说的，是一个'这个'。"② 在这两段高度概括的表述里，恩格斯至少表达了这样几个观点：①现实主义文学要塑造典型人物；②典型人物是在典型环境中成长起来的，因此仅仅人物是典型的还不够，环境也必须是典型的；③对于典型环境中的典型人物，应该真实地加以再现。总的来说，人物和环境都应当是典型的、真实的。文学艺术中的典型，是通过个别的形式来反映一般规律。它不是通过一般的概念形式来反映，而是通过个别的生动的具体形式，通过作者所塑造的鲜活的人物形象，把这一共性和规律性反映出来。因此，通过个别反映一般，通过鲜明的个体形象反映普遍的社会规律，是典型分析方法的意义所在。凡是反映了社会生活本质规律的某些方面，并取得了一定成就的艺术形象，我们都称为典型。阶级性和时代性，是阶级社会中文艺典型形象的根本特征。任何一个阶级的文学艺术，他们塑造的典型形象，都首先聚焦于他们的阶级立场和时代特征。因此，都具有他们那个阶级的特定属性和那个时代的鲜明印记。

列宁同样认为，只有塑造各种鲜明的典型形象，才能吸引并感召广大革命群众。他指出："让那些向全体居民介绍少数先进的国家劳动公社的模范事迹的报刊发行几十万几百万份吧！"③ "这样我们就能够而且一定会使榜样的力量在新的苏维埃俄国成为首先是道义上的、其次是强制推行的劳动组织的范例。"④ 列宁在《怎样组织竞赛？》《伟大的创举》《生产宣传提纲》等一系列著作中，都谈到塑造典型形象、进行革命精神宣传的必要性，阐述了用典型推动工作的方法。1918 年秋，列宁在《真理报》发表《论我们报纸的性质》一文中指出："我们很少用现实生活各个方面存在的生动具体的事例和典型来教育群众，而这正是报刊在从资本主义到共产主义的过渡时期的主要任务。我们很少注意工厂、农村和连队的日常生活，这里创造的新事物最多，

① 马克思恩格斯文集（第 10 卷）［M］. 北京：人民出版社，2009：570.
② 马克思恩格斯文集（第 10 卷）［M］. 北京：人民出版社，2009：544.
③ 列宁全集第二版增订版（第 34 卷）［M］. 北京：人民出版社，2017：136.
④ 列宁全集第二版增订版（第 34 卷）［M］. 北京：人民出版社，2017：136-137.

这里最需要关心、报道和公众的批评，最需要抨击坏人坏事，号召学习好人好事。”[①] 列宁对典型形象的作用是这样认识的：“在报道优胜者事迹时，不仅要树立先进人物的光荣感，而且要用先进人物的先进思想和先进经验去武装所有的人，以先进促后进，共同提高，做到经济宣传和政治思想教育的结合。”列宁夫人克鲁普斯卡娅回忆列宁时说：“列宁不断地研究宣传方法，研究如何进行宣传才能最令人信服，令人激动。”[②]

列宁在政论文章的标题中巧妙地植入了典型形象，增强了文章的说服力。在《厚颜无耻的犹大施卡·托洛茨基》中，列宁使用了萨尔蒂柯夫·谢德林的带讽刺性的形象“犹大施卡”，痛斥了工人阶级的内奸和叛徒。列宁的《我们的伪君子》一文的标题非常准确地描绘了孟什维克在党的第三次代表大会前夕的所作所为。列宁在他的《社会民主主义的宝贝儿》一文的标题中绝妙地再现了契诃夫的“宝贝儿”，他在这篇文章中揭穿了孟什维克的领袖之一波特列索夫在政治上的无原则性。我们可以看到，列宁的文章标题，对典型形象的运用达到了炉火纯青的地步。

通过对典型形象精神特质的提炼和传播，马克思、恩格斯、列宁帮助无产阶级认识到自己的阶级地位和历史使命，激发了无产阶级的阶级自觉和革命热情。他们在著作中精心塑造了众多具有鲜明精神特质的典型形象。这些典型形象不仅仅是文学创作的产物，更是他们用来阐述社会矛盾和阶级斗争的工具。[③] 他们通过对这些典型形象的深入剖析，展示了无产阶级在资本主义社会中的苦难和挣扎，同时揭示了无产阶级作为社会变革力量的巨大潜力。这些典型形象的精神特质，如坚定的信念、不屈的斗志、对真理的追求等，都是无产阶级阶级意识的集中体现。通过对这些特质的凝练和传播，马克思、恩格斯、列宁帮助无产阶级认识到自己在历史中所处的位置，以及作为历史主体所担负的责任和使命。

（二）中国共产党人关于精神特质凝练的方法

赓续优良传统、升华实践经验、把握实践指向，是中国共产党人凝练精神特质的主要方法，是中国共产党人凝练改革开放精神的直接依据。

① 列宁全集第二版增订版（第 35 卷）［M］. 北京：人民出版社，2017：93.

② 娜·康·克鲁普斯卡娅．列宁是怎样写作学习的［M］. 北京：人民出版社，1973：96.

③ 姚文放．从“艺术生产”理论到生产性文学批评：马克思恩格斯文艺理论向批评实践的拓展［J］. 山东社会科学，2023（1）：64-70.

1. 赓续优良传统的方法

党的优良传统承载着党的历史记忆、价值追求和实践智慧。赓续优良传统不仅是保持党的先进性和纯洁性的必然要求，更是推动党和国家事业不断向前发展的重要保证。党的优良传统包括坚定的理想信念、全心全意为人民服务的宗旨、艰苦奋斗的优良作风等，这些传统是中国共产党人在长期革命、建设、改革和新时代的实践中形成的宝贵精神财富，成为激励全党全国人民不断前进的强大动力。

中国共产党人赓续优良传统、凝练党的精神特质的途径是多种多样的，其中纪念演讲和领袖题词是中国共产党人赓续优良传统、凝练党的精神特质的重要途径。纪念演讲和领袖题词，是中国共产党人在不同历史时期对重大事件、重要人物、重要思想的深刻总结与高度评价。这些演讲和题词，既是对过去的回顾，也是对未来的期许。它们通过文字的形式，将党的优良传统、精神特质传递给一代又一代的党员和人民群众，激励着全党全军全国各族人民为实现中华民族伟大复兴的中国梦而努力奋斗。纪念演讲和领袖题词承载着党的历史记忆，彰显着党的理论创新，指引着党的未来发展。

纪念演讲，作为中国共产党人表达历史情感、展示理论自信的重要方式，具有深刻的思想性、鲜明的时代性和广泛的群众性。从早期的革命纪念到新中国成立后的各个历史时期，党都通过纪念演讲来回顾历史、总结经验、展望未来。这些演讲不仅是对历史的回顾，更是对党的精神特质的凝练和传承。通过这种方式，不仅回顾了党的光辉历程，总结了党的宝贵经验，而且凝练了党的伟大精神，为全党全军全国各族人民指明了前进的方向。1937 年 10 月 19 日，毛泽东在延安陕北公学纪念鲁迅逝世一周年大会上发表讲话，认为纪念鲁迅“不仅因为他的文章写得好，是一个伟大的文学家，而且因为他是一个民族解放的急先锋，给革命以很大的助力”，称“孔夫子是封建社会的圣人，鲁迅则是现代中国的圣人”。[①] 在这篇讲话中，毛泽东将鲁迅的特点概括为三个方面，即政治远见、斗争精神、牺牲精神。“我们纪念鲁迅，就要学习鲁迅的精神，把它带到全国各地的抗战队伍中去，为中华民族的解放而奋斗！”[②] 在中共六届六中全会召开期间，适逢鲁迅逝世两周年纪念，除与会代表全体静默追悼外，特致电许广平女士表示慰问。电文说：“扩大会全体追念先生对中华民族解放事业与对文学运动伟大的贡献，深切表示敬意。当此民

① 中共中央文献研究室．毛泽东文艺论集［M］. 北京：中央文献出版社，2002：9.

② 中共中央文献研究室．毛泽东文艺论集［M］. 北京：中央文献出版社，2002：11.

族危急之际，尤深哀悼。”1938 年 10 月 19 日，《新华日报》出版鲁迅逝世两周年纪念专刊，中华全国文艺界抗敌协会等团体举行鲁迅逝世两周年纪念会，周恩来在会上发表讲话，强调学习鲁迅的战斗精神。纪念鲁迅的演讲，既是对鲁迅历史地位的肯定，更是对鲁迅所代表的战斗精神的凝练和传承。

领袖题词，则是中国共产党领导人以个人的名义或集体的名义，对某一事件或某一人物的高度评价或寄语。领袖题词简洁明了、寓意深刻，既体现了领导人的个人风格，也反映了党的集体智慧。它们是对党的优良传统和精神特质的精炼表达，是对全党全军全国各族人民的深刻教育和激励。周恩来总理在为雷锋同志的题词中，把雷锋精神概括为“憎爱分明的阶级立场，言行一致的革命精神，公而忘私的共产主义风格，奋不顾身的无产阶级斗志”。[①] 这四句话凝练精准、对仗工整，准确地阐释了雷锋精神的思想特质、行为品质和时代意义。这一表述是对雷锋精神的臻美诠释。

纪念演讲和领袖题词是对党的精神特质的生动凝练，是赓续传承党的优良传统的重要方式。通过这些方式，我们可以回顾党的光辉历程，缅怀革命先烈的丰功伟绩，激发全党全国各族人民的爱国热情和奋斗精神。同时，这也是党进行自我教育的重要手段，有助于激励全党不忘初心、牢记使命，始终保持旺盛的生命力和战斗力。

2. 升华实践经验的方法

升华实践经验体现了中国共产党人的理论自觉，有助于我们深刻认识历史规律，把握时代脉搏，明确前进方向。[②] 通过升华实践经验，中国共产党人能够从中汲取智慧和力量，不断完善党的理论和路线方针政策，推动党的事业不断向前发展。中国共产党自成立以来，就高度重视升华实践经验，将其作为凝练精神特质的重要途径。这种方法不仅体现了中国共产党人的智慧，而且是推动党的事业不断向前发展的强大动力。

升华实践经验与凝练精神特质是相辅相成的。一方面，升华实践经验为凝练精神特质提供了丰富的素材和深刻的启示。升华实践经验，首先要对党的历史进行全面的回顾，包括党在不同历史时期的主要任务、历史成就及经验教训。通过对这些历史事实的梳理和分析，能够更加清晰地获得党的发展

---

① 中共中央文献研究室．建国以来重要文献选编（第十六册）［M］．北京：中央文献出版社，1997：188.

② 赵周贤．坚持和发展中国特色社会主义的理论思考［M］．北京：人民出版社，2023：269.

历程中的规律性认识，为凝练精神特质提供坚实的基础。[①] 其次升华实践经验也要求我们深入反思。反思过去的工作，意味着正视错误、承认不足，并从中吸取教训。这种反思不仅有助于我们避免重蹈覆辙，还能够促使我们更加深刻地理解党的优良传统和精神实质。另一方面，凝练精神特质是对实践经验的升华和提炼，是将其转化为党的宝贵精神财富的过程。凝练精神特质是对实践经验的进一步升华和提炼。在回顾与反思的基础上，要将党的历史经验和优良传统转化为一种内在的精神力量，即党的精神特质。这种精神特质包括坚定的理想信念、严明的组织纪律、全心全意为人民服务的宗旨、艰苦奋斗的作风等，是党的宝贵精神财富。凝练精神特质的过程，是一个去粗取精、去伪存真的过程。要在总结基本经验的基础上，筛选出那些真正符合党的性质和宗旨的元素，将其提炼为党的精神特质，并不断地将其融入党的建设和发展的实践中去。

升华实践经验与凝练精神特质二者之间是相互贯通、相得益彰的。中国共产党人在长期的革命、建设、改革和新时代的实践中，不断总结基本经验，凝练出一系列具有鲜明时代特征和深刻内涵的精神财富。这些精神财富包括井冈山精神、长征精神、延安精神、西柏坡精神、雷锋精神、改革开放精神、脱贫攻坚精神、伟大抗疫精神等，它们都是中国共产党人升华实践经验、凝练精神特质的生动体现。

面对全面建设社会主义现代化国家的重大任务，中国共产党人更需要升华实践经验，凝练精神特质，以应对各种风险和挑战。[②] 新时代的中国共产党人要继续发扬党的优良传统，不断总结新的实践经验，凝练出符合新时代要求的党的精神特质，为实现中华民族伟大复兴提供不竭的精神动力。

3. 把握实践指向的方法

把握实践指向，是中国共产党人凝练精神特质的基本方法之一。这种方法强调的是将理论与实践相结合，将党的路线方针政策与具体实践相结合，将马克思主义基本原理与中国实际相结合。只有这样，才能够形成既具有时代特征又具有实践指导意义的精神特质，才能够推动党和人民的事业不断前进。[③]

---

① 中共中央党校．习近平新时代中国特色社会主义思想基本问题［M］．北京：人民出版社，2020：429.

② 刘顺，胡涵锦，周泽红．升华实践经验：马克思主义时代化的一种理性思维［J］．中共南昌市委党校学报，2013，11（4）：2-5.

③ 复旦大学当代国外马克思主义研究中心．当代国外马克思主义评论（5）［M］．北京：人民出版社，2007：124.

实践是检验真理的唯一标准，也是中国共产党人凝练精神特质的基础。中国共产党从成立之初就明确了以马克思主义为指导思想，但马克思主义并不是教条，而是行动的指南。中国共产党人将马克思主义的基本原理与中国具体实际相结合，通过革命、建设、改革和新时代的实践，不断探索和凝练出符合中国国情的精神特质。

精神特质的凝练，离不开党对实践指向的把握。正是因为中国共产党人始终坚持立足实践要求，才能够在不同的历史时期凝练出具有鲜明时代特征的精神特质。[①] 在不同的历史时期，中国共产党面临的实践要求是不同的。从新民主主义革命时期到社会主义革命和建设时期，再到改革开放和社会主义现代化建设新时期，每一个阶段都有其特定的实践要求。这些实践要求不仅推动了中国共产党人不断创新和发展理论，而且促进了精神内涵的丰富和深化。比如，在新民主主义革命时期形成的井冈山精神、长征精神等，都体现了中国共产党人在艰苦卓绝的斗争中凝练出的坚定信念和革命意志。在改革开放新时期形成的改革开放精神、特区精神等，都体现了中国共产党人在新的历史条件下凝练出的时代精神。时代在发展，实践在深化，中国共产党人凝练精神特质的方法也需要与时俱进。要根据实践的新特点和新要求，不断丰富和发展党的精神特质，以确保党始终走在时代前列，引领国家和人民不断前进。当前，我国正处于全面建设社会主义现代化国家的关键时期，全面深化改革开放进入攻坚阶段，党面临着推动高质量发展、实现人民对美好生活的向往、维护国家安全和社会稳定等多重任务。面对实践的新特点和新要求，要始终坚持以习近平新时代中国特色社会主义思想为指导，不断丰富和发展党的精神特质，包括坚定理想信念、强化党的宗旨意识、弘扬伟大建党精神、培育和践行社会主义核心价值观、推动形成良好政治生态等内容。同时，要将党的精神特质转化为推动工作的强大动力和实际成效，确保党的创新理论和路线方针政策落地生根。

第二节　中华优秀传统文化关于精神特质凝练的思维启示

天人合一的宇宙观、道德为本的人文精神、经世致用的实践智慧以及兼收并蓄的开放态度，是中华优秀传统文化关于精神特质凝练的思维路向。历代思想家运用诗歌意象隐喻的方法和元典精神笺释的方法，凝练出了中华民

---

① 郭广银．中国特色社会主义创新发展的探索与研究［M］．北京：人民出版社，2018：53.

族精神的基本特质，这对于凝练改革开放精神具有重要的启示意义。

一、中华优秀传统文化关于精神特质凝练的思维路向

在漫长的历史长河中，中国古代思想家不仅为我们留下了深邃的哲学思想，更通过独特的思维路向，凝练出了民族精神的核心特质。这些思维路向既体现了古代思想家的智慧，也深刻影响了中华民族的精神风貌和文化基质。

（一）天人合一的宇宙观

中国古代思想家基于天人合一的宇宙观，将人与自然、社会、宇宙视为一个和谐统一的整体。他们认为，人类应当遵循自然规律，与自然和谐相处，从而实现人与自然的共同繁荣。这种宇宙观体现了中华民族对自然的敬畏与尊重，奠定了民族精神中追求和谐、注重生态平衡的基础。

（二）道德为本的人文精神

中国古代思想家强调道德在人类社会生活中的重要性，认为道德是人类社会的基石，是维护社会秩序、促进社会和谐的关键因素。他们通过提炼道德规范，倡导诚信、仁爱、礼义等道德理念，形成了中华民族独特的人文精神。这种人文精神强调个人品德修养和社会责任担当，对于塑造民族性格、提升民族素质具有重要意义。

（三）经世致用的实践智慧

中国古代思想家注重将哲学思想应用于实际生活中，通过经世致用的实践智慧，指导人们处理现实问题、推动社会进步。他们强调理论与实践相结合，注重实用性和实效性，紧密结合本民族发展的现实需求，不仅使民族精神具有深厚的文化底蕴，而且具备了强烈的现实意义和指导作用。① 这种思维方式体现了中华民族务实、创新的精神风貌。

（四）兼收并蓄的开放态度

中国古代思想家在提炼民族精神的过程中，展现了兼收并蓄的开放态度。他们不仅汲取了本土文化的精华，而且积极借鉴外来文化的有益成分，形成了独具特色的中华古代文明。秦汉至唐宋时期，儒、道、佛三教逐渐融合，形成了开放包容的中国哲学体系。② 儒家强调修身齐家治国平天下，道家追求

① 王秀阁，杨仁忠．马克思主义理论学科前沿问题研究［M］．北京：人民出版社，2010：136.
② 牟钟鉴．儒道佛三教关系简明通史［M］．北京：人民出版社，2018：370.

道法自然与内心世界的和谐，佛教则倡导慈悲与智慧。这种兼收并蓄的精神，为民族精神注入了新的活力，使其在新的历史条件下焕发出更加耀眼的光芒。

中国古代思想家基于天人合一的宇宙观、道德为本的人文精神、经世致用的实践智慧以及兼收并蓄的开放态度等思维路向，提炼出了民族精神的核心特质。这些思维路向不仅丰富了中华民族的文化底蕴，而且为我们在新时代凝练和弘扬改革开放精神提供了宝贵的思想资源。

二、中华优秀传统文化关于精神特质凝练的方法论意蕴

中华优秀传统文化中诗歌意象隐喻的方法和元典精神笺释的方法，是凝练中华民族精神的主要方法，对我们凝练改革开放精神具有重要的启示意义。

（一）诗歌意象隐喻的方法

中国古代诗歌是中华优秀传统文化的重要组成部分，不仅以优美的语言、和谐的韵律和深邃的意境著称，更以其独特的意象隐喻熔铸着不朽的民族精神。这些意象隐喻不仅是对自然景物的艺术化再现，更是对民族精神的高度凝练和生动表达。意象隐喻是中国古代诗歌的重要表现手法，通过对自然景物、人物形象、社会现象等进行艺术化的处理和象征性的描述，创造出一种超越字面意义的意象世界。[①] 这种意象世界不仅是对现实生活的反映，更是对民族精神的传承和弘扬。民族精神是一个民族在长期历史发展过程中形成的共同心理、价值观念和精神追求，是民族文化的核心和灵魂。中国古代诗歌通过意象隐喻的方式，将民族精神融入诗歌的艺术形象中，使之成为一种具有普遍意义和永恒价值的文化符号。

杜甫与黄遵宪是生于不同时代的伟大现实主义诗人，他们的诗作不仅反映了当时社会的苦难与人民的遭际，而且通过丰富的意象隐喻传达了深厚的民族精神和人文关怀。在他们的诗歌中，意象与隐喻的运用成为一种独特的艺术手法，成功地凝练了民族精神，使之更加深入人心。

杜甫的诗作充满了丰富的意象，这些意象往往与现实生活紧密相连，同时蕴含着深刻的文化内涵。[②] 例如，《春望》一诗通过对“国破山河在，城春草木深”的描绘，展现了一个战火纷飞、人民流离失所的时代背景。这里的“山河”和“草木”不仅是自然景物的象征，更是民族命运和人民苦难的隐

---

① 汪裕雄. 审美意象学［M］. 北京：人民出版社，2013：166.

② 叶嘉莹. 多面折射的光影：叶嘉莹自选集［M］. 北京：人民出版社，2019：82.

喻。这种隐喻手法的运用，使诗歌具有了更加深刻的现实意义和社会价值。[①] 杜甫在华州任职的时候，前后一共写过六首反映战乱的诗，合起来称“三吏三别”，分别是《石壕吏》《潼关吏》《新安吏》《新婚别》《垂老别》《无家别》。杜甫的现实主义诗歌如同一部历史，生动记录了唐代社会尤其是安史之乱所导致的社会动荡，如实反映了那个时期社会的基本面貌。他的诗甚至可以作为史料佐证，为史家提供了一个重要的研究视角，具有很高的史学价值，故被称为“诗史”。杜甫的诗具有丰富的社会内容、强烈的时代精神和鲜明的政治倾向，真实深刻地反映了安史之乱前后的政治时事和广阔的社会生活画面。除五古、七古、五律、七律外，杜甫还写了不少排律、拗体，运用的艺术手法多种多样，是唐诗思想艺术的集大成者。杜甫继承了汉魏乐府“感于哀乐，缘事而发”[②] 的精神，摆脱了乐府古题的束缚，创作了不少“即事名篇，无复依傍”的新题乐府，如著名的“三吏”“三别”等，受到樊晃、韩愈、元稹、白居易等人的大力揄扬。杜诗对元白的“新乐府运动”文艺思想及李商隐的近体讽喻时事诗影响甚深。但杜甫的诗受到广泛重视，还是在宋以后。王安石、苏轼、黄庭坚等人对杜甫推崇备至，文天祥更以其诗为坚守民族气节的精神力量。杜甫的影响，早已超出文艺的范围，成为中华民族精神的重要标识。杜甫诗中的意象隐喻，不仅丰富了诗歌的艺术表现力，更重要的是其有利于民族精神的凝练和传承。这些意象隐喻不仅反映了杜甫个人的情感和对社会的关注，更代表了中华民族的文化传统和精神追求。在今天，我们仍然可以从杜甫的诗歌中汲取力量，感受民族精神的伟大和深远影响。

黄遵宪，这位晚清时期的杰出诗人，以其深邃的思想、独特的艺术风格和丰富的诗歌创作，成为中国文学史上的一位重要人物。他的诗歌中充满了意象隐喻，这些隐喻不仅展现了其高超的诗歌技艺，而且凝练了中华民族精神。黄遵宪的史诗“诗之外有事，诗之中有人”，集中凝练和反映了爱国反帝、忧国忧民的时代精神，具有丰富的历史内容，是标志我国古典诗歌发展到最后阶段转向革新时期的里程碑。反帝爱国、变法图强是黄遵宪诗作的两大重要主题。在反帝方面，从抵抗英法联军到庚子事变，他的诗都有反映。特别是关于中日战争，他写的《悲平壤》《哀旅顺》《哭威海》《台湾行》

---

① 叶嘉莹. 多面折射的光影：叶嘉莹自选集［M］. 北京：人民出版社，2019：80.
② 李景文. 刘向文献编纂研究［M］. 北京：人民出版社，2020：301.

《渡辽将军歌》等系列诗作，反帝爱国思想尤为突出。[①] 诗人在作品中颂扬中国军民的反抗精神、抨击投降主义，充满爱国主义激情和深挚的忧患意识。其中不少篇章规模宏伟、形象生动，表现出史诗大家的气魄和功力。如其在《冯将军歌》中写道："将军一叱人马惊，从而往者五千人。五千人马排墙进，绵绵延延相击应。轰雷巨炮欲发声，既戟交胸刀在颈。敌军披靡鼓声死，万头窜窜纷如蚁。十荡十决无当前，一日横驰三百里。"[②] 将中法战争中爱国将领冯子材鸷猛无前的英雄形象和冯军一往无前的英勇气概鲜活地呈现于纸上。黄遵宪诗歌中的意象隐喻，不仅是其个人情感的抒发，更是对民族精神的凝练。他的诗歌通过对自然景物、动物、历史事件等意象的描绘，将民族精神融入诗歌之中。这些意象隐喻不仅具有美学价值，而且具有深刻的思想内涵，激发了读者的民族自豪感和爱国情怀。

中国古代诗歌中的意象隐喻不仅是诗歌艺术的重要组成部分，更是民族精神的重要载体。这些意象隐喻背后蕴含着中华民族的精神内核。它们体现了中华民族对自然、社会、人生、家国等方面的深刻理解和独特见解。例如，"山"的意象，代表着坚韧不拔、高大伟岸的民族精神；"水"的意象，则象征着温润如玉、包容并蓄的民族性格。这些意象隐喻所传达的，是中华民族千百年来积淀下来的独特气质和精神底蕴。

（二）元典精神笺释的方法

中华元典，如《诗经》《尚书》《礼记》《周易》《春秋》等，是中华文化的基石。这些经典不仅记录了古代先民的智慧和思想，更是塑造了中华民族的基本性格和价值取向。中华元典内蕴的自强不息精神和厚德载物精神，既是中华民族在特定环境中涵养出来的璀璨奇葩，又对中华民族的历史进程和文化走向规定了一种"价值定型"，这种"价值定型"在很大程度上规定着民族精神发展的趋向。[③] 在中华元典的阐释史中，民族精神得到了不断传承和发展。历代学者通过对元典的笺释，不仅传承了先人的智慧，更在阐释过程中融入了时代的精神和理念。[④] 这种传承与创新的过程，正是中华民族精神得以流传至今的关键。

笺释，是在文本考证的基础上对元典进行注解，涉及字形考释、文字训

---

① 陈其泰，李廷勇．中国学术通史（清代卷）[M]．北京：人民出版社，2004：509.

② 左鹏军．黄遵宪与岭南近代文学丛论 [M]．广州：中山大学出版社，2007：7.

③ 余同元．中国文化概要（修订版）[M]．北京：人民出版社，2011：27.

④ 冯天瑜．中华元典精神 [M]．上海：上海人民出版社，2014：344.

诂、断句编联等基本功。文本的本义是一种客观的历史存在，而对客观存在的文本本义的认识，不能脱离对文本语言文字的准确把握，以及对文本所涉及的社会背景的具体了解。汉代经学家在这方面做过不少开创性工作，如刘歆提出“六书”是汉字造字法则；许慎（公元58—147）《说文解字》更吸收前人成果，成为一部汉字学的系统专著，为正确理解元典文义奠定了基础。郑玄（公元127—200）则遍注诸元典，从字音、字义的考究到典章制度的追溯都下过深功夫，故“郑学”在发掘元典本义方面功劳卓著。① 但由于郑玄信奉谶纬，故他所发挥的元典引申义多不足为训。清代乾嘉学派承接汉儒，在发掘元典本义方面进行了更加浩大的工程。他们以文字学为基点，从训诂、音韵、典章制度、历史、地理、天文、历法研究入手，力求逼近元典本义的方法，其杰出代表戴震（1723—1777年）说：“经之至者，道也。所以明道者，其词也。所以成词者，字也。由字以通其词，由词以通其道。”② 这种“由字通词，由词通道”的从“小学”走向“大学”的路径，是一种力求经由文字训诂开掘元典本义的努力。戴震还从自身治学经历出发，概括把握元典形上之道的途径：“仆自十七岁时，有志闻道，谓非求之六经，孔、孟不得，非从事于字义、制度、名物，无由以通其语言。宋儒讥训诂之学，轻语言文字，是欲渡江而弃舟楫，欲登高而无阶梯也。”③ 戴震表达的是探求文本本义的方法问题。这种讨论的前提，是承认文本本义的客观存在。既然文本本义是客观存在的，那么阐释者的任务就是通过文本语言去开掘它。

元典精神笺释，是中华民族精神凝练过程中不可或缺的重要方法。中华元典内蕴的丰富精神是由文本自身特征和后续解释过程共同造就的，在很大程度上是解释者不断“层累”④ 所造成的。中国古代虽然没有出现自觉的解释学理论及其学派，但自汉代以来，围绕对经典的诠释产生过各种理论和学派，影响最大者为汉学与宋学。大体言之，汉学是用训诂考据方法治经，注意发掘元典的本义，力求窥见元典内蕴的“本来面目”，这与西方古典解释学和19世纪传统解释学的追求近似。宋学在解释元典时则倾力于发明本心，不太拘泥于元典的本义，而着重开出其引申义，这与维科的解释学理论和西方

① 冯天瑜．中华元典精神［M］．上海：上海人民出版社，2014：343.

② 戴震．戴东原集（卷九）［M］．民国二十一年安徽丛书编审会影印安徽丛书本．

③ 戴震．戴东原集（年谱）［M］．民国二十一年安徽丛书编审会影印安徽丛书本．

④ “层累地造成的中国古史”说，是顾颉刚先生和古史辨派最重要的一个观念工具，他们认为古史是叠加起来的，从最初的传说到不同的文本，再到不断变动的文本，叠加起来，越放越大。顾颉刚先生凭借此说实现了中国传统史学向现代史学的结构性转变。

现代解释学的旨趣相类。此外，在元典的汉学诠释体系内部，有今文经学和古文经学两大流派。今文经学以元典为政治教科书，着重发挥经文的“微言大义”，即更多地在引申义上用力；而古文经学以元典为历史文献，偏重“名物训诂”，较注重本义的开掘。中华民族精神的凝练与阐扬，更多地需要发挥元典引申义，对“自强不息、厚德载物”的元典精神作符合时代要求的价值评估和形态延展。

中华元典精神的第一个特质是“公”。“公”即公而无私。所谓“天无私覆，地无私载，日月无私照。”① “其为物不贰，则其生物不测。”② 可以说完全是天公地道的。由于是无私的，所以用之于人道，就是“大道之行也，天下为公”。③ 也就是说人能法天行道，则大家自能和平共处。大家都能和平共处，自然可以实现世界大同的目标。人与人相处应秉持存小异而持大同的态度，才合乎公道。

中华元典精神的第二个特质是“仁”。“万物并育而不相害，道并行而不相悖。”④ 由于天地间每一个单位不但自己在动，而且和其他星球的单位一起运动、一起存在，这是代表共生、共存、共进化的意思。但是需要随时随地互相协调，才能共同存在。人由此推想而领悟到，人要共生、共存、共发展，也需要互相协调，由此产生了“仁”字。“仁”的本意就是互存、互爱、互助，是家庭、社会、国家之所以能形成的凝聚力。所以孙中山先生说，“道德仁义者，互助之用也”⑤，“人类顺此原则则昌，不顺此原则则亡”⑥。

中华元典精神的第三个特质是“诚”。天地无时无刻不在运转，故曰“至诚无息”⑦，又曰“诚者天之道也”。⑧在古人看来，诚就是宇宙的动能。人作为宇宙间的一个生灵，亦禀赋此种动能而生，故又曰“诚之者人之道也”⑨。至诚乃能感化他人，所以说“至诚而不动者，未之有也；不诚，未有能动者也”。⑩也就是人们常说的“精诚所至，金石为开”。因而《中庸》有“至诚如神”一说，意思是说至诚的人可以如神先知先觉，达到最高智慧。

中华元典精神的第四个特质是“中”。天地间的每个事物随时都在运动变化中自我调整，并需要不断地与其他事物相互协调，使之不发生冲突，各得

---

① 戴圣．礼记（卷十五）[M]．清乾隆四十八年武英殿刻仿宋相台五经本．

② 戴圣．礼记（卷十六）[M]．清乾隆四十八年武英殿刻仿宋相台五经本．

③ 戴圣．礼记（卷七）[M]．清乾隆四十八年武英殿刻仿宋相台五经本．

④ 戴圣．礼记（卷十六）[M]．清乾隆四十八年武英殿刻仿宋相台五经本．

⑤⑥ 孙中山．孙中山选集[M]．北京：人民出版社，2011：163.

⑦⑧⑨ 戴圣．礼记（卷十六）[M]．清乾隆四十八年武英殿刻仿宋相台五经本．

⑩ 陈经．尚书详解（卷二）[M]．清乾隆武英殿木活字印武英殿聚珍版书本．

其所，各遂其生，而恰到好处，故曰“致中和，天地位焉，万物育焉”。① 万物育，则人道亦在其中矣。“中”以名词来说，就是中心点，有此则稳固不堕；以动词来说，就是打中的中；以形容词来说，就是不偏不倚、恰到好处。中庸之道，是中国文化的重要美德，因为中则不偏私，不偏私则事无不平，人无不和。

中华元典精神的第五个特质是“行”。大自然每时每刻都在向前进行，即“天行健”。大自然的状态启迪人们每天都要行动，不可懒惰懈怠。所谓“苟日新，日日新，又日新”②，就是昭示人类要健行。懂得健行，就一定会“自强不息”，不断向前行进。孔子最讨厌的是“坐而言不能起而行”③ 的人，只说不做就是不诚、伪君子，所以说“力行近乎仁”。

元典精神是中华文化的核心和灵魂，要深入理解元典精神，需要以专业的态度，系统研究元典的文本内容，探寻其中的智慧和价值。这要求具备扎实的专业知识，对元典进行细致入微的解读，把握其内在的逻辑关系和思想脉络。在笺释元典精神的过程中，不仅要尊重传统，更要结合现代社会的发展，对其进行创新性诠释。元典精神的笺释是一项具有深远意义的工作，它不仅有助于当代人更好地理解和传承中华优秀传统文化，而且有助于在现代社会中寻找到精神的寄托和文化的自信。

第三节　哲学社会科学关于精神特质凝练的思维启示

哲学社会科学关于精神特质凝练的思维路向，主要包括历史演进的视角、文化比较的维度、社会结构的分析、心理层面的探讨。这些思维路向不仅有助于学术界更深入地理解人类精神世界的丰富内涵，而且能为社会科学研究提供新的视角和思路。哲学社会科学关于精神特质凝练的方法，主要有比较文化研究的方法和历史心理分析的方法，这对于凝练改革开放精神具有一定的启示意义。

一、哲学社会科学关于精神特质凝练的思维路向

以列维·施特劳斯和布尔迪厄为代表的人类学家，在尝试凝练不同民族

① 戴圣．礼记（卷十六）［M］．清乾隆四十八年武英殿刻仿宋相台五经本．
② 黄伦．尚书精义（卷七）［M］．清道光咸丰间大梁书院清同治七年王儒行等印经苑本．
③ 孙星衍．孙渊如集［M］．平津馆文稿卷（上）．

的精神特质时，展现出了多元且深入的思维路向。这些路向不仅展现了丰富的理论视角，也为学术界进一步理解和研究民族精神提供了有益的启示。

（一）历史演进的视角

哲学社会科学在凝练精神特质时，往往将其置于历史演进的宏观背景之下。这一思维路向强调民族精神的历史传承性和变迁性，认为民族精神是在特定的历史条件下形成的，并随着历史的演进而不断发展变化。通过追溯民族精神的起源、发展及演变过程，可以揭示其背后的历史逻辑和文化内涵。

（二）文化比较的维度

文化比较是哲学社会科学凝练精神特质的重要方法。这一思维路向通过对比不同民族、不同国家的精神特质，揭示其共性与差异，进而深入探讨民族精神的独特性和普遍性。通过文化比较，不仅可以深化对民族精神的理解，还可以为跨文化交流和文明互鉴提供有益的启示。

（三）社会结构的分析

社会结构对不同民族精神特质的形成和发展具有重要影响。哲学社会科学在研究民族精神时，注重分析社会结构对民族精神的影响。这一思维路向关注社会制度、经济结构、阶层关系等因素对民族精神的塑造作用，通过揭示社会结构与精神特质生成之间的内在联系，有助于我们更深入地理解民族精神的本质和特征。

（四）心理层面的探讨

民族精神作为一种集体心理现象，其形成和发展与个体心理密切相关。哲学社会科学在研究不同民族的精神特质时，注重从心理层面进行探讨。这一思维路向关注民族成员的心理特征、价值观念、情感倾向等因素对民族精神的影响，通过揭示个体心理与民族精神之间的相互作用关系，有助于我们更全面地把握民族精神的内涵和外延。

综上所述，哲学社会科学在凝练不同民族的精神特质时，展现出了多元且深入的思维路向。这些路向不仅为我们提供了丰富的理论视角和研究方法，而且为我们进一步理解和研究改革开放精神提供了有益的启示。在未来的研究中，我们可以借鉴这些思维路向，结合中国的实际情况，深入探讨改革开放精神的丰富内涵和时代价值。

二、哲学社会科学关于精神特质凝练的方法论意蕴

哲学社会科学工作者运用比较文化研究的方法，对比不同文化背景下的精神特质；运用历史心理分析的方法，追溯精神特质的历史渊源和发展轨迹，对精神特质进行多维度、多层次的剖析，对于凝练改革开放精神具有一定的启示意义。

（一）比较文化研究的方法

比较文化研究建立在文化多元论的基础上，强调各种文化都有其独特的价值和意义。它通过构建一套系统的理论框架，将不同文化置于同一分析维度下进行比较研究，从而实现对文化深层次特质的提炼。①

凝练过程通常包括以下三个步骤：

第一，通过深入调研和资料收集，了解不同文化背景下的精神现象。在国外，许多学者运用比较文化研究的方法，对各地的精神现象进行了深入挖掘。他们通过田野调查、文献研究等多种方式，收集了大量的一手资料，为后续的分析奠定了坚实基础。在这些资料的基础上，他们进行比较分析，揭示了各种精神现象背后的文化基因和社会背景。

第二，运用比较研究方法，分析这些精神现象的共同点和差异点。在比较分析之前，学者们需要建立一个清晰的比较框架，明确比较的角度、维度和标准。在比较框架的指导下，他们对收集到的资料进行深入分析，揭示不同精神现象的共同点和差异点。

第三，结合本国文化传统和社会发展需求，提炼出具有普遍意义的精神特质。② 面对传统与现代、保守与创新的双重挑战，学者们需要结合本国的文化传统和社会发展需求，提炼出具有普遍意义的精神特质。这些精神特质应该既体现传统文化的精髓，又符合现代社会的价值观。

国外学者运用比较文化研究的方法，融合历史学、社会学、人类学、语言学等多学科知识，全面而深入地探讨各民族文化的独特性和内在精神。他们发现，每个民族都有其独特的精神内核。例如，德国文化的严谨性体现在社会生活的各个方面，从工程设计到科学研究，都表现出一种精确和细致的态度。法国文化的浪漫精神，则在文学、艺术和日常生活中得到了充分体现，

---

① 安乐哲，赵延风，温海明．比较文化阐释学方法论［J］．孔学堂，2022，9（3）：4-13，105-115.

② 李伟民，戴健林．应用社会心理学新论［M］．北京：人民出版社，2006：71.

表现为对情感、艺术和美的追求。美国文化的实用主义与效率追求、多元文化与包容性以及探索精神、冒险精神彰显了其独特魅力。

德国作为现代工业设计的发源地之一，其在工程设计领域所展现的严谨性是举世闻名的。无论是汽车制造、机械制造还是建筑设计，德国工程师都以精确和细致为准则，追求每一个细节的完美。这种对精确度的极致追求，使德国制造的产品在全球范围内享有极高的声誉。在科学研究领域，德国同样展现了严谨的特质。德国科学家严谨的实验态度、精确的数据分析和深入的理论研究，使其科研成果在国际上备受认可。这种严谨的科学态度，不仅推动了科技进步，而且为德国赢得了世界的尊重。除了工程设计和科学研究，德国文化的严谨性还体现在社会生活的各个方面。在德国，无论是城市规划、公共交通运营，还是日常生活琐事，都能感受到一种细致入微的管理和规划。这种严谨的社会管理方式，使得德国的社会秩序井然，人民生活质量得到了极大提升。德国文化的严谨性是一种独特的民族精神，贯穿德国社会生活的各个方面。[①] 从工程设计到科学研究，从城市管理到日常生活，无不表现出一种精确和细致的态度。正是这种严谨性，让德国在世界上树立了独特的形象，成为众多国家学习和借鉴的对象。

在文学领域，法国浪漫主义作家以其独特的笔触和深邃的情感，为世界文学贡献了许多不朽之作。雨果的《悲惨世界》以其宏大的叙事场景和深刻的人道主义精神感动了无数读者；缪塞的《一个世纪儿的忏悔》则深刻描绘了浪漫主义者内心的挣扎与追求。这些作品不仅展示了法国作家对情感的细腻刻画，更体现了他们对人性、社会和历史的深刻洞察。艺术同样是法国浪漫精神的重要舞台。从印象派画家莫奈的《日出·印象》到后印象派梵高的《星空》，这些画作以其独特的色彩和构图，展现了法国艺术家对美的无尽追求。在他们的作品中，我们可以看到法国文化的浪漫精神得以充分展现，对自然的热爱、对生命的敬畏以及对美的独特理解都在这些画作中得到了体现。在日常生活中，法国人的浪漫情怀随处可见。无论是在街头巷尾咖啡馆悠闲的午后时光，还是在塞纳河畔漫步的惬意心情，都体现了法国人对浪漫生活的热爱。他们善于在平凡中发现美好，用细腻的触感去品味生活的每一个细节。这种对日常生活的热爱和珍惜，也是法国浪漫精神的一种体现。

美国文化作为世界文化的重要组成部分，其独特的精神内核体现在多个

---

① 刘永强，吴宏宇．德风转徙的向度流变与本土接受的主体原则：谈《德国精神的向度变型》[J]．中国图书评论，2021（9）：59-68.

方面。这些精神特质塑造了美国的国家形象，影响了全球文化格局。实用主义是美国文化的重要精神内核，美国人注重实际效果和效率，强调以结果为导向。这种实用主义精神在各个领域都有体现，无论是商业决策、科技创新还是日常生活，美国人都善于将理论知识转化为实际应用，注重解决实际问题。实用主义精神促进了美国社会的快速发展和进步。个人主义精神同样体现在美国社会的各个方面，从政治制度的设计到日常生活细节，美国人坚信每个人都有追求幸福的权利，这种追求不应受到他人的干涉。个人主义精神催生了美国的创新精神和竞争意识，使美国在全球范围内具有强大的竞争力和创造力。美国同时是一个多元文化的熔炉，美国历史上的人口迁移和多元文化背景使美国社会充满了不同的文化和价值观。多元文化的特点使得美国文化具有极大的包容性和开放性。美国人尊重不同文化之间的差异，欢迎来自世界各地的移民和思想。这种包容性和开放性是美国文化能够不断创新和发展的重要动力。美国人的探索精神和冒险精神也是其独特精神内核的重要组成部分。从早期的西部开拓到现代的太空探索，美国人始终保持着对未知世界的好奇心和探索欲望。这种冒险精神不仅推动了美国的社会发展，也激发了美国人在科技、艺术和文化等各个领域的创新精神。

比较文化研究的方法，为国外学者提供了独特的视角和工具。这种方法不仅关注文化表面的差异，更重视文化深层结构和精神内核的独特性。在凝练民族精神的过程中，国外学者展示了高度的专业素养和人文关怀。他们不仅关注文化的外在表现形式，更深入挖掘其内在的精神追求和价值观念。由于“西方是演绎逻辑，采用概念定义式；中国则是人文逻辑，采用阴阳律动式”①，因此需要通过对不同民族历史、传统、习俗等方面的深入研究，揭示各民族精神的深层内涵，从而增进对不同文化的认同和尊重。通过比较和对照，学者们能够更加客观地评价各种文化的优劣得失，避免文化偏见和误解的产生。

（二）历史心理分析的方法

历史心理分析方法，作为一种独特的学术研究路径，多年来受到国外学者的广泛关注。它不仅是历史学与心理学交叉研究的产物，更是国外学者凝练精神特质的重要工具。这种方法强调在深入挖掘历史资料的基础上，结合心理学理论，分析不同历史时期人们的精神状态、价值观和行为模式，从而

---

① 刘毅青．跨文化比较的困境及其重建——以朱利安间距论为中心［J］．中州学刊，2022（1）：151-158.

揭示出隐藏在历史背后的深层次精神特质。①

历史心理分析方法的理论基础是多元且深厚的。它汲取了历史学对过去事件细致入微的考据，也借鉴了心理学对人类内心世界的深入探索。在方法的运用上，历史心理分析强调定量与定性研究的结合，既重视大规模的数据统计与模型构建，也注重个别案例的深入剖析和解释。②

通过历史心理分析方法，国外学者在凝练精神特质方面取得了丰硕的成果。他们不仅梳理了各个历史时期的精神风貌，还深入探讨了这些精神风貌是如何影响当时的社会发展的。学者们通过历史心理分析方法，揭示了古希腊时期人们追求自由、探索未知的精神特质。古希腊人崇尚理性与智慧，他们的哲学思想、艺术创作和科学探索体现了对自由的向往和对智慧的追求。③ 这种精神特质为后来的西方哲学和文化发展奠定了坚实基础。历史心理分析还原了罗马人务实、维护秩序和法治的精神风貌。罗马人注重实际，善于构建和维护社会秩序，他们的法律制度和社会管理体系成为后世的典范。④ 这种务实和法治精神为罗马帝国的繁荣与稳定提供了重要支撑。历史心理分析揭示了欧洲中世纪的宗教信仰和神秘主义的精神特质。中世纪欧洲社会在宗教的深刻影响下，形成了对神秘、信仰和救赎的强烈追求。这种精神特质为后世的文艺复兴和宗教改革提供了思想基础。⑤ 通过历史心理分析方法，学者们发现了近代时期人们对理性主义、科学精神和自由民主的追求。近代欧洲经历了文艺复兴和启蒙运动的洗礼，人们开始追求理性、科学和民主，这些精神特质推动了近代社会的变革与发展。⑥ 历史心理分析揭示了现代人多元化、全球化和理性的精神特质。在现代社会中，人们更加注重个性表达、文化多样性和全球视野，这些精神特质反映了现代社会的发展趋势和价值观念。通过历史心理分析方法，国外学者提炼了古希腊、古罗马、中世纪、近代和现代各个时期的精神特质。这些精神特质不仅揭示了不同历史时期的

---

① 杨玲，舒跃育．国外历史心理学思想流变［J］．心理研究，2018，11（1）：15-18.

② 伍麟．思想中的历史：心理学哲学的思维视角与心理学历史的知识形态［J］．哲学动态，2006（1）：51-56.

③ 魏凤莲．解构希腊的神话与宗教：读让·韦尔南的《神话与政治之间》［J］．史学理论研究，2002（3）：156-159.

④ 刘圣中．共和制的精神及其启示：以罗马共和国的历史经验为例［J］．人文杂志，2007（4）：47-54.

⑤ 于文杰，田芳宁．中世纪西欧人文主义思想转型的历史逻辑［J］．欧洲研究，2018，36（4）：129-147.

⑥ 刘明翰．欧洲文艺复兴史·宗教卷［M］．北京：人民出版社，2008：150.

文化特征和社会风貌，也为我们理解历史、把握现实和展望未来提供了宝贵的精神财富。

历史心理分析方法的应用领域是广泛而多样的。它可以用于研究不同文化背景下的精神传统，也可以用于分析特定历史事件对人们心理状态的影响。在全球化日益深入的今天，这种方法更是为我们理解和比较不同国家和民族的精神特质提供了有力的工具。

历史心理分析方法作为国外学者凝练精神特质的重要方法，其独特的学术价值和广泛的应用前景不容忽视。它不仅深化了我们对历史的理解，也为我们提供了一个全新的视角来审视和凝练不同文化背景下的精神特质。[①] 随着这一方法的不断发展和完善，我们有理由相信，它将在未来的学术研究中发挥更加重要的作用。

---

① 赵千帆．社会、历史和心理：精神分析与批判理论关系再探［J］．同济大学学报（社会科学版），2021，32（5）：1-10.

第二章 Chapter 2

改革开放精神的实践基础与生成路径

改革开放精神的生成，遵循着“实践—经验—精神”的进路。改革开放的实践历程分为四个阶段：目标探索阶段、框架构建阶段、体制完善阶段、全面深化阶段。改革开放的实践经验，主要包括坚持四项基本原则，坚持解放思想、实事求是的思想路线，坚持人民主体地位、发挥群众首创精神，坚持理论创新与实践创新的良性互动，坚持辩证唯物主义和历史唯物主义世界观和方法论。在习近平总书记关于全面深化改革开放重要论述的指导下，结合改革开放以来党和国家领导人凝练时代精神的思路，按照“赓续优良传统、升华实践经验、把握实践指向”的方法，改革开放精神基本内涵的四个主要方面应运而生。

第一节　改革开放精神的实践基础

邓小平指出：“我们改革开放的成功，不是靠本本，而是靠实践，靠实事求是。”① 改革开放的启动有其特殊的国内外历史背景。改革开放的实践历程和伟大成就，增强了中国人民建设社会主义现代化国家的信心和决心，为人民精神生活注入了鲜活的时代元素。

一、改革开放的历史背景

（一）社会主义制度在中国的建立

在近代中国历史进程中，中国民族资产阶级无法克服其自身的局限性，

---

① 邓小平文选（第2卷）［M］. 北京：人民出版社，1993：382.

无法有效担负起领导民主革命的重任，只有中国共产党才能领导新民主主义革命取得胜利，引领中国走向新生。中国民族资产阶级产生于中国半殖民地半封建社会，阶级特性决定了其在政治、经济和社会方面的局限性。他们一方面受到帝国主义和封建主义的压迫，具有反帝反封建的革命性；另一方面，他们与帝国主义和封建主义存在着千丝万缕的联系，往往无法彻底摆脱其束缚。这使得民族资产阶级在领导革命时，常常表现出软弱性和妥协性。中国共产党成立于民族危机深重的年代，从一开始就肩负起救国救民的重任。与民族资产阶级不同，中国共产党具有鲜明的无产阶级性质和共产主义理想。在革命实践中，中国共产党始终坚持马克思主义的指导思想，紧密依靠工农联盟，广泛团结被压迫阶层，形成了强大的革命力量。此外，中国共产党还具有严格的组织纪律和非凡的革命策略，能够根据国情制定正确的路线方针政策，有效地组织和领导广大人民群众进行斗争。中国共产党以其坚定的理想信念、广泛的群众基础、正确的指导思想和卓越的领导能力，成功地领导了新民主主义革命的胜利。没有中国共产党，就没有新中国，这是中国近代历史发展的必然逻辑。

1949 年，新中国成立，不仅是中华民族历史上的一座重要里程碑，更是世界社会主义发展史上的一个重要事件。它标志着中国从此进入了一个全新的时代，为中国的现代化进程奠定了基础。由于中国共产党具有极高的威信，因此人民相信党、拥护党、拥护社会主义道路。党和人民团结一致、攻坚克难，在短时间内出色解决了许多难题，完成了三大改造，取得了伟大成就。三大改造是一场深刻的社会主义革命，使先进的社会主义制度在中国建立起来，对中国的历史进程产生了深远的影响。社会主义制度在中国的建立，证明了马克思主义和社会主义道路在中国是可行的，极大增强了爱好和平的力量，极大地鼓舞了全世界劳动人民的信心。

社会主义制度在中国的建立，为全国人民如火如荼地开展社会主义建设奠定了制度基础。这一制度强调公平、公正，保障了人民的各项基本权利，为人民创造了更好的生活和发展条件。同时，社会主义制度激发了人民的创新精神和社会责任感，使得全国人民在建设社会主义的道路上更加团结、奋进。各族人民迸发出空前的建设热情，显示了社会主义制度的强大生命力。

（二）党和人民对符合中国实际的社会主义经济体制的艰苦探索

社会主义制度建立之后，如何建立起与之相匹配的经济运行体制，以促进生产力的发展，成为摆在中国共产党人面前的重要课题。面对复杂多变的国内外环境，党和人民对经济运行体制进行了艰苦的探索。以毛泽东同志为主要代表的中国共产党人，注重从中国国情出发，积极探索，不断总结经验教训，努力寻找一条适合中国国情的建设道路。从初步探索到计划经济体制的确立与调整，这一过程充满了曲折和艰辛。

随着时间的推移，高度集中的计划经济体制的弊端逐渐显现，出现经济运行效率低下、活力不足等问题。以毛泽东同志为主要代表的中国共产党人，对高度集中的计划经济体制进行了实事求是的分析，对符合中国实际的经济运行体制进行了艰苦的探索。高度集中的计划经济体制的弊端主要表现在以下几方面；一是这种体制束缚了经济发展的活力。在计划经济下，企业和个人的积极性受到压制，经济发展的灵活性受到限制。二是高度集中的计划经济体制忽视了市场的调节作用，导致资源配置低效，甚至浪费。三是这种体制阻碍了技术的进步和创新，导致许多行业发展滞后。面对这些弊端，以毛泽东同志为主要代表的中国共产党人展现出了实事求是的精神。他们认识到，要解决这些问题，必须对计划经济体制进行改革。然而，改革并不是一蹴而就的，需要经过深入的调查和分析。在这一过程中，他们深入实际，了解国情，研究经济发展的规律。同时他们还意识到，中国的经济发展不能照搬西方的模式，必须根据自身的特点和实际情况来选择。在他们的努力下，开始了从计划经济向有计划的商品经济、从封闭向开放的探索。这一探索过程是复杂而富有挑战性的，不仅要面对内部的阻力，还要应对外部的压力和质疑。然而，他们始终坚持从实际出发，稳步调整提高。

1956 年 2 月到 3 月，毛泽东在重点听取了工业、农业、交通、运输、能源等 30 多个部门汇报后，于 4 月下旬在中央政治局扩大会议上作了题为《论十大关系》的报告。毛泽东在报告中指出，苏联“采取所谓义务交售制等项办法，把农民生产的东西拿走太多，给的代价又极低。他们这样来积累资金，使农民的生产积极性受到极大的损害”。① 同年 12 月底，毛泽东在同统战部等部门负责人谈话中表明，他同意陈云“计划经济为主，市场调节为辅”的观点。1958 年，毛泽东针对有人企图取消商品生产和商品交换的错误，非常严厉地指出：“我们有些人大有要消灭商品生产之势。他们向往共产主义，一提商品生产就发愁，觉得这是资本主义的东西，没有分清社会主义商品生产和资本主义商品生产的区别，不懂得在社会主义条件下利用商品生产的作用的

① 毛泽东文集（第 7 卷）[M]. 北京：人民出版社，1999：29-30.

重要性。”[①]

自1956年以来，邓小平关于社会主义建设的思想轨迹，是对马克思主义，特别是列宁主义的继承和发展。其中不仅包含邓小平对马克思、恩格斯，特别是列宁著作的刻苦钻研与深刻领会，更体现了邓小平对中国国情的正确分析与实践经验的科学总结，始终体现了一切从实际出发、实事求是的思想路线。

1962年7月，邓小平在接见出席中国共青团三届七中全会全体同志的讲话中提出：“生产关系究竟以什么形式为最好，恐怕要采取这样一种态度，就是哪种形式在哪个地方能够比较容易比较快地恢复和发展农业生产，就采取哪种形式。”[②] 1964年4月4日，他在接见外国工会代表团时提出：“为了巩固社会主义，避免资本主义，就要首先发展生产力，再进一步改善人民生活。”[③] 1975年他重新主持中央工作后，不遗余力地抓整顿和恢复生产。他在执行毛泽东的指示中，突出强调了要安定团结和把国民经济搞上去这个正确方向。

邓小平同志坚持真理，实事求是，敢讲真话，他的思想反映了中国社会生产力发展的客观要求，代表了绝大多数人民群众的利益。

陈云作为以毛泽东同志为核心的党中央的重要成员，对社会主义经济体制问题进行了深入的探索。陈云自新中国成立以来就主管财经工作，直接指挥了统购统销等重大部署，对经济体制的运行有深入的了解。1956年9月，陈云在中共八大上提出著名的“三个主体、三个补充”的思想。陈云的“三个主体、三个补充”思想的形成是一个长期的过程。新中国成立后，中国的经济体制经历了多次变革和调整，陈云在实践中不断思考和总结，逐步形成了这一思想。他认为，中国的经济体制应该既体现效率又促进公平，既具有计划性又具有灵活性。“三个主体、三个补充”的思想为中国日后的经济体制改革提供了重要的理论支持，对于深化经济体制改革、建立和完善社会主义市场经济体制具有重要的指导意义。

1962年1月，毛泽东在《在扩大的中央工作会议上的讲话》中提出：“在社会主义建设上，我们还有很大盲目性。社会主义经济，对于我们来说，还有许多未被认识的必然王国。拿我来说，经济建设工作中间的许多问题，

---

① 毛泽东文集（第七卷）[M]. 北京：人民出版社，1999：437.
② 邓小平文选（第一卷）[M]. 北京：人民出版社，1994：323.
③ 汪向东. 邓小平生产力标准思想的直接根源及理论创新 [J]. 理论导刊，1994（8）：7-8.

还不懂得。工业、商业，我就不大懂。”① “至于生产力方面，我的知识很少。社会主义建设，从我们全党来说知识都非常不够。”②同时指出：“在我国，要建设起强大的社会主义经济，我估计要花一百多年。”③这说明，我们党当时对社会主义经济建设规律的认识还不够深入，还有很大的空间有待开拓。以毛泽东同志为主要代表的中国共产党人的曲折探索历程，反映了我们党探索中国式现代化道路的艰巨性。只有从历史的分析与总结中，才能揭示正确反映中国特色社会主义建设规律的真理性认识。尽管道路曲折艰险，但前途是光明的。我们党在十一届三中全会以后，终于在前人经验教训的基础上，开辟出了一条崭新的建设有中国特色社会主义的正确道路。

（三）国际环境和时代主题的深刻变化

第二次世界大战结束后直至20世纪70年代末，人类社会经历了前所未有的全方位变革，国际环境发生了翻天覆地的变化，经济、政治、科技和文化等多方面的因素共同推动了世界格局的演变。冷战铁幕拉开，新科技革命日新月异，东西方两大阵营在科技与经济领域的竞争日益激烈，经济全球化趋势日益明显。世界格局的深刻变化与时代主题的转换相互交织，对国际关系产生了深远影响。

第二次世界大战后各国经济相互依赖程度加深，经济全球化趋势日益明显，④国际贸易、投资和金融活动的自由化程度不断提高，促进了全球经济的发展。但同时带来了贫富差距扩大、经济安全等问题。经济全球化使得国家间的经济联系更加紧密，导致国家间竞争的加剧。各国在追求自身经济发展的同时，需要平衡与其他国家的利益关系，避免过度竞争引发贸易战或经济危机。一些大型跨国企业组织开始寻求海外加工基地，一般制造业从发达国家向发展中国家和地区转移。这是一种新的先进生产方式，能够在先进技术水平上利用全球的资源，极大促进了生产力水平的提高。参与全球经济体系的制度基础是市场经济体制。因此，计划经济体制向市场经济体制的转变，实际上是对新的先进生产方式的适应。

新科技革命的迅猛发展，特别是信息技术、生物技术和新材料技术的突

①② 逄先知，金冲．毛泽东传（1949—1976）［M］．北京：中央文献出版社，2003：1203.

③ 逄先知，金冲．毛泽东传（1949—1976）［M］．北京：中央文献出版社，2003：1204.

④ 中国人民政治协商会议全国委员会办公厅．中国人民政治协商会议第九届全国委员会第一次会议文件［M］．北京：人民出版社，1998：5.

破，对国际环境产生了深远影响。[①] 这场科技革命不仅推动了经济的飞速发展，而且深刻影响了全球的政治、文化格局。电子计算机的突破性发展，极大地提高了生产效率；基因编辑、生物医药等领域的技术创新，为农业、医疗等领域带来了巨大变革，推动了全球经济的持续增长；纳米技术、石墨烯等新材料的应用，为制造业、航空航天等领域提供了新的发展方向，进一步提升了全球生产力。新科技革命加速了世界多极化趋势，新兴国家与发达国家的实力对比发生变化，全球政治格局日趋复杂。新科技革命挑战了传统的治理体系，促使国际社会加强合作，推动全球治理体系的改革和完善。科技进步推动了生产力的提高，改变了国家间的竞争关系，深刻影响了人们的生活方式。各国纷纷加强科技创新方面的投入，以尽快抢占未来科技制高点。但科技发展也带来了安全风险与伦理挑战，需要国际社会加强合作与规范。各国应认识到科技发展的潜在风险、确保科技的健康发展是服务于人类社会的福祉。

第二次世界大战结束后，世界格局发生了深刻变化。美国和苏联作为两个超级大国，分别引领了资本主义和社会主义两大阵营的崛起。美国凭借其在战争中的贡献，成了资本主义世界的领袖。苏联则凭借其强大的军事实力，逐渐成为社会主义国家的中心。两大阵营的形成与对峙，对战后世界政治、经济、文化等方面产生了深远的影响。资本主义阵营强调市场经济和个人主义，而社会主义阵营强调计划经济、社会主义和公有制。两大阵营的特点在很大程度上决定了战后世界的发展方向。美苏两国在冷战期间进行了激烈的军备竞赛，尤其是核武器的发展。这种对峙给世界带来了巨大的安全压力，许多国家被迫卷入这场无休止的军备竞赛中。除了军事上的对峙，美苏两国还在意识形态和文化领域展开了激烈的竞争。美国通过好莱坞、摇滚乐等文化形式向世界推广其价值观，而苏联则强调社会主义优越性，试图在意识形态上占据上风。这种意识形态之争和文化冷战进一步加剧了两大阵营的对立。两大阵营的对立导致了世界政治格局的深刻变化。许多国家被迫选边站队，要么站在资本主义阵营，要么站在社会主义阵营。这种对立不仅加剧了国际紧张局势，还导致了多次局部战争和冲突。尽管两大阵营在政治上严重对立，但在经济领域却存在着密切的联系和互动。随着经济全球化和区域一体化的趋势加强，资本主义和社会主义经济模式也在相互借鉴和学习，在一定程度上缓解了

---

① 张志刚，左太行．深化国有企业改革研究：社会主义市场经济与国有企业改革［M］．北京：人民出版社，2002：164.

两大阵营的冲突。

20世纪70年代，中国与世界的关系发生了显著变化。中国与西方国家的关系得到改善，经济和贸易合作逐渐增多；中国在联合国的影响力逐渐扩大，“中国与世界的关系更加密切”。[①] 随着国内外形势的变化，中国的对外政策发生了重大调整。从20世纪70年代初开始，党和国家领导人毛泽东、周恩来等审时度势，适应形势变化的需要，作出了实现中美关系正常化的重大战略决策，并采取了一系列灵活机动的外交斗争策略。我国于1971年10月25日恢复了联合国及联合国安全理事会常任理事国的合法席位，于1972年9月与日本建立了正常外交关系，并与许多西欧国家建交，开创了新中国成立以来从未有过的外交新局面。邓小平对毛泽东晚年的这一伟大历史功绩给予了极高的评价，他指出：“现在可以看得更清楚，毛泽东同志在他晚年为我们制定的关于划分三个世界的战略，关于中国站在第三世界一边，加强同第三世界国家的团结，争取第二世界国家共同反霸，并且同美国、日本建立正常外交关系的决策，是多么英明，多么富有远见。这一国际战略原则，对于团结世界人民反对霸权主义，改变世界政治力量对比，对于打破苏联霸权主义企图在国际上孤立我们的狂妄计划，改善我们的国际环境，提高我国的国际威望，起了不可估量的作用。”[②] 毛泽东的这一伟大战略决策，为我国在改革开放新时期实行对外开放政策，营造了良好的国际环境，奠定了坚实的外交基础。

20世纪70年代，中国与世界的关系发生了深刻变化，这一变化不仅推动了中国自身的发展，而且对全球政治经济格局产生了深远影响，为公正合理的国际秩序注入了稳定剂。回溯这一时期的历史，有助于我们更好地理解党的十一届三中全会后中国实行对外开放的历史动因。

二、改革开放的实践进程

（一）目标探索阶段

1978年，以邓小平同志为主要代表的中国共产党人坚持解放思想、实事求是，以巨大的政治勇气和理论创新，作出实行改革开放的历史性决策。从1978年到1992年，中国共产党领导中国人民，就经济体制改革的目标模式问题进行了艰苦的探索。经过实践的反复检验，最终在中共十四大上确定，我

① 叶剑英．叶剑英选集［M］．北京：人民出版社，1996：467.

② 邓小平文选（第二卷）［M］．北京：人民出版社，1994：160.

国经济体制改革的目标是建立社会主义市场经济体制。

早在改革开放初期，邓小平同志在思考用什么办法才能更有效地发展生产力时，就已经提出了社会主义与市场经济的关系问题，他多次提出："社会主义是什么，马克思主义是什么，过去我们并没有完全搞清楚。"① "我们过去一直搞计划经济，但多年的实践证明，在某种意义上说，只搞计划经济会束缚生产力的发展。"② 1979 年 11 月 26 日，邓小平在同大不列颠百科全书出版公司编委会副主席吉布尼等人的谈话中，第一次谈到"社会主义也可以搞市场经济"③。他指出：从 20 世纪 60 年代末期到 70 年代这十一二年，我们同世界的差距拉得太大了，这十多年正是世界蓬勃发展的时期，世界经济和科技的进步不是按年计算，甚至不是按月计算的，而是按天来计算的；我们有些经济制度，特别是企业的管理、企业的组织这些方面，受苏联的影响比较大；我们应该学习资本主义国家先进的经营方法、管理方法、发展科学的方法，学习资本主义的某些好东西，这不等于实行资本主义。邓小平同志认为这些"好东西"，最重要的就是市场经济。他说："市场经济不能说只是资本主义的。市场经济，在封建社会时期就有了萌芽。社会主义也可以搞市场经济。"④ "社会主义也可以搞市场经济"这个新论断突破了把市场经济与社会主义对立起来的传统观念，提出社会主义也可以和市场经济结合起来。同时指出，计划经济和市场经济都是方法，不是经济制度的特征。

1984 年，党的十二届三中全会通过了《中共中央关于经济体制改革的决定》（简称《决定》），改革的重点由农村转向城市。《决定》指出："商品经济的充分发展，是社会主义经济发展的不可逾越的阶段，是实现我们经济现代化的必要条件。"这就突破了把商品经济同社会主义对立起来的传统观念。邓小平同志高度评价了这个《决定》的理论意义，指出："这次经济体制改革的文件好，就是解释了什么是社会主义，有些是我们老祖宗没有说过的话，有些新话。……没有前几年的实践不可能写出这样的文件。写出来，也很不容易通过，会被看作'异端'。我们用自己的实践回答了新情况下出现的一些新问题。"⑤ 邓小平同志把这个《决定》称为"纲领性文件"。

我国的经济体制改革，首先在南方的农村取得了重大突破。从 1978 年开

① 邓小平文选（第三卷）[M]. 北京：人民出版社，1993：137.
② 邓小平文选（第三卷）[M]. 北京：人民出版社，1993：148.
③ 邓小平文选（第二卷）[M]. 北京：人民出版社，1994：231.
④ 邓小平文选（第二卷）[M]. 北京：人民出版社，1994：236.
⑤ 邓小平文选（第三卷）[M]. 北京：人民出版社，1993：91.

始，安徽、四川的基层干部和农民群众，在省委的支持下，探索试行包产到组、包产到户、包干到户等多种形式的农业生产责任制，取得了很好的效果，其他一些地方也开始实行农村联产承包责任制。① 这项制度将土地的经营权下放给农户，大大激发了农民的生产积极性。农业生产迅速发展，农民生活水平得到显著提高。随着农村经济的发展，乡镇企业迅速崛起。这些企业为农村剩余劳动力提供了就业机会，有效缓解了农村就业压力；增加了农民收入，提升了农村居民的生活质量；同时推动了农村的工业化进程。乡镇企业在市场竞争中不断引进新技术、新工艺，推动了农村地区的技术进步和产业升级。这不仅提高了企业自身的竞争力，而且带动了整个农村产业链的发展。乡镇企业的发展促进了农村经济的多元化和专业化，优化了农村经济结构，增强了农村经济的抗风险能力。乡镇企业的发展提升了农村社区的凝聚力和向心力，推动了农村基层民主建设和社区治理水平的提高。20 世纪 80 年代初，我国开始探索逐步放开农产品市场。这一改革使农产品价格更加合理，促进了农产品的流通和农业结构的调整。

1985 年 10 月 23 日，邓小平同志在会见美国高级企业家代表团时指出："把计划经济和市场经济结合起来，就更能解放生产力，加速经济发展。"② 1990 年 12 月 24 日，邓小平同志在同几位中央负责同志谈话时指出："我们必须从理论上搞懂，资本主义与社会主义的区分不在于是计划还是市场这样的问题。社会主义也有市场经济，资本主义也有计划控制。……不要以为搞点市场经济就是资本主义道路，没有那么回事。计划和市场都得要。不搞市场，连世界上的信息都不知道，是自甘落后。"③ 随着市场改革的深化，市场调节经济日趋增加，商品经济日趋活跃，经济建设成效显著，人民生活迅速提高。邓小平同志密切观察改革的进程，深刻分析世界经济发展历史和新情况的特点，不断总结改革实践的经验和理论探索的成果，针对改革不同的发展阶段，提出了一系列关于市场经济理论的观点。特别是在 1992 年初，邓小平同志发表了著名的南方谈话，更加明确地指出："计划多一点还是市场多一点，不是社会主义与资本主义的本质区别。计划经济不等于社会主义，资本主义也有计划；市场经济不等于资本主义，社会主义也有市场。计划和

---

① 刘国新．中国特色社会主义道路的成功实践——改革开放历史进程的科学解读［J］．北京党史，2008（01）：8-11.

② 邓小平文选（第 3 卷）［M］．北京：人民出版社，1993：148-149.

③ 邓小平文选（第 3 卷）［M］．北京：人民出版社，1993：364.

市场都是经济手段。”① 这就清楚明白地回答了长期困扰我们搞市场经济是否姓“资”的问题。根据邓小平同志关于“社会主义也可以搞市场经济”的思想和南方谈话精神，1992 年 10 月，党的十四大报告明确指出，我国经济体制改革的目标是建立社会主义市场经济体制。对于这段历史，习近平总书记指出了其重大意义所在：“提出建立社会主义市场经济体制的改革目标，这是我们党在建设中国特色社会主义进程中的一个重大理论和实践创新，解决了世界上其他社会主义国家长期没有解决的一个重大问题。”②

在推进体制改革的同时，我国对外开放政策迈出了历史性的步伐。这一政策不仅对我国的经济社会发展产生了深远影响，而且在全球经济一体化的大背景下，具有划时代的意义。对外开放政策主要包括引进外资、设立经济特区、开放沿海城市等几个方面。对外开放政策的实施，极大地促进了我国经济的快速增长。吸收外资、引入先进技术和管理模式，使得我国的产业结构和经济体系得以优化升级。同时，出口导向型经济逐渐形成，国际贸易规模迅速扩大。对外开放政策推动了我国产业的升级换代。外资的进入激活了国内市场，刺激了企业创新，加快了传统产业的改造和新兴产业的发展。对外开放加强了我国与世界各国的交流与合作。通过引进外资和技术，我国企业得以参与全球经济分工，融入全球产业链。同时，对外开放促进了文化、教育、科技等领域的国际交流，提高了我国的国际影响力。

（二）框架构建阶段

1993 年 11 月召开的党的十四届三中全会通过的《关于建立社会主义市场经济体制若干问题的决定》（简称《决定》），将十四大提出的社会主义市场经济体制改革的目标和基本原则具体化，进一步勾画了社会主义市场经济体制的基本框架。

《决定》明确了市场在资源配置中的基础性作用，要求政企分开，使企业成为自主经营、自负盈亏的市场主体。同时，《决定》提出了国有企业改革的方向，即建立现代企业制度，以及财政、税收、金融等方面的改革措施。《决定》对中国经济改革产生了深远的影响。一是《决定》改变了政府在经济活动中的角色，将资源配置的主导权交给了市场，使中国经济更加灵活，更具竞争力。二是《决定》推动了国有企业改革，使企业更加市场化，提高了企业的效率和创新能力。三是《决定》促进了中国金融、税收等领域的改革，

---

① 邓小平文选（第三卷）［M］. 北京：人民出版社，1993：373.

② 习近平著作选读（第一卷）［M］. 北京：人民出版社，2023：182-183.

为中国经济的持续发展奠定了基础。《决定》成为 20 世纪 90 年代我国经济体制改革的行动纲领。①

在财税体制改革方面，1993 年 12 月，国务院发布《关于实行分税制财政管理体制的决定》。分税制改革重新划分了中央税、地方税及共享税，确立了中央政府与地方政府各自的税收来源。为保证地方政府的财政收入，分税制建立了税收返还机制，使地方政府能够从中央获得一定比例的税收返还。为弥补地区间财力差异，分税制改革建立了转移支付制度，通过财政转移支付实现财力均衡。分税制改革还涉及预算管理体制的改革，强化了预算的严肃性和规范性，提高了预算管理的透明度。② 分税制改革使中央政府获得了相当比例的税收收入，大大增强了中央政府的财政实力，有利于国家财政的稳定。分税制改革确保了地方政府有稳定的税收来源，激发了地方政府推动经济发展的积极性，促进了地方经济的繁荣。通过转移支付制度，分税制改革实现了财力在全国范围内的再分配，优化了资源配置，有助于缩小地区间的经济差距。分税制改革推动了预算管理体制的改革，提高了财政管理的科学性和规范性，为实现我国财政管理的现代化奠定了基础。分税制改革是中国 20 世纪 90 年代经济体制改革的里程碑事件，对中国的财政管理体制产生了深远的影响。③ 它不仅优化了中央与地方政府的财政分配关系，还提高了财政管理的科学性和规范性，为中国的经济腾飞奠定了坚实的财政基础。分税制改革是我国改革开放进程的重要步骤，为我国社会主义市场经济体制的建立提供了坚实的财政保障，进一步推动了我国的改革开放进程。

在金融体制改革方面，1993 年 12 月，国务院发布《关于金融体制改革的决定》（简称《决定》）。《决定》旨在深化金融体制改革，加强金融监管，优化金融资源配置，为经济发展提供更有力的支持。金融体制改革的目标是建立适应社会主义市场经济需要的金融体制，其原则是“自主经营、自我约束、自我发展、自担风险”。④ 改革国有银行体制，实行国有专业银行的商业化改革，逐步将其转变为商业银行。同时，建立政策性银行，承担国家重点建设等政策性融资任务。推动非银行金融机构和金融市场的发展，鼓励和支持非银行金融机构的发展，包括信托投资公司、企业集团财务公司等。同时，逐步完善同业拆借市场、票据市场和债券市场等金融市场。加强金融监管，

① 曾培炎．曾培炎论发展与改革（中卷）［M］．北京：人民出版社，2014：963.

② 高培勇．共和国财税 60 年［M］．北京：人民出版社，2009：219.

③ 高培勇．共和国财税 60 年［M］．北京：人民出版社，2009：220.

④ 王军．履与印［M］．北京：人民出版社，2009：311.

建立健全金融监管体制，强化中央银行职能，加大对各类金融机构的监管力度，防范和化解金融风险。通过改革国有银行体制和推动非银行金融机构及金融市场的发展，1993 年出台的《决定》为我国金融市场的发展奠定了基础，推动了金融市场的不断完善。通过加强金融监管，改革后的金融体系更加规范，抵御风险的能力显著增强，对于防范和化解金融风险，确保金融市场的稳定具有重要意义。作为经济体制改革的重要组成部分，金融体制的改革对推动我国经济体制改革的深化起到了积极的促进作用，为我国经济的持续健康发展提供了更有力的支持。中国在 1993 年开始的金融体制改革不仅对国内产生了深远影响，而且对全球金融市场产生了重要影响。[①] 中国的改革经验为许多发展中国家提供了借鉴，为世界金融体制改革贡献了中国智慧。

根据党的十四届三中全会提出的要求，对计划投资体制进行了较大幅度的改革。政府逐步下放投资决策权，允许企业在一定范围内自主决定投资项目。这激发了市场活力，促使企业更加注重市场需求和竞争态势。改革之前，政府是主要的投资者；改革之后，更多的社会资本开始进入投资领域，形成了多元化的投资格局。这不仅提高了投资的效率和灵活性，还促进了市场机制的完善。政府逐步减少对市场的直接干预，通过市场机制来调节资源的配置。这增强了市场的竞争性和活力，促使企业提高自身素质和创新能力。[②] 计划投资体制改革意义重大。一是改革极大地解放了生产力，激发了市场活力。在改革之前，由于计划经济体制的束缚，企业的活力未能得到充分释放。改革后，企业获得了更多的自主权和灵活性，开始更加积极地参与市场竞争，推动了经济的快速增长和技术创新。二是改革促进了资源的优化配置。在计划经济体制下，资源的配置往往不符合实际需求，导致资源的浪费和效率的低下。改革后，市场机制开始发挥主导作用，资源开始流向效率更高的领域和企业，提高了资源的利用效率和经济的整体效益。三是改革加强了对外开放和国际合作。随着投资体制改革的推进，中国开始更加积极地参与国际经济合作和竞争。这为中国企业提供了更多的机会和平台，吸引了大量的外资和技术进入中国市场。促进了中国经济的全球化进程，提高了中国的国际地位和影响力。总之，20 世纪 90 年代的计划投资体制改革是中国经济发展中的重要里程碑。改革打破了传统计划经济体制的束缚，解放了生产力，激发了

① 宋士云．中国银行业市场化改革的历史考察（1979—2006）［M］．北京：人民出版社，2008：158.

② 中共中央文献研究室．新时期经济体制改革重要文献选编（下）［M］．北京：中央文献出版社，1998：573.

市场活力。通过简政放权、投资多元化和市场化改革等措施的实施，促进了资源的优化配置、经济的快速增长、技术的不断创新以及对外开放和国际合作的加强。这些成就为中国经济的可持续发展奠定了坚实的基础。

在价格体制改革方面，1994 年改革步伐明显加快。政府逐步减少对价格的直接干预，更多地依靠市场机制调节价格，重要商品和服务的价格逐步由市场供求关系决定。推进价格形成机制改革，价格改革不仅包括放开价格管制，还包括建立合理的价格形成机制。例如，推进企业自主定价，建立成本加合理利润的价格制定方式。政府职能部门也对价格的管理方式进行了改革，从直接制定价格转向制定价格规则，监督市场主体执行。通过放开价格管制和建立合理的价格形成机制，市场在资源配置中的作用得到更好发挥，资源能够更加高效地流向需求大、效益高的领域。企业自主定价能力的提升，使其能够更好地根据市场需求调整生产和经营策略，增强了市场竞争力。合理的价格体系有助于准确反映市场供求关系和商品的真实价值，减少资源浪费，提高经济效率。价格体制改革与我国加入世界贸易组织（WTO）的要求相一致，有助于我国更好地融入全球经济体系。[①] 为了保障价格体制改革的顺利进行，国家出台了一系列相关法律法规，为规范市场主体行为、维护公平竞争提供了法律保障。20 世纪 90 年代的价格体制改革是中国经济体制改革中的重要事件。通过逐步放开价格管制、推进价格形成机制改革和改革价格管理体制等措施，我国初步建立了与社会主义市场经济相适应的价格体系和价格管理体制。这一改革不仅促进了资源的优化配置、增强了企业活力、提高了经济效率，还为我国对外开放和市场经济体制的完善奠定了坚实基础。

在国有企业改革方面，根据党的十四届三中全会提出的建立现代企业制度的要求，国有企业改革进入了以产权改革为核心的制度创新阶段。国有企业改革的内容主要有：建立现代企业制度，明确企业法人地位，实现所有权与经营权分离，完善企业内部治理结构；通过股份制改革，实现投资主体多元化，增强企业融资能力；兼并重组，优化资源配置，淘汰落后企业，提高产业集中度；人员分流安置，通过裁员、转岗、培训等方式，妥善安置企业冗余人员。[②] 改革使企业更加灵活，能够快速适应市场需求，提高经济效益。通过改革，国有企业在市场经济中的定位更加明确，进而促进了市场经济体制的完善。不仅国有企业规模优势和品牌影响力得到提升，还提高了其国际

① 邹东涛．中国经济体制创新：改革年华的探索（下）［M］．北京：人民出版社，2003：876.

② 曾培炎．曾培炎论发展与改革（中卷）［M］．北京：人民出版社，2014：989.

竞争力。国有企业改革推动了经济发展，提高了经济增长速度。据统计，自改革以来，国有企业效益显著提升，为国家财政收入作出了巨大贡献。虽然国有企业改革导致部分人员分流安置，但通过转岗、培训等措施，许多人重新找到了工作。同时，改革催生了一批新的企业，为社会提供了更多的就业机会。国有企业改革推动了产业结构的优化升级。通过兼并重组和淘汰落后企业，国有资本逐渐退出部分竞争性领域，为民营经济发展腾出空间。同时，国有企业更加注重科技创新和高端制造业发展，有力推动了产业结构的优化。国有企业改革提高了中国企业的国际竞争力，一批具有国际影响力的中国企业崭露头角，提升了中国在国际经济舞台上的地位。

从党的十四大到党的十六大，以国企改革的胜利推进为标志，我国经济体制改革在理论和实践方面都取得了重大进展。社会主义市场经济体制的框架初步构建起来，全方位、宽领域、多层次的对外开放格局基本形成。①

（三）体制完善阶段

2002 年 11 月 8 日至 14 日，中国共产党第十六次全国代表大会在北京召开。党的十六大在经济建设和经济体制改革问题上，强调 21 世纪前 20 年我国经济建设和改革的主要任务是完善社会主义市场经济体制，推动经济结构战略性调整，基本实现工业化，大力推进信息化，加快建设现代化，保持国民经济持续快速健康发展，不断提高人民生活水平。

根据党的十六大提出的“完善社会主义市场经济体制”的要求，2003 年 10 月，党的十六届三中全会审议通过《中共中央关于完善社会主义市场经济体制若干问题的决定》（简称《决定》）。②《决定》从我国经济体制改革和经济社会发展的新情况、新特点出发，就完善社会主义市场经济体制的一系列重大问题作出部署。

《决定》在经济体制改革理论上有一系列新的突破。一是《决定》对政府和市场的关系进行了新的定位。在传统的计划经济体制下，政府对经济的干预过多，制约了市场作用的发挥；而《决定》明确提出，要“更大程度地发挥市场在资源配置中的基础性作用”，同时强调政府要“更好地发挥宏观调控职能”。这一论断是对政府和市场关系的新定位，有助于进一步深化对社会

---

① 顾华祥．论促进非公有制经济发展体制的改革与完善［J］．喀什师范学院学报，2005（4）：18-21，39.

② 马海涛，汪昊．中国特色财政改革的伟大实践：改革开放 40 年回顾与思考［J］．经济研究参考，2018（43）：3-17.

主义市场经济的理解和实践。二是《决定》提出了建立健全现代产权制度的要求。产权制度是市场经济的基础，是保障市场正常运行的重要保障。《决定》明确提出，要建立健全现代产权制度，保护私有财产权，为非公有制经济的发展提供了更加广阔的空间和更加公平的竞争环境。这一要求的提出，不仅有助于完善社会主义市场经济体制，而且有助于推动中国经济的持续健康发展。三是《决定》提出了完善国有资产管理体制相关措施。优化国有资产的布局和结构，推动国有经济战略性调整，提高国有经济的整体素质和竞争力。完善国有资产监管体系，加大国有资产的监管力度，防止国有资产的流失和浪费。推进国有资产的市场化改革，促进国有资产的合理流动和优化配置。这些新举措有利于提高国有经济的运行效率和效益，增强国有经济的竞争力和影响力；有利于促进社会公平正义，缩小贫富差距，推动经济社会的可持续发展；有利于推动我国经济的市场化改革，完善社会主义市场经济体制，提高我国经济的国际竞争力；有利于增强国家的宏观调控能力，优化资源配置，促进经济结构的调整和升级。

党的十六届三中全会及通过的《决定》，为进一步扫除束缚我国经济发展的体制机制障碍、进一步解决经济社会发展中的深层次矛盾提供了新的指针，是推动我国社会主义市场经济体制不断完善的纲领性文献。[①] 这次全会后，围绕贯彻落实科学发展观，我国经济体制改革不断深入，社会主义市场经济体制日益完善。

自 2003 年起，党和国家对社会主义市场经济体制进行了完善，包括价格机制、企业改革、市场体系、财税体制、金融体制、投资体制、外贸体制等方面的改革。这些改革措施旨在进一步优化资源配置，提高市场效率，促进经济结构的调整和优化。价格机制是市场经济的基础，其完善程度直接影响市场经济的运行效率和稳定性。从党的十六大到党的十八大，我国在价格机制的改革方面取得了显著成果。政府逐步放开了大部分商品和服务价格，通过市场竞争来决定价格，大大提高了市场效率。企业是市场经济的主体，企业改革的深化对于市场经济的发展至关重要。10 年里，中国政府积极推进国有企业改革，逐步实现了国有企业的股份制改造和企业治理结构的优化。同时，政府还鼓励和引导非公有制经济的发展，形成了多种所有制经济共同发展的良好格局。市场体系是市场经济的基础设施，其健全程度直接影响市场经济的运行效率。10 年里，中国政府加强了市场体系建设，强化了市场监管，

---

① 阮青．中国特色社会主义理论体系建设 40 年［M］．北京：人民出版社，2018：154.

打击了不正当竞争和垄断行为，维护了市场秩序。总之，在这10年里，中国在完善社会主义市场经济体制方面取得了重要成果和突破。通过深化改革和加强监管，中国建立了统一、开放、竞争、有序的市场体系，实现了经济的持续快速健康发展。社会主义市场经济体制持续巩固完善，市场作用不断增强。

（四）全面深化阶段

党的十八届三中全会是在我国改革开放进入攻坚期和深水区的关键时刻召开的一次十分重要的会议。会议审议通过了《中共中央关于全面深化改革若干重大问题的决定》，提出了全面深化改革的总体目标、重大任务和重大举措，标志着我国改革开放事业进入了一个新的历史阶段。全面深化改革不仅是我国经济社会发展的必然要求，也是实现中华民族伟大复兴中国梦的关键一步。

全面深化改革是实现“两个一百年”奋斗目标和中华民族伟大复兴的必由之路。当前，我国正处于发展的重要战略机遇期，面临着前所未有的机遇和挑战。只有全面深化改革，才能进一步解放思想、解放和发展社会生产力、增强社会创新活力，不断推进国家治理体系和治理能力现代化，为实现中华民族伟大复兴的中国梦提供强大动力。全面深化改革的目标是完善和发展中国特色社会主义制度，推进国家治理体系和治理能力现代化。[①] 这一目标任务要求我们加强顶层设计，统筹推进经济、政治、文化、社会、生态文明建设等全方位改革，突破利益固化的藩篱，构建系统完备、科学规范、运行有效的制度体系，使各方面制度更加成熟、更加定型。全面深化改革必须坚持以下重大原则：坚持党的领导、人民当家作主、依法治国有机统一；坚持解放思想、实事求是、与时俱进、求真务实；坚持整体推进、重点突破，处理好改革、发展、稳定的关系；坚持加强顶层设计和“摸着石头过河”相结合，鼓励基层创新实践。这些原则是确保改革方向正确和顺利推进的重要保障。

全面深化改革涉及众多领域和环节，其中经济体制改革是重点，核心问题是处理好政府和市场的关系，使市场在资源配置中起决定性作用和更好地发挥政府作用。同时，政治体制改革也是关键环节，要发展更加广泛、更加充分、更加健全的人民民主，完善中国特色社会主义法律体系，加强社会主义民主政治制度建设。此外，文化体制改革要激发全民族的文化创造力，推

① 马海涛，汪昊．中国特色财政改革的伟大实践：改革开放40年回顾与思考［J］．经济研究参考，2018（43）：3-17.

动社会主义文化大发展、大繁荣。社会体制改革要更好地保障和改善民生，促进社会公平正义。生态文明体制改革要建设美丽中国，推进绿色发展、循环发展和低碳发展。

经济体制改革方面。随着经济总量的不断扩大，传统的发展方式已经难以满足人民日益增长的美好生活需要。这就要求我们进一步深化经济体制改革，推动经济发展方式转变，实现更高质量、更有效率、更加公平、更可持续的发展。为实现资源的有效配置，提高经济效率，必须对市场与政府的关系进行深入调整，让市场在资源配置中起决定性作用，同时更好地发挥政府作用。要深化国有企业改革，增强国有经济的活力、控制力和影响力；要优化政府职能，提高政府监管和服务水平；要推动城乡一体化发展，缩小城乡差距；要积极参与全球经济治理体系改革和建设，提升我国在全球经济治理中的制度性话语权。通过全面深化经济体制改革，构建起更加完善、更加开放、更加灵活、更加高效的经济体制，推动我国经济持续健康发展。

政治体制改革方面。政治体制改革作为关键环节，旨在优化政治结构，提高政治效能，以便更好地适应和推动经济社会的全面发展。政治体制改革是中国特色社会主义制度自我完善和发展的必然要求。中国特色社会主义制度需要在实践中不断发展完善，而政治体制改革正是这一制度自我完善和发展的重要途径。政治体制改革是全面深化改革的题中应有之义。全面深化改革需要政治体制改革的协同推进，只有通过政治体制改革，才能打破利益固化的藩篱，推动改革的全面深化。政治体制改革必须坚持正确的路径选择。要坚持问题导向，以解决制约经济社会发展的体制机制问题为出发点和落脚点，着力推进政治体制改革。要始终坚持中国特色社会主义政治发展道路，充分发挥中国特色社会主义制度的优越性，不断推进国家治理体系和治理能力现代化。同时，要注重发挥各级党委在政治体制改革中的领导核心作用，加强顶层设计，科学谋划改革方案，确保改革有序推进。

文化体制改革方面。改革的目标是建立科学合理的文化管理体制，推动政府职能的转变，实现文化管理的现代化和专业化。具体措施包括推进政府部门整合、优化行政审批流程、加强文化市场的监管等。通过深化文化市场改革，建立统一开放、竞争有序的文化市场体系，提高文化市场的运行效率。主要措施包括放宽市场准入、加强知识产权保护、优化市场资源配置等。加大公共文化服务的投入，提高公共文化服务的质量满足人民群众的基本文化需求。具体措施包括建设基层文化设施、推广全民阅读、加强农村文化建设等。通过深化文化体制改革，激发全民族的文化创造力，提高国家文化的整体实力和国际影响力，为国家的发展提供强有力的文化支撑。文化体制改革可以释放文化生产力，推动文化产业的发展，成为国民经济的支柱产业之一，为经济发展提供新的动力。通过提升公共文化服务水平，满足人民群众的基本文化需求，可以提高社会文明程度和人民素质，推动社会的全面进步。一个国家的文化软实力是其国际竞争力的重要组成部分。通过深化文化体制改革，可以提升我国文化的国际影响力和竞争力，为国家的发展赢得更加广阔的空间。

社会体制改革方面。首先是完善社会保障体系。社会保障体系是社会稳定和发展的重要基石。在新时代，我们需要进一步完善社会保障体系，提高保障水平，以满足人民群众的基本生活需求。其次是深化教育体制改革。教育是民族振兴和社会进步的基石。在新时代，我们需要深化教育体制改革，提高教育质量，培养更多具有创新精神和实践能力的人才。最后是推进医疗卫生体制改革。医疗卫生事业是关系人民群众健康福祉的重大民生工程。在新时代，我们需要推进医疗卫生体制改革，提高医疗服务水平，满足人民群众日益增长的医疗健康需求。社会体制改革的目标之一是实现社会公平正义。通过改革，我们可以更好地保障人民群众的基本权利，缩小贫富差距，促进社会和谐稳定。

生态文明体制改革方面。新时代生态文明体制改革的内容包括：一是制度创新。构建完善的生态文明制度体系，包括自然资源资产产权制度、生态保护红线制度、生态补偿制度等，以保障生态环境的可持续性。二是绿色发展。推动经济绿色转型，发展循环经济、低碳经济，降低能耗和污染物排放，实现经济发展与生态环境的和谐共生。三是科技创新。加强生态环境保护的科技创新，推广清洁能源、低碳交通等环保技术，提高资源利用效率，减少对生态环境的负面影响。四是社会参与。倡导生态文明理念，提高公众环保意识，鼓励社会各界参与生态环境保护，形成全社会的共同行动。生态文明体制改革有利于改善民生福祉，提高人民群众的生活质量，增强政府公信力，促进社会和谐稳定。通过生态文明体制改革，积极参与全球环境治理，推动构建人类命运共同体，树立负责任的大国形象；引导资源向环保产业倾斜，优化产业结构，提高经济增长的质量和效益。

三、改革开放的伟大成就

（一）根本成就：开创和发展了中国特色社会主义

改革开放是中国现代历史上具有划时代意义的重要事件，它不仅深刻改变了中国的面貌、中国人民的面貌、中国共产党的面貌，更在人类社会发展史上书写了壮丽篇章。在这场波澜壮阔的伟大实践中，我们党逐步开辟了一条建设中国特色社会主义的新道路，这条道路既坚持了科学社会主义的基本原则，又根据我国实际和时代特征赋予其鲜明的中国特色。在改革开放 40 多年的历程中，我们取得了举世瞩目的成就，其中最根本的成就就是开创和发展了中国特色社会主义。①

第一，改革开放的伟大实践在深层次上促进了马克思主义的中国化和时代化。随着实践的深入，实践基础上的理论创新不断取得重大突破，马克思主义基本原理与中国实际、中华优秀传统文化更紧密地结合在一起，形成了中国特色社会主义理论体系，为中国的现代化建设提供了强大的理论支撑。这一理论体系不仅深刻揭示了中国特色社会主义的发展规律，而且为我们在新的历史条件下继续推进改革开放提供了强大的思想武器和行动指南。

第二，改革开放推动了中国特色社会主义制度的完善和发展。我们党在改革开放过程中，始终坚持和完善社会主义基本经济制度、政治制度、文化制度和社会制度，不断推进国家治理体系和治理能力现代化。通过改革开放，中国特色社会主义制度在实践中不断发展、完善和进步，展现出强大的生命力和优越性。

第三，改革开放为中国特色社会主义道路的拓展提供了动力和源泉。我们党在改革开放过程中，始终坚持走自己的路，不断探索和创新适合中国国情的道路和发展模式。从农村改革到城市改革，从经济体制改革到全面深化改革，我们党始终坚持以人民为中心的发展思想，推动经济社会全面发展进步。通过改革开放，中国特色社会主义道路越走越宽广，不仅造福了中国人民，而且为世界各国人民提供了借鉴和启示。

第四，改革开放推动了文化的兴盛。在坚持马克思主义指导地位的基础上，中国积极推动社会主义文化大发展、大繁荣，加强文化软实力建设，弘扬中华优秀传统文化，培育和践行社会主义核心价值观，使中国特色社会主义文化展现出蓬勃生机和旺盛活力。

总之，改革开放是中国特色社会主义理论形成和发展的源泉和动力，是中国特色社会主义制度不断完善和发展的必由之路，也是丰富和发展马克思主义的重要途径。在新时代继续推进改革开放的过程中，我们必须始终坚持中国特色社会主义道路自信、理论自信、制度自信、文化自信，不断推动中

---

① 中共中央关于全面深化改革若干重大问题的决定［M］. 北京：人民出版社，2013：2.

国特色社会主义事业取得新的更大成就。

（二）各方面的具体成就

40 多年来，中国共产党带领全国人民矢志不渝地推进各领域体制改革，使我国成功实现了从高度集中的计划经济体制到充满活力的社会主义市场经济体制的历史性转变。我们建立和完善社会主义市场经济体制，建立以家庭承包经营为基础、统分结合的农村双层经营体制，形成以公有制为主体、多种所有制经济共同发展的基本经济制度，形成以按劳分配为主体、多种分配方式并存的分配制度。充满生机活力的新体制，为我国经济繁荣发展、社会和谐稳定提供了有力的制度保障。特别是党的十八大以来，改革呈现全面发力、多点突破、纵深推进的良好态势，改革的系统性、整体性、协同性显著增强，重要领域和关键环节改革取得重大突破。中国特色社会主义制度更加完善，国家治理体系和治理能力现代化水平明显提高，全社会发展活力和创新能力明显增强。

40 多年来，我们坚定不移地实施对外开放基本国策，使我国成功实现了从封闭半封闭到全方位开放的历史性转变。我们积极主动适应经济全球化趋势，不断完善互利共赢的开放型经济体系，从建立经济特区到开放沿海、沿江、沿边、内陆地区，再到加入世界贸易组织，从大规模“引进来”到大踏步“走出去”，从实施共建“一带一路”倡议到发起创办亚洲基础设施投资银行，从不断深化国内投资、贸易体制改革，完善法律法规，到统筹双边、多边、区域次区域开放合作，加快实施自由贸易区战略，我们在更大范围、更宽领域、更深层次上驾驭国际国内两个大局，利用国内国际两个市场、两种资源水平显著提高，国际竞争力不断增强。从 1978 年到 2023 年，我国进出口总额从 206 亿美元提高至 58056. 03 亿美元，成为世界 120 多个国家和地区第一大贸易伙伴；外汇储备从 1. 67 亿美元增长至 31399 亿美元，由外汇短缺国转为世界第一外汇储备国。① 实际使用外资额累计逾 2 万亿美元，连续多年成为吸收外商直接投资最多的发展中国家。改革开放极大拓展了中国在世界经济版图中的地位作用，加快了我国经济发展，成为世界经济增长的主要稳定器和动力源，积极有力地促进了人类和平与发展的崇高事业。

40 多年的改革开放为中国经济持续快速发展注入了强大动力，推动我国综合国力迈上新台阶，成功实现从低收入国家向中等收入国家的历史性跨越。

---

① 国家统计局. 中华人民共和国 2023 年国民经济和社会发展统计公报［1］［N］. 人民日报，2024-03-01（010）.

从 1978 年到 2023 年，国内生产总值由 3679 亿元跃升至 126 万亿元，年均增长约 9.5%；人均国内生产总值由 381 元增长至 89358 元。[①] 1978 年，我国经济总量仅居世界第十一位；2007 年超过德国，居世界第三位；2009 年超过日本，居世界第二位，成为仅次于美国的世界第二大经济体。经济总量占世界的份额由 1978 年的 1.8%提高到 2023 年的 18%。[②]我国主要农产品和工业品产量居世界第一位，创新型国家建设深入推进，数字经济等新兴产业蓬勃发展，航天科技等重大科技成果相继问世，高铁、公路、桥梁、港口、机场、通信等基础设施建设取得历史性突破。无论是高速增长期持续的时间还是增长速度，我国都超过了经济腾飞时期的日本和亚洲"四小龙"，创造了人类社会发展史上惊天动地的奇迹。

40 多年的改革开放给人民生活带来巨大改善，城乡居民生活实现由长期温饱不足到总体小康并向全面小康迈进，社会事业显著进步。党和国家始终坚持把提高人民生活水平和生活质量作为改革开放的出发点和落脚点，改革开放 40 多年，是我国历史上人民群众得到实惠最多、生活水平提高最快的时期。从 1978 年到 2023 年，全国城镇居民人均可支配收入由 343 元增加到 51821 元；农村居民人均可支配收入增加到 21691 元；2023 年，全国居民人均可支配收入达到 39218 元。[③]现行标准下农村贫困人口实现脱贫，贫困县全部摘帽，解决区域性整体贫困。城市人均住宅建筑面积和农村人均住房面积成倍增加，群众家庭财产普遍增多，吃穿住行用水平明显提高；消费领域不断拓展，质量层次提升，彩电、冰箱、空调等耐用消费品逐步普及，汽车、电脑等高档耐用消费品拥有量大幅增长。2023 年，城镇居民恩格尔系数为 29.5%，比 1978 年下降了 28.9 个百分点；农村居民恩格尔系数为 33%，下降了 36.5 个百分点。[④]改革开放前长期困扰我们的短缺经济状况已从根本上得到改善。

此外，改革开放还推动我国政治、文化、社会、生态文明建设以及其他各领域取得新成就、新进步。40 多年来，我们积极发展社会主义民主政治，不断推进政治体制改革，人民代表大会制度、中国共产党领导的多党合作和政治协商制度、民族区域自治制度以及基层群众自治制度日益完善，全面依法治国，党的领导、人民当家作主、依法治国有机统一的制度建设全面加强，

---

①②③④　国家统计局．中华人民共和国 2023 年国民经济和社会发展统计公报［1］［N］．人民日报，2024-03-01（010）．

中国特色社会主义法治体系更为健全；我们大力发展社会主义先进文化，马克思主义在意识形态领域的指导地位更加鲜明，社会主义核心价值观和中华优秀传统文化广泛弘扬，文化自信得到彰显，国家文化软实力和中华文化影响力大幅提升；我们深入贯彻以人民为中心的发展思想，人民获得感显著增强，城乡九年义务教育全面实现，高等教育总规模、大中小学在校生数量位居世界第一，就业规模持续扩大，全社会创业活力明显增强，覆盖城乡居民的社会保障体系基本建立，公共卫生服务体系和基本医疗服务体系不断健全，社会大局保持稳定，国家安全全面加强；我们大力推进生态文明建设，全党全国贯彻绿色发展理念的自觉性和主动性显著增强，忽视生态环境保护的状况明显改变，生态文明制度体系加快形成，生态环境治理明显加强，环境状况得到改善；我们坚持党对军队绝对领导，扎实贯彻新时期军事战略方针，中国特色军事变革加速推进，中国特色精兵之路成功开辟，军事斗争准备取得重大进展，国防和军队改革发展取得历史性突破，人民军队在中国特色强军之路上迈出坚定步伐；我们成功实施“一国两制”基本方针，祖国和平统一大业迈出重大步伐，[①] 香港、澳门回归祖国，“一国两制”、“港人治港”、“澳人治澳”、高度自治的方针得到全面准确贯彻执行，坚持一个中国原则和“九二共识”，推动两岸关系和平发展，祖国大陆同台湾的经济文化交流和人员往来不断加强，坚决反对和遏制“台独”分裂势力，有力维护台海和平稳定；我们坚定奉行独立自主的和平外交政策，恪守维护世界和平、促进共同发展的外交政策宗旨，全面推进中国特色大国外交，倡导构建人类命运共同体，形成全方位、多层次、立体化的外交布局，为我国发展创造了良好外部条件，为世界和平与发展作出新的重大贡献，我国的国际地位显著上升，国际影响力显著增强。

40 多年来，中国共产党带领人民群众，以解放思想、锐意进取的精神，大力推进各方面体制改革，不断扩大对外开放，使我国综合国力进入世界前列，使我国国际地位实现前所未有的提升。党的面貌、国家的面貌、人民的面貌、军队的面貌、中华民族的面貌发生了前所未有的变化，其成就之卓著、变化之深刻、影响之深广，举世瞩目，彪炳史册。事实雄辩地证明：改革开放是决定当代中国命运的关键抉择，是发展中国特色社会主义、实现中华民族伟大复兴的必由之路；只有社会主义才能救中国，只有改革开放才能发展

① 刘景泉，张健．从社会主义到中国特色社会主义：纪念中华人民共和国成立 60 周年［J］．南开大学学报（哲学社会科学版），2009（5）：1-12.

中国、发展社会主义、发展马克思主义。

第二节　改革开放精神的经验依据

总结改革开放的基本经验，是改革开放精神生成过程的重要环节。随着实践领域的拓展和实践经验的丰富，中国共产党引领改革开放的方法、推进改革开放的方式愈加成熟，这些为进一步凝练改革开放精神提供了丰富的经验支撑。

如果把中国 40 多年改革开放实践置于中国共产党 100 年历史的大视野中，结合重要会议凝练和概括基本经验的思路，我们可以凝练出中国改革开放最核心的五条经验：坚持四项基本原则，坚持解放思想、实事求是的思想路线，坚持尊重人民主体地位、发挥群众首创精神，坚持理论创新与实践创新的良性互动，坚持辩证唯物主义和历史唯物主义世界观和方法论。

一、坚持四项基本原则

邓小平同志 1979 年 3 月 30 日在《坚持四项基本原则》的重要讲话中指出：“我们要在中国实现四个现代化，必须在思想政治上坚持四项基本原则。这是实现四个现代化的根本前提。这四项是：第一，必须坚持社会主义道路；第二，必须坚持无产阶级专政；第三，必须坚持共产党的领导；第四，必须坚持马列主义、毛泽东思想。”① 从内容上看，这四项基本原则都是马克思列宁主义的基本常识，是马克思列宁主义的题中应有之义，“是我们党长期以来所一贯坚持的”。② 把这些基本常识高度精练、言简意赅地概括为全党全国人民所必须坚持的四项基本原则，并紧密结合我国改革开放以来的新形势和新问题，加以新的论证和展开，则是邓小平的一个理论创造。

四项基本原则是立国之本，是构成党的基本路线不可或缺的重要方面，是社会主义改革开放和现代化建设健康发展的根本前提和政治保证。能否坚持四项基本原则关系到社会主义事业全局的成败兴衰，关系到党和国家的前途命运。在全面深化改革开放的今天，继续强调毫不动摇地坚持四项基本原则具有极为重要的理论价值和现实意义。

---

① 邓小平文选（第二卷）[M]. 北京：人民出版社，1994：164-165.

② 邓小平文选（第二卷）[M]. 北京：人民出版社，1994：165.

（一）坚持社会主义道路

邓小平同志指出："只有社会主义才能救中国，这是中国人民从五四运动到现在六十年来的切身体验中得出的不可动摇的历史结论。"[①] 新中国成立以来，我国社会主义建设取得了伟大成就，彻底改变了我国半殖民地半封建社会的落后面貌，特别是改革开放以来，改革的不断深入使我国的面貌发生了翻天覆地的变化。中国逐步完善了社会主义民主政治制度，包括人民代表大会制度、中国共产党领导的多党合作和政治协商制度、民族区域自治制度等。这些制度的完善为中国的政治稳定和经济发展提供了有力保障。同时，中国在反腐败斗争中也取得了显著成就。通过加强制度建设、推进司法体制改革、加强监督等方式，有效地遏制了腐败现象的滋生，提高了政府的公信力。中国的经济成就是举世公认的。自改革开放以来，中国经济持续高速增长，成为世界第二大经济体。在基础设施建设、制造业、科技产业等方面取得了重大进展，为经济发展提供了有力支撑。同时，中国还积极推动经济转型升级，加强创新驱动发展，加快培育新动能。这些举措为中国经济的可持续发展提供有力保障。中国在社会建设方面同样取得了巨大成就。在教育方面，中国实现了九年义务教育，高等教育得到了快速发展。在医疗卫生方面，中国建立了覆盖城乡的医疗卫生体系，人民健康水平得到了显著提高。在扶贫方面，中国通过精准扶贫等措施，使数亿人摆脱了贫困，为全球减贫事业作出了巨大贡献。社会主义道路是中国取得一切发展成就的根本前提，中国特色社会主义道路是中国取得发展成就的康庄大道。

社会主义制度是中国历史发展的必然结果，是亿万人民在深刻比较后所作出的历史性抉择。它已不仅是一种理论，而且是亿万人民在拼搏奋斗中建设的现实生活。叶剑英同志指出："社会主义制度是人类历史上崭新的社会制度，它同世界上的任何其他事物一样，有它发生和发展的过程。同已经有了三四百年历史的资本主义制度相比，社会主义制度还处在幼年时期。我国封建社会的历史特别长，我国的社会主义社会不可避免地带有这种旧社会的许多痕迹。毫无疑问，我们的社会主义制度已经开始显示出它的生命力和发展前途。但是，它还不成熟，不完善。"[②]

坚持社会主义制度，就要不断发展和完善它。邓小平同志指出："社会主义基本制度确立以后，还要从根本上改变束缚生产力发展的经济体制，建立

① 邓小平文选（第二卷）［M］. 北京：人民出版社，1994：166.
② 叶剑英选集［M］. 北京：人民出版社，1996：527.

起充满生机和活力的社会主义经济体制，促进生产力的发展。”① 江泽民同志指出：“党的十一届三中全会以后，我们党把改革开放纳入党的基本路线，开创了我国社会主义事业发展的崭新局面。”② 中国特色社会主义制度是社会主义基本制度的新发展，它既坚持了社会主义的基本原则，又根据中国的实际情况进行了创新。实践证明，这一制度符合中国国情，具有强大的生命力和优越性。

习近平总书记指出：“改革开放 40 年的实践启示我们：方向决定前途，道路决定命运。我们要把命运掌握在自己手中，就要有志不改、道不变的坚定。改革开放 40 年来，我们党全部理论和实践的主题是坚持和发展中国特色社会主义。在中国这样一个有着 5000 多年文明史、13 亿多人口的大国推进改革发展，没有可以奉为金科玉律的教科书，也没有可以对中国人民颐指气使的教师爷。”③ 中国特色社会主义道路是当代中国大踏步赶上时代、引领时代发展的康庄大道。我们要深刻理解中国特色社会主义道路的历史由来和极端重要性，珍惜来之不易的发展成就，坚定不移地将中国特色社会主义道路走下去。

（二）坚持人民民主专政

要保持社会主义社会的安全和稳定，就必须坚持人民民主专政。这决定了我们国家的政治职能不可能为纯粹的管理职能所取代，人民民主专政的职能不会也不可能消亡。邓小平同志指出：“人民民主专政不能丢。你闹资产阶级自由化，用资产阶级人权、民主那一套来搞动乱，我就坚决制止。马克思说，阶级斗争不是他的发现，他的理论最实质的一条就是无产阶级专政。无产阶级作为一个新兴阶级夺取政权，建立社会主义，本身的力量在一个相当长时期内肯定弱于资本主义，不靠专政就抵制不住资本主义的进攻。坚持社会主义就必须坚持无产阶级专政，我们叫人民民主专政。”④ 改革开放是一个涉及经济、政治、文化等多个领域的社会变革工程，它需要各方面的支持和参与。在这个过程中，坚持人民民主专政能够通过民主的方式广泛地动员和组织人民群众，使他们积极参与到改革开放的进程中来。同时，坚持人民民主专政还能够有效地维护社会的稳定和安全，为改革开放营造良好的社会

---

① 邓小平文选（第三卷）［M］. 北京：人民出版社，1993：370.

② 江泽民文选（第一卷）［M］. 北京：人民出版社，2006：68.

③ 习近平著作选读（第二卷）［M］. 北京：人民出版社，2023：225.

④ 邓小平文选（第三卷）［M］. 北京：人民出版社，1993：364-365.

环境。

改革开放新时期的社会矛盾往往在以下几种情况下容易激化：一是当国际局势变得比较动荡和无序的时候，国内反人民、反社会主义的势力往往同国际敌对势力遥相呼应；二是在重大转折的时期，敌我矛盾和人民内部矛盾交织在一起，敌视和破坏社会主义的势力往往容易利用人民内部矛盾，进行破坏活动；三是党的路线方针政策虽然正确，但由于在贯彻执行中发生失误和偏差，因此当经济生活出现严重困难的时候，敌对势力就可能利用我们工作中的失误和改革开放中出现的暂时困难，借题发挥，制造动乱；四是当有重大政策、重大改革措施出台的时候，利益格局发生重大变动，而我们的思想政治工作和政策配套措施一时跟不上；五是当党内发生严重分歧的时候，社会矛盾也有可能激化。这是新时期在一定范围内存在社会矛盾激化的规律性现象。对此，我们切不可掉以轻心。

人民民主专政很好地解决了社会主义现代化建设依靠力量的问题。依靠谁的问题，是革命和建设的首要问题，也是能否正确认识和处理改革开放新时期社会矛盾的立场问题。工人阶级作为社会主义建设的领导阶级和主力军地位，是历史和现实的必然选择。在全球化和新技术革命的背景下，应更加重视工人阶级的地位和利益，发挥其在推动社会发展中的重要作用。社会主义市场经济的主体是公有制企业，而企业的主体是职工。在转换企业经营机制，建立现代企业制度的过程中，不应该也决不能改变职工在企业中的主人翁地位。任何情况下都必须旗帜鲜明、毫不动摇地全心全意依靠工人阶级，这绝不是一句抽象的口号，而应体现在社会主义经济、政治、文化、社会、生态各个领域的制度、规范中。在推进各项改革、处理各种矛盾时，必须在劳动立法、经济法规和改革政策措施上充分加以体现，使职工的主人翁地位和各项合法权益在企业中切实得到落实，以取得职工最大限度的支持和参与。必须充分发挥工会和职工代表大会广泛联系职工群众的桥梁和纽带作用，加强产业工人、知识分子和企业管理者之间的团结协作。领导者要经常深入企业，关心职工的疾苦，把来自职工群众的第一信号作为决策的主要依据。在涉及职工切身利益的各项改革中，要坚持大多数职工受益、充分考虑职工综合承受能力和保障职工基本生活的原则。① 进一步提高领导干部全心全意依靠工人阶级重要性的认识，切实把依靠谁的问题作为改革和发展的基本立场问题来看待。

---

① 李晓玉．现代企业制度与工人阶级主人翁地位［J］．求实，1997（7）：35-38.

我国是一个农业大国，农民问题始终是中国革命和建设的基本问题。对相对薄弱的农业经济，党和国家必须采取保护和促进发展的方针，通过党在农村中的各项政策引导，切实保护农民的利益，并把农民的利益和国家的利益紧密地联系在一起，使工农联盟在新的基础上得到巩固和发展。要认真分析改革开放以来我国农村阶层构成发生的重大变化，及时调整农民内部不同阶层之间的相互关系。当前，由于农村党员干部的素质差异较大，加之近年来有些地方对村级基层组织建设不力，农村社会服务组织不健全、不配套。因此，加强农村领导班子建设，搞好社会化服务，选配农民信任的、能够带领群众致富的好班子，逐步发展壮大集体经济实力，建立健全社会化服务体系，把农民引上共同致富的道路，乃是党在现阶段农村工作中亟待解决的重要问题。只有这样，农民才会相信党、依靠党、拥护党，一心一意干社会主义。

知识分子是工人阶级的一部分。在科学技术成为第一生产力的今天，作为科学文化技术的载体和与社会主义公有制相联系的脑力劳动者，知识分子是建设中国特色社会主义事业的重要力量。能否激发广大知识分子的聪明才智，在很大程度上决定着社会主义现代化建设的效果。当前，在知识分子问题上，一方面，要全面贯彻党的知识分子政策，照顾知识分子在现代科学技术活动中特殊的工作条件和劳动方式，充分尊重知识分子个人独特的创造性；另一方面，必须重视对知识分子的引导和教育。在改善他们物质待遇的同时，提倡尊重实践、尊重工农，正确认识和处理工人、农民和知识分子之间的差别和矛盾，引导他们通过学习党的创新理论，树立唯物主义的历史观和世界观，走同工农群众相结合的道路，最大限度地调动广大知识分子的主动性、积极性和创造性。

（三）坚持中国共产党的领导

邓小平同志强调："四个坚持的核心，是坚持党的领导。"[①] 中国共产党是改革开放和社会主义现代化建设事业的坚强组织者、有力领导者。中国共产党具有强大的组织动员能力，能够把全国各族人民团结起来，共同致力于中国特色社会主义事业。在改革开放和现代化建设中，中国共产党通过制定科学的发展战略和政策措施，为经济社会发展提供了有力保障。同时，中国共产党积极推动各方面的改革创新，鼓励人民群众大胆探索、勇于实践，为

① 邓小平文选（第二卷）［M］. 北京：人民出版社，1994：266.

现代化建设注入了强大动力。在改革开放和现代化建设中，中国共产党高度重视人民群众的利益诉求，通过加强民主法治建设、改善民生等举措，不断增强人民群众的获得感、幸福感和安全感。同时，中国共产党积极引导人民群众参与到国家治理中来，形成了共建共治共享的良好局面。中国共产党始终注重加强自身建设，不断提高党的执政能力和领导水平。通过加强党的思想建设、组织建设、作风建设和反腐倡廉建设等举措，确保了党的先进性和纯洁性。同时，中国共产党还积极适应时代发展要求，不断推进党的建设新的伟大工程，为改革开放和现代化建设提供了坚强保障。

1. 中国共产党具有独特的政治优势

中国共产党具有其他任何政治力量所没有的巨大政治优势。经过长期的奋斗实践，党拥有了出类拔萃的特质和政治优势，是有能力领导中国人民建设社会主义现代化事业的党。中国共产党自成立以来，始终坚持以马克思主义为指导，坚定共产主义理想信念。这种理想信念为党提供了强大的精神动力，使党能够在各种困难和挑战面前保持坚定的立场和清醒的头脑。中国共产党建立了从中央到地方再到基层的严密组织体系，确保了党的决策能够迅速有效地贯彻执行。这种组织体系不仅提高了党的执政效率，而且增强了党的凝聚力和战斗力。中国共产党始终坚持全心全意为人民服务的宗旨，赢得了广大人民群众的信任和支持。这种广泛的群众基础为党提供了坚实的政治基础和社会基础，使党能够始终保持与人民群众的血肉联系。中国共产党始终坚持马克思主义的指导地位，不断推进马克思主义中国化、时代化、大众化。这种科学的理论指导为党提供了正确的政治方向和行动指南，使党能够始终站在时代的前沿，引领国家的发展。

中国共产党以对人民高度负责的精神，一贯重视解决党内存在的突出问题，努力发展健康因素，使党具有强大的生命力。中国共产党在领导革命和建设的长期实践中积累了丰富的解决这个课题的经验。党的十一届三中全会以来，我们党对新中国成立以来前 30 年的经验和教训进行了深刻总结。无论是复杂的国际形势，还是艰巨的国内任务，都迫切要求我们不断研究新情况，解决新问题，沿着中国特色社会主义道路开拓前进。所有这些，构成中国共产党巨大的政治优势，是党和人民极为宝贵的财富，是长期起作用的重要因素，是党具备领导能力的重要基础。

以新型冠状病毒感染疫情防控为例，中国共产党在疫情防控中发挥了领导核心作用。通过严密的组织体系，迅速调动全国资源，形成强大的防控合力；通过广泛的群众基础，广泛发动群众，构筑起群防群控的人民防线；通过科学的理论指导，准确把握疫情发展态势，制定科学的防控策略。这些案例充分展示了中国共产党独特的政治优势在实践中的重要作用。在新的历史条件下，我们要继续发扬这些优势，不断加强党的建设，提高党的执政能力。同时，我们要清醒地看到，随着时代的发展和社会的变化，党的政治优势面临着新的挑战和考验。我们需要不断探索和创新，不断增强党的政治优势，为党和国家事业发展提供坚强的政治保证。

2. 坚持和发展中国特色社会主义必须始终坚持党的领导

在坚持和发展中国特色社会主义的过程中，我们党制定了一系列正确的路线、方针、政策，为中国特色社会主义事业提供了坚实的政治保障。在其发展、前进的过程中，党坚持运用马克思主义的立场、观点、方法，分析新情况、解决新问题，认识和掌握社会主义建设的客观规律，使新时期的路线、方针、政策不断完善。党在领导构筑社会主义市场经济体制过程中，在某些方面还有不够完美的地方，需要进一步提高领导水平。但是，决不能把建立社会主义市场经济体制和加强党的领导作用对立起来，决不能排斥党的领导，不能改变党组织同其他组织的领导与被领导关系。建立和完善社会主义市场经济体制，首要的、迫切的任务就是加强和改善党的领导。加强党的自身建设，增强党组织的凝聚力和战斗力，是为了更好地实现党的领导。

在建设有中国特色社会主义的过程中，需要一个安定团结的政治局面作保证。没有一个安定团结的政治局面，就不可能安下心来搞建设。新中国成立以来的历史一再证明，在中国这样一个大国，只有坚持共产党的坚强领导，才能实现安定团结。这就需要保持清醒的头脑，正确认识和处理各种社会矛盾，需要党从各族人民群众的根本利益出发，制定正确的政策，采取妥善的措施，统筹兼顾，使各方面的合法利益都得到维护，使各方面的积极性、创造性都能得到发挥，使各方面的力量统一到社会主义现代化建设上来，巩固和发展安定团结的政治局面。

社会主义现代化建设事业是千百万群众的事业，是崭新的事业，无论从它的广度还是深度来说，都相当于一次新的革命。尤其是在中国这样的大国搞社会主义现代化建设，面临的困难很多，没有广大群众的充分发动和自觉行动，是不可能完成的。必须依靠和团结千百万群众，这是取得社会主义现代化建设胜利最深厚的源泉。建设社会主义现代化强国，凝结着全国各族人民的根本利益和愿望，要把它变为人民群众一致的自觉行动，只能依靠党制定正确的路线方针政策、党细致深入的思想政治工作和强有力的组织工作以及广大党员的先锋模范作用，使广大群众的积极性和聪明才智充分发挥出来，把全国各族人民的力量组织起来，同心同德地为实现社会主义现代化的宏伟目标而奋斗。

（四）坚持马列主义、毛泽东思想

邓小平在 1980 年 3 月同胡耀邦、胡乔木等同志的谈话中提出，起草《关于建国以来党的若干历史问题的决议》的三条基本要求，也就是起草《关于建国以来党的若干历史问题的决议》的总的原则、总的指导思想。谈话的核心是确立毛泽东的历史地位、坚持和发展毛泽东思想。中国共产党以科学的思想理论统一全党思想，影响和教育人民群众。改革开放以来的实践经验告诉我们，要特别注意以下两个方面。

1. 坚持马克思主义的世界观和方法论

马克思主义基本原理是无产阶级的科学世界观和方法论，是工人阶级及其先锋队的强大思想武器。只有学会和掌握这一科学的世界观和方法论的政党，才能透过千头万绪的现象抓住问题的本质，在错综复杂的矛盾中把握事物的规律，高屋建瓴，驾驭局势，领导人民群众走在时代前列。因此，进一步加强和改善党的思想领导，首先和根本的是要进一步解决好坚持辩证唯物主义、历史唯物主义的世界观和方法论问题。

党的十一届三中全会以后，党中央一直重视和强调要学习马克思主义哲学，掌握辩证唯物主义、历史唯物主义世界观和方法论。这是有很强针对性的。我们党内有少数同志，哲学修养不足，认识水平不高，造成目光短浅、办事拖沓，常常沾沾自喜于一孔之见和一得之功，缺乏远大眼光。针对这种情况，要教育和引导广大党员、干部认真学习马克思主义哲学，掌握和运用唯物辩证法和历史唯物论，使我们全党的认识水平进一步提高，以利于领导好改革开放和现代化建设。

学习、掌握和坚持马克思主义的科学世界观和方法论，重点是要坚持党的“解放思想、实事求是”的思想路线。解放思想、实事求是，是中国特色社会主义理论的精髓。

坚持马克思主义的思想路线，对于社会主义事业的发展具有重大意义。在全面深化改革、扩大对外开放、全面建设社会主义现代化国家的新形势下，需要解放思想。解放思想是和实事求是相结合的。有人认为解放思想就是可以不要任何限制的随心所欲，什么“心想事成”“世界上只有想不到的事，没有办不到的事”等；有的不是以科学态度对待马列主义、毛泽东思想，甚至有意贬损其基本原理；有的在更新观念的名义下，一方面把我们党在长期斗争实践中形成的正确观点、做法、传统，斥作陈旧而弃置不用；另一方面却把西方一些社会学、政治学、经济学的观点改头换面，戴上“新思潮”“新学派”的桂冠，加以推崇，顶礼膜拜，如此等等。这些现象绝不是解放思想的表现，而是由于对解放思想的误解所造成的严重思想混乱。坚持辩证唯物主义和历史唯物主义的科学世界观和方法论，既要强调继续解放思想，又要强调正确地理解和把握解放思想的基本精神和要求，把解放思想与实事求是真正结合起来，使各级党组织和广大党员、干部端正思想路线，真正转到马克思主义的科学轨道上来，以推动中国特色社会主义事业胜利前进。

2. 进一步加强和改善党的思想领导，解决好党对宣传思想文化战线的领导和马克思主义在意识形态领域的指导地位问题

宣传思想文化战线，有许多不同的方面。每一方面都有其不同的情况和特点，有其自身的规律。经验告诉我们，对宣传思想文化战线，党既要坚持领导，又要善于领导。党对宣传思想文化工作的领导，要注意克服两种倾向：一种是不尊重甚至违反宣传思想文化工作自身规律，横加干预；另一种是以宣传思想文化工作“情况特殊”为借口，淡化、摆脱党的领导。这两种错误倾向都需要继续防止和纠正。在宣传思想文化战线工作的党员干部，要时刻想到自己是共产党员，增强党性观念，按党的要求办事，自觉地与党中央在政治、思想上保持一致。要搞好宣传思想文化战线的干部队伍建设，注重选配调整好意识形态部门的领导班子，为实施党的领导奠定可靠的组织基础。要坚持以马克思主义作为各项文化事业的指导思想，用社会主义思想占领思想宣传阵地。教育、鼓舞和激励全党全国人民同心同德地为建设中国特色社会主义而奋斗。

总之，中国共产党人一贯坚持四项基本原则，改革开放赋予了四项基本原则以新的时代内容。今后，四项基本原则的内涵必然还会随着中国特色社会主义的实践而丰富发展。

当前要强调的是，坚持四项基本原则和坚持改革开放，归根结底都是为了保证和促进生产力的发展，两者统一于中国特色社会主义事业。不能以僵化的观点看待四项基本原则，否则就会怀疑甚至否定改革开放的总方针；也不能以资产阶级自由化的观点看待改革开放，否则就会偏离社会主义方向。要把坚持改革开放同坚持四项基本原则统一起来。

二、坚持解放思想、实事求是的思想路线

实事求是的思想路线，早在新民主主义革命时期就已由毛泽东同志确立起来。党的十一届三中全会后，实事求是的思想路线得到重申和进一步发展。“‘实事’就是客观存在着的一切事物，‘是’就是客观事物的内部联系，即规律性，‘求’就是我们去研究。我们要从国内外、省内外、县内外、区内外的实际情况出发，从其中引出其固有的而不是臆造的规律性，即找出周围事变的内部联系，作为我们行动的向导。”[①] 实事求是的思想路线要求我们，在认识和改造世界的过程中，要从实际情况出发，以客观事实为依据，不断探索事物的本质和规律。

解放思想是指“在马克思主义指导下打破习惯势力和主观偏见的束缚，研究新情况，解决新问题”。[②] 这就要求我们在认识客观事物时，要摆脱传统观念和主观偏见的影响，以全新的视角和思维方式去认识事物，勇于开拓创新。

解放思想、实事求是，是中国共产党在长期的革命、建设和改革实践中形成的宝贵经验，是中国特色社会主义理论的精髓，是推动中国改革开放和社会主义现代化建设取得巨大成就的重要法宝。

解放思想和实事求是是内在统一的，是中国特色社会主义的根本方法论。这就要求我们必须以马克思主义的世界观和方法论为指导，从中国实际出发，研究新情况，解决新问题，按照客观规律办事。在实际工作中，有人往往把解放思想与实事求是对立起来，或者片面理解解放思想。其实解放思想与实事求是是相互联系、不可分割的。用这一思想路线去认识和解决问题，既不能唯书也不能唯上，既不能从本本出发、教条式地照抄照搬，也不能从已有的经验出发、僵化地看待新问题，更不能照抄照搬别国的经验和模式。对于解放思想，邓小平同志特别指出：“解放思想决不能够偏离四项基本原则的轨道……解放思想必须真正解决问题。”[①]把解放思想与实事求是真正结合起来，是为了使广大党员干部端正思想路线，把自己的思想真正转到马克思主义的科学轨道上来，切实把握党和人民所面对的问题，并积极寻求解决问题的方法。用邓小平同志的话说，就是“切实地想办法使我们的步伐快一些，使生

---

① 毛泽东选集（第三卷）［M］. 北京：人民出版社，1991：801.
② 邓小平文选（第二卷）［M］. 北京：人民出版社，1994：279.
①② 邓小平文选（第二卷）［M］. 北京：人民出版社，1994：279.

产力发展快一些，使国民收入增加快一些，把领导工作做得更好一些”。[②]

解放思想、实事求是，注重打破主观偏见的束缚，为马克思主义中国化、时代化提供了强大的思想武器。它使得我们能够更加深入地理解马克思主义的基本原理，并结合中国的实际情况进行创新和发展。解放思想、实事求是不仅在理论上为中国特色社会主义的发展提供了指引，而且在实践中取得了显著成效。党的十八大以来，中国共产党坚持并切实发展了解放思想、实事求是的思想路线，使守正创新成为新时代的时代精神和经济社会发展的重要特征。习近平总书记指出：“坚持解放思想、实事求是、守正创新，更好把坚持马克思主义和发展马克思主义统一起来，坚持用马克思主义之‘矢’去射新时代中国之‘的’，继续推进马克思主义基本原理同中国具体实际相结合、同中华优秀传统文化相结合，续写马克思主义中国化时代化新篇章。”[③]面对国内外环境的深刻变化，只有坚持实事求是，才能把握事物的本质和规律；只有继续解放思想，才能适应新的发展要求；只有守正创新，才能在新时代新征程中不断取得新的成就和突破。以邓小平同志为主要代表的中国共产党人，以解放思想、实事求是的精神，不断肯定市场经济的巨大作用，并在理论上形成了社会主义市场经济理论。这打破了传统观念的束缚，解决了理论滞后于实践的问题，为中国经济体制改革的目标模式问题奠定了理论基础。社会主义市场经济理论反映了我国社会主义建设的客观规律和发展方向。由于我国及早实现了由计划经济体制向社会主义市场经济体制的历史性转轨，使社会主义基本制度的优越性与市场经济的优势更好地结合起来，既增强了国家的创新能力，又增强了抗压能力，从而保持经济、政治、文化、社会、生态各方面的全面进步和人民生活水平的持续提高。

在解放思想、实事求是思想路线的指引下，中国共产党人逐步深化了对社会主义基本制度与具体体制关系的认识，并从改革具体体制入手不断巩固社会主义基本制度。以 20 世纪 90 年代的国有企业改革为例，在建立现代企业制度的过程中，我们曾遇到思想上的障碍。随着市场经济的发展，传统国有企业的体制和机制已经难以适应市场的需要。国有企业存在着产权不清、管理不善、效率低下等问题，这些问题严重制约了国有企业的健康发展，建立现代企业制度是解决这些问题的有效途径之一。现代企业制度能够明确产

---

③ 习近平在省部级主要领导干部学习贯彻党的十九届六中全会精神专题研讨班开班式上发表重要讲话 强调继续把党史总结学习教育宣传引向深入 更好把握和运用党的百年奋斗历史经验［N］. 人民日报，2022-01-12（001）.

权关系，规范企业行为，提高管理效率和经营效益，使国有企业更加市场化、灵活和有竞争力。但此时仍有许多人对国企改革的道路问题和现代企业制度存在诸多疑问，开始打起了退堂鼓。在解放思想、实事求是精神的指引下，广大国有企业经营者突破传统的所有制观念，进一步深化改革，创新体制机制，完善产权制度，实现产权多元化；改革管理体制，完善企业治理结构，提高企业管理水平。在国有企业中建立现代产权制度，是构建社会主义市场经济体制的标志性环节，表明公有制的实现形式首先应该适应生产力水平，而适应生产力水平的实现形式反过来又能促进生产力的发展。这是在解放思想、实事求是思想路线指引下对社会主义市场经济体制认识的深化。

习近平总书记指出："要有新突破，就必须进一步解放思想。冲破思想观念的障碍、突破利益固化的藩篱，解放思想是首要的。"① 我国改革的兴起是以思想解放为先导的，改革的深化仍然有赖于思想的进一步解放。解放思想不是一劳永逸的，要随着社会变革的深入，不断地进行思想革新，不断扫除新的思想障碍，使社会变革不停顿地向前推进。②

三、坚持尊重人民主体地位、发挥群众首创精神

尊重人民的主体地位，就会巩固我们党的执政基础；发挥群众的首创精神，就找到了不断推进改革开放的力量之源。习近平总书记在中共十八届三中全会第二次全体会议上的讲话中指出："全会决定归纳了改革开放积累的宝贵经验，其中很重要的一条就是强调必须坚持以人为本，尊重人民主体地位，发挥群众首创精神，紧紧依靠人民推动改革。"③ 改革开放是亿万人民自己的事业，人民是推动改革开放的主体力量。没有人民的支持和参与，任何改革都不可能取得成功。"赢得人民信任，得到人民支持，党就能够克服任何困难，就能够无往而不胜。"④ 改革开放以来，中国共产党坚持尊重人民主体地位，发挥群众首创精神，紧紧依靠人民推动改革开放，依靠人民创造了中国特色社会主义历史伟业。

在整个改革开放进程中，中国共产党始终"坚持改革正确方向，以促进

---

① 习近平著作选读（第一卷）[M]. 北京：人民出版社，2023：175.

② 刘琦. 十一届三中全会与中国的改革 [J]. 佛山科学技术学院学报（社会科学版），1998(4)：3-10.

③ 习近平著作选读（第一卷）[M]. 北京：人民出版社，2023：186.

④ 习近平. 在党史学习教育动员大会上的讲话 [J]. 党建，2021(4)：4-11.

社会公平正义、增进人民福祉为出发点和落脚点”。① 中国共产党把人民的幸福感、获得感作为评价和检验改革成效的根本标准，始终坚持发展为了人民、发展依靠人民、发展成果由人民共享，让改革发展成果更好地惠及广大人民群众，让人民群众切身感受到改革开放的红利。始终坚持从人民群众普遍关注、反映强烈、反复出现的民生问题入手，紧紧盯住人民群众反映的难点、痛点、堵点，集中发力，着力解决人民群众关心的现实利益问题，不断增强人民群众的获得感、幸福感、安全感。中国共产党切实从各个领域的制度和规范上巩固人民群众在国家各项生活中的主体地位，切实激发起人民群众干事创业的积极性、主动性、创造性。

第一，全心全意依靠工人阶级。中国共产党在推进各项改革、处理各种矛盾时，在劳动立法、经济法规和改革政策措施上充分加以体现，使工人的主人翁地位和各项合法权益在企业中确实得到落实，以取得职工最大限度的支持和参与。江泽民同志指出：“要全心全意依靠工人阶级。离开他们的积极性、创造性和主人翁责任感，一切都无从谈起。”② 党坚持充分发挥工会和职工代表大会广泛联系职工群众的桥梁和纽带作用，加强产业工人、知识分子和企业管理者之间的团结协作。领导者经常深入企业，关心职工的疾苦，把来自职工群众的一手情况作为决策的主要依据。在涉及职工切身利益的各项改革中，坚持大多数职工受益、充分考虑到职工综合承受能力和保障职工基本生活的原则。③ 党坚持进一步提高领导干部全心全意依靠工人阶级重要性的认识，切实把依靠谁的问题作为改革和发展的基本立场问题来看待。

第二，党和国家采取保护和促进“三农”发展的方针，通过党在农村中的各项政策引导，切实保护农民的利益，并把农民的利益和国家的利益紧密地联系在一起，使工农联盟在新的基础上得到巩固和发展。党和政府认真分析改革开放以来我国农民阶级发生的重大变化，及时调整农民内部不同阶层之间的相互关系，确保农业生产的比较效益不至于因农业收益下降而下降；采取各种方式，把农户的生产经营与市场有效地联系起来，促进农村生产要素在更大范围内合理流动，确保农民的收入稳定增长。由于农村党员干部的素质差异较大，加之有些地方对村级基层组织建设不力，农村社会服务组织

---

① 中共中央关于党的百年奋斗重大成就和历史经验的决议［M］. 北京：人民出版社，2021：37.

② 江泽民文选（第1卷）［M］. 北京：人民出版社，2006：59.

③ 陶志勇. 回溯中国工会理论创新四十年（上）［J］. 工会理论研究（上海工会管理职业学院学报），2018（3）：4-16，47.

不健全、不配套。因此要有针对性地加强农村领导班子建设，搞好社会化服务，选配农民信任的、能够带领群众致富的好班子，逐步发展壮大集体经济实力，建立健全社会化服务体系，把农民引上共同致富的道路。只有这样，农民才会相信党、依靠党、拥护党，一心一意干社会主义。

第三，在知识分子问题上，党要求全面贯彻知识分子政策，照顾知识分子在现代科学技术活动中特殊的工作条件和劳动方式，充分尊重知识分子独特的创造性。党重视对知识分子的引导和教育，在改善他们物质待遇的同时，提倡尊重实践、尊重工农，正确认识和处理工人、农民和知识分子之间的差别和矛盾。党不断引导知识分子通过学习中国特色社会主义理论，树立正确的世界观，走同实践相结合、同工农群众相结合的道路，把爱国主义和社会主义有机地统一起来，最大限度地调动起广大知识分子的主动性、积极性和创造性。

邓小平同志在回顾历史时，充分肯定了中国人民的首创精神对于推动中国改革历史进程的深远影响。他说："农村搞家庭联产承包，这个发明权是农民的。农村改革中的好多东西，都是基层创造出来，我们把它拿来加工提高作为全国的指导。"① 改革开放中实行的政策和措施，许多都是从人民群众的探索性实践中总结提炼出来的。习近平总书记指出："提高改革决策的科学性，很重要的一条就是要广泛听取群众意见和建议，及时总结群众创造的新鲜经验，充分调动群众推进改革的积极性、主动性、创造性，把最广大人民智慧和力量凝聚到改革上来，同人民一道把改革推向前进。"② 正因为中国共产党深深地根植于人民之中，坚持一切依靠人民，主动从人民中汲取智慧、凝聚力量，将改革开放的伟大事业不断推向前进，使社会主义和马克思主义在中国大地上焕发出勃勃生机。

四、坚持理论创新与实践创新的良性互动

自改革开放以来，中国共产党人坚持理论创新与实践创新的良性互动，推动了中国特色社会主义的蓬勃发展。理论创新与实践创新，不仅是中国特色社会主义的动力源泉，更是其持续发展的重要保证。

实践创新没有止境，理论创新也没有止境。中国特色社会主义事业没有现成经验可循，需要进行理论和实践上的不断创新。唯有创新，才能解决不

---

① 邓小平文选（第三卷）[M]. 北京：人民出版社，1993：382.

② 习近平著作选读（第一卷）[M]. 北京：人民出版社，2023：187.

断出现的新矛盾和新问题。“整个人类历史，就是一个不断创新、不断进步的过程。没有创新，就没有人类的进步，就没有人类的未来。”[①] 改革开放40多年来，中国共产党不断推进实践基础上的理论创新，实现实践创新与理论创新的良性互动。习近平总书记指出：“理论创新对实践创新具有重大先导作用，全面深化改革必须以理论创新为先导。”[②] 理论创新不断推动着改革开放事业向前发展，而全面改革和扩大开放的实践又促使中国共产党不断进行理论创新，它们相互促进，共同推进中国特色社会主义事业的发展。

实践创新在推进中国特色社会主义事业的发展中起到了至关重要的作用。从农村改革到城市改革，从经济特区设立到全面深化改革，每一次改革都是对现实问题的积极应对，都是对发展难题的勇敢突破。实践创新不仅推动了中国经济的快速发展，而且极大地拓宽了中国特色社会主义的实践路径。首先，实践创新是中国经济快速发展的关键因素。实践创新提高了生产效率。通过不断探索和实践，企业逐步实现自动化、智能化生产，提高了生产效率，降低了生产成本。实践创新促进了产业升级。随着科技的不断发展，新兴产业如互联网、人工智能等逐渐成为经济增长的新动力，推动了产业结构的优化升级。实践创新提升了国际竞争力。通过引进吸收再创新，中国企业在国际市场上逐步树立起自己的品牌形象，提高了国际竞争力。其次，实践创新拓宽了中国特色社会主义的实践路径，丰富了中国特色社会主义的理论体系。通过不断探索和实践，中国特色社会主义的理论体系不断完善和发展，为国家的长远发展提供了理论支撑。实践创新完善了中国特色社会主义制度。在实践中，我们不断发现制度的不足之处，并加以改进和完善，使制度更加符合时代发展的需要。实践创新提升了中国特色社会主义的国际影响力。通过积极参与全球治理和国际合作，中国特色社会主义的优越性在国际舞台上得到了充分展现，为世界提供了中国智慧和中国方案。

理论创新的重要性不言而喻。从邓小平理论到“三个代表”重要思想，从科学发展观到习近平新时代中国特色社会主义思想，每一次理论创新都是对时代课题的深入思考，都是对发展规律的深刻把握。理论创新不仅为中国特色社会主义提供了科学的指导思想，而且为其发展提供了强大的精神动力。首先，理论创新为中国特色社会主义提供了科学的指导思想。在马克思主义理论的指导下，结合中国的实际情况，形成了具有中国特色的社会主义理论。

---

① 江泽民．论科学技术［M］．北京：中央文献出版社，2001：215-216.

② 习近平著作选读（第一卷）［M］．北京：人民出版社，2023：163.

这一理论在实践中不断发展完善，为中国的改革发展提供了明确的方向和强大的思想武器。其次，理论创新为中国特色社会主义提供了强大的精神动力。理论创新不仅是对既有理论的完善和发展，更是一种思想的解放和观念的更新。它激发了全党全国各族人民的热情，推动了各项事业的发展。在理论创新的驱动下，中国人民以更高的自觉性、更强的责任感参与到中国特色社会主义的伟大事业中，形成了推动发展的强大合力。

实践创新，不仅推动了经济发展，而且拓宽了中国特色社会主义的实践路径。理论创新不仅为中国特色社会主义提供了科学的指导思想，更为其发展提供了强大的精神动力。实践创新与理论创新之间存在着密切的互动关系。一方面，理论创新源于实践创新，是对实践经验的总结和提升；另一方面，理论创新又指导实践创新，为新的实践提供科学指导。实践创新与理论创新，如同车之两轮、鸟之双翼，缺一不可。实践创新的活力与理论创新的灵魂交相辉映，共同推动了中国特色社会主义的蓬勃发展。

五、坚持辩证唯物主义和历史唯物主义世界观和方法论

江泽民同志指出："一定要努力学习马克思主义的辩证唯物主义和历史唯物主义，树立科学的世界观。离开了科学的世界观，我们的决策、我们的事业就丧失了坚实的哲学基础。"① 习近平总书记指出："我们要学习邓小平同志善于运用辩证唯物主义和历史唯物主义观察世界、处理问题的思想方法和领导艺术。"② 辩证唯物主义认为物质世界是普遍联系和不断运动、变化、发展的。物质世界的运动遵循一定的规律，这些规律可以被人们认识和利用。辩证唯物主义认为真理是相对的，人们对真理的认识是一个不断深化和发展的过程。在方法论上，辩证唯物主义强调全面、客观、发展地看待问题，反对片面、主观、形而上学地看问题。辩证唯物主义强调事物之间的内在联系和相互作用，认为事物的本质和发展规律是由其内在矛盾决定的。历史唯物主义认为社会存在决定社会意识，社会意识反作用于社会存在。同时，历史唯物主义认为生产力与生产关系、经济基础与上层建筑的矛盾是推动社会发展的根本动力。在方法论上，历史唯物主义强调客观地分析社会历史问题，反对主观臆断和片面地看问题。历史唯物主义强调社会历史的整体性，认为社会的发展是一个系统的有机整体，各个方面的因素相互作用、相互影响。

---

① 江泽民文选（第一卷）［M］. 北京：人民出版社，2006：438.

② 习近平著作选读（第一卷）［M］. 北京：人民出版社，2023：249.

历史唯物主义还强调实践在社会发展中的作用，认为实践是认识的基础和来源，实践是推动社会发展的重要力量。

在人类的思想长河中，辩证唯物主义和历史唯物主义以其独特的哲学视角，为人类认识世界、理解历史提供了重要的思想武器。特别是在复杂艰巨的改革开放和社会主义现代化建设新时期，辩证唯物主义和历史唯物主义的世界观和方法论的指导意义更加凸显。正是由于坚持了辩证唯物主义和历史唯物主义的世界观和方法论，中国共产党人才形成了解放思想、实事求是的思想路线。在此基础上，才能正确认识我国的基本国情，才能正确处理改革、发展、稳定的关系，才能准确把握时代航向。

第一，正是由于坚持了辩证唯物主义和历史唯物主义的世界观和方法论，我们才正确认识了我国的基本国情，科学判断了我国所处的历史方位。列宁曾指出，马克思、恩格斯研究一切社会历史现象所采取的基本方法，即是“从社会生活的各种领域中划分出经济领域，从一切社会关系中划分出生产关系，即决定其余一切关系的基本的原始的关系”。[①] 认识国情要全面，不能片面。既要看到经济的，也要看到政治的、文化的；既要看到物质的，也要看到精神的。要历史地、发展地看，社会主义是一项新生的制度，有些因素正在生长，尽管可能是幼小的，但是却有极强的生命力和远大前途。要看本质，不能为表面现象所迷惑。本质反映着事物的规律性，规定着事物的联系和发展。我国正处在社会主义的初级阶段，这是党在深入认识我国国情的基础上，对我国社会现在所处的历史阶段作出的科学判断。这一科学判断包括以下三方面内容：一是我国已经建立了社会主义制度。新中国成立以来，我国社会主义革命和建设取得了伟大成就，彻底改变了我国半殖民地半封建社会的落后面貌。特别是改革开放以来，我国的面貌发生了崭新的变化。以生产资料公有制为基础的社会主义经济制度、人民民主专政的社会主义政治制度和马克思主义在意识形态领域的指导地位已经确立。工人阶级和劳动人民掌握了政权，人民成为国家的主人，在绝大多数社会成员中建立了平等、互助、合作的关系，通过爱国主义、集体主义、社会主义的传播和教育，大大提高了人民的思想觉悟和组织纪律，越来越多的社会成员成为有理想、有道德、有文化、有纪律的社会主义劳动者，积极推动改革开放和现代化建设向前发展。一个以社会化生产力为主导的独立的、比较完整的国民经济体系已经初步形成，教育科学文化事业有了相当发展，我国的综合国力有了很大提升。二是

① 列宁全集第二版增订版（第1卷）［M］. 北京：人民出版社，2013：107.

我国的社会主义制度还不够完善。生产关系和上层建筑中还存在不适应生产力发展的方面和环节，必须通过深化改革来逐步解决这个问题。三是我国仍然存在着复杂的社会矛盾。马克思主义认为，社会矛盾运动推动着社会的发展，推动社会由低级向高级形态转变。每一个社会都存在矛盾，社会主义初级阶段也不例外。我国社会现阶段的基本矛盾，还是生产力和生产关系、经济基础和上层建筑之间的矛盾。当前社会的主要矛盾，是人民日益增长的美好生活需要和不平衡不充分的发展之间的矛盾。[①] 发展社会主义社会生产力、满足人民美好生活需要，是解决当前社会主要矛盾的根本途径。

第二，正是由于坚持了辩证唯物主义和历史唯物主义的世界观和方法论，我们才正确处理了改革、发展、稳定的关系。

纵览整个改革开放历程，中国共产党人一直高度重视科学理论的指导、重视对实践经验的系统总结、重视体制改革的循序渐进，这是运用辩证唯物主义和历史唯物主义的世界观和方法论指导改革开放的鲜明体现。

中国共产党人对于体制改革，主张态度要积极，方法、步骤要稳妥、可靠，防止急于求成。李先念同志曾在讲话中指出："体制改革的确是一件关系到国民经济全局的大事，是一件极其复杂和艰难的工作，我们的态度要积极，但改革的方法步骤一定要稳妥可靠。全盘的重大改革，如果不把国民经济比例失调的状况基本上改变过来，生产建设不进一步建立起正常的良好秩序，是难以进行的。在条件不成熟的情况下就急急忙忙地去大改大革，是会改出乱子来的。"[②] 要把调整和改革结合起来，就要先着手进行有利于调整任务完成，并且必须改而又比较容易推进的改革，"要看准一件办一件，积极地去做"。鉴于改革和建设的经验教训，陈云同志明确指出："改革还是要从试点着手，随时总结经验，也就是要'摸着石头过河'。开始时步子要小，缓缓而行。"[③] 随着改革开放的深入推进，我们面临着越来越多的风险和挑战。如 20 世纪 90 年代初，以美国为首的西方阵营对我国进行经济封锁，妄图扼杀我国的改革开放事业。中国共产党人坚持以辩证唯物主义的普遍联系的观点、发展的观点、整体与局部的观点、矛盾的观点指导改革开放实践，增强改革与

---

① 周新城．新时代中国特色社会主义的历史方位：历史、现实、未来［J］．延安大学学报（社会科学版），2018，40（2）：5-11.

② 中共中央文献研究室．三中全会以来重要文献选编（上）［M］．北京：中央文献出版社，2011：142-143.

③ 中共中央文献研究室．三中全会以来重要文献选编（上）［M］．北京：中央文献出版社，2011：604.

开放的内外联动，坚持稳妥可靠的方法步骤，最终以国内通货膨胀的软着陆和对外关系的蓬勃发展，得到世界范围的认可和赞誉。

第三，正是由于坚持了辩证唯物主义和历史唯物主义的世界观和方法论，我们才准确把握了时代航向。

辩证唯物主义和历史唯物主义关于运动、变化、发展的观点，关于矛盾的分析方法，关于阶级的分析方法，关于整体与部分的关系的观点，关于世界历史的理论等，为我们正确认识世界历史演变规律、准确把握时代主题和发展阶段，提供了重要思想武器。

第二次世界大战以后，资本主义发生了一系列新的变化，资本主义社会保持了相对稳定和发展，有些资本主义国家的科学技术生产力仍有可能进一步发展，并可以对生产关系做某些调整。在这种情况下，有人怀疑马克思主义关于资本主义必然灭亡，社会主义和共产主义必然胜利的预言是不是过时了。产生这种怀疑的原因，在于只看到了资本主义近几十年来由于利用先进的科技和对第三世界掠夺的财富来稳定社会和发展经济的表象，没有从人类社会发展的客观规律来看问题，没有看到资本主义所固有的各种矛盾并没有消除和根本解决，不可能在不触动资本主义根本制度的情况下得到根本消除和解决。社会发展必将继续证明，马克思主义关于资本主义必然灭亡，社会主义和共产主义必然胜利的科学预言并没有过时，资本主义最终灭亡的命运是不可避免的。

实现共产主义社会的历史必然性，不仅有科学的理论依据，而且已被无产阶级革命斗争实践证明。自 19 世纪 40 年代末《共产党宣言》诞生以来，国际共产主义运动从无到有、从小到大，取得了一个又一个的巨大胜利。现在，处于共产主义低级阶段的社会主义社会，已在世界上一部分国家建立和发展起来。尽管近年来世界社会主义事业遇到了一些曲折，但共产主义在全世界实现的趋势是不可阻挡的。

从辩证唯物主义和历史唯物主义的观点来看，共产主义“渺茫论”的观点是完全错误的。实现共产主义，尽管要经过一个长期的过程，经过许多艰难曲折，但是共产主义一定会实现。共产主义包含着三个方面含义：它既指共产主义的思想体系，又指共产主义的社会制度，也指在共产主义思想体系指导下，以实现共产主义社会制度为最终目标的共产主义运动。共产主义运动和这个运动的最终目标，是一个长期的实践过程。只有一步一步地实践，才能最终实现共产主义。我国社会主义现代化建设每前进一步，就是向共产主义的最终目标接近一步。正如列宁所说：社会主义不是“现成制度”，而是

“从今天的目标走向明天的目标从而日益接近根本目标的斗争”。[①] 不可否认，要最终实现共产主义，还需要若干代人的长期努力奋斗，但是淡化、放弃共产主义最终目标的社会主义，不是科学社会主义；忘记共产主义远大目标的共产党员，不是合格的共产党员。

从社会主义社会过渡到共产主义社会，必须具备三个必要条件。一是必须有高度发达的物质文明，这是过渡到共产主义社会的物质条件；二是必须有高度的精神文明，这是过渡到共产主义社会必要的精神条件；三是必须有无产阶级革命在全世界的胜利，这是过渡到共产主义社会必要的国际条件。这三个必要条件是互相联系的，只有全面具备，社会主义社会才能过渡到共产主义社会。我们党在领导建设有中国特色社会主义的过程中，要通过制定相应的路线、方针、政策，积极创造这些必要条件。现阶段党制定了一系列促进生产力发展的方针、政策，实行改革开放。从实践的效果来看，采取这些方针政策，促进了生产力发展，搞活了经济。但同时，由于有些改革措施不配套、制度不完善、法制不健全，以及某些措施本身存在一定的消极影响，因而暂时出现了一些问题。对此必须引起重视，并采取切实措施加以解决。在建设有中国特色社会主义的过程中，出现一些消极现象，是事物发展过程中的暂时现象，随着改革的深化、经济的发展、制度和法制的健全、党的建设和思想政治工作的进一步加强，这些问题会逐步得到解决。在改革和发展过程中，党始终坚持处理好改革、发展、稳定的关系。从中国的实际出发，基于实现共产主义社会制度的最终目标，着力解决前进中遇到的各种问题。

第三节　改革开放精神的要义凝成

党和国家领导人非常注重将革命优良传统与时代风貌和实践要求结合起来，不断提炼新的时代精神。胡锦涛同志曾明确提出，“对革命传统要继承又要发展。我们应该把革命优良传统和改革开放以来焕发出的新的时代风貌结合起来，熔铸成新的民族精神、时代精神，并把它贯注到广大人民群众中去，形成强大的凝聚力，有力地推动改革开放和现代化建设的顺利进行”。[②] 习近平总书记指出，改革开放精神是“当代中国人民最鲜明的精神标识”。[③] 对改革

① 列宁全集第二版增订版（第23卷）[M]. 北京：人民出版社，2017：54.
② 胡锦涛文选（第1卷）[M]. 北京：人民出版社，2016：62.
③ 习近平谈治国理政（第三卷）[M]. 北京：外文出版社，2020：191.

开放精神的凝练，要突出其当代性和标识性。我们遵循习近平总书记关于全面深化改革开放重要论述的精神实质，结合江泽民同志和胡锦涛同志凝练时代精神的基本思路，按照“赓续优良传统、升华实践经验、把握实践指向”的方法，凝练出改革开放精神基本内涵的四个主要方面。

一、党和国家领导人重要论述指引

改革开放以来，历届党和国家领导人赓续传承中国共产党人优良传统，注重总结改革开放的基本经验，牢牢把握时代要求和实践指向，推动理论创新与实践创新的良性互动，逐渐凝练升华出改革开放精神的基本内涵。

以邓小平同志为主要代表的中国共产党人坚持解放思想、实事求是的思想路线，着眼于实现“四化”、振兴中华的战略目标和改革开放的时代要求，为中国共产党人的精神谱系注入了“敢闯敢试、敢为人先”的时代内涵。早在 1975 年，邓小平同志主持治理整顿时就指出：“现在的问题是，你们敢不敢接受中央的支持，敢不敢按中央这次批示的要求去办。不管是哪一级的领导，不能总是怕这怕那。现在，干部中的一个主要问题，就是怕字当头，不敢摸老虎屁股。我们一定支持你们，也允许你们犯错误。要找那些敢于坚持党的原则、有不怕被打倒的精神、敢于负责、敢于斗争的人进领导班子。”① “要敢字当头”②。以“敢于破除僵化观念、敢于担当改革闯将”的时代精神，丰富、发展了中国共产党革命精神的内涵，鼓励人们敢闯敢试、解放思想、大胆探索。

1980 年，邓小平同志指出：搞社会主义建设，实现四个现代化，同样需要大力发扬党在长期革命战争中形成的“革命和拼命精神，严守纪律和自我牺牲精神，大公无私和先人后己精神，压倒一切敌人、压倒一切困难的精神，坚持革命乐观主义、排除万难去争取胜利的精神”。③ 邓小平同志所倡导的“五种革命精神”，既赓续了中国共产党革命精神的优良传统，又成为改革开放新时期时代精神的生长点。1982 年 9 月，党的十二大制定了全面开创社会主义现代化建设新局面的正确纲领和一系列方针政策，并在系统阐述机构改革和经济体制改革的同时，确立了高度物质文明和高度的社会主义精神文明一起抓的战略方针，强调指出：“是否坚持这样的方针，将关系到社会主义的

---

① 中共中央文献研究室．邓小平年谱（1975—1997）（上）［M］．北京：中央文献出版社，2004：47.

② 程中原，夏杏珍．邓小平与一九七五年整顿［M］．北京：人民出版社，2004：390.

③ 邓小平文选（第 2 卷）［M］．北京：人民出版社，1994：368.

兴衰和成败。”① 1984年10月，党的十二届三中全会通过的《中共中央关于经济体制改革的决定》指出：“经济体制的改革，不仅会引起人们经济生活的重大变化，而且会引起人们生活方式和精神状态的重大变化。社会主义物质文明和精神文明的建设要一起抓，这是我们党坚定不移的方针。在创立充满生机和活力的社会主义经济体制的同时，要努力在全社会形成适应现代生产力发展和社会进步要求的、文明的、健康的、科学的生活方式，摒弃那些落后的、愚昧的、腐朽的东西；要努力在全社会振奋起积极的、向上的、进取的精神，克服那些安于现状、思想懒惰、惧怕变革、墨守成规的习惯势力。这样的生活方式和精神状态，是社会主义精神文明建设的重要内容，是推进经济体制改革和物质文明建设的巨大力量。”② 这里明确指出了改革开放新时期需要倡导和需要克服的精神状态，指明了精神文明建设要以有利于经济体制改革为原则。1985年3月，邓小平同志明确提出，在建设具有中国特色的社会主义时，一定要坚持发展物质文明和精神文明，教育全国人民做到有理想、有道德、有文化、有纪律。1986年9月，党的十二届六中全会通过了《中共中央关于社会主义精神文明建设指导方针的决议》（简称《决议》），《决议》根据马克思主义基本原理同中国实际相结合的原则，阐明了精神文明建设的战略地位、根本任务和基本指导方针，是新时期加强我国社会主义精神文明建设的纲领性文件。《决议》进一步强调以经济建设为中心，坚定不移地进行经济体制改革，坚定不移地进行政治体制改革，坚定不移地加强精神文明建设，并且使这几个方面互相配合、互相促进。这就更加清楚地说明了全面改革与精神文明建设是统一的整体，都围绕经济建设这个中心向前发展。

在1992年的南方谈话中，邓小平同志鼓励改革开放要有“闯”的精神。他说，“看准了的，就大胆地试，大胆地闯……没有一点闯的精神，没有一点‘冒’的精神，没有一股气呀、劲呀，就走不出一条好路，走不出一条新路，就干不出新的事业”。③ 这里的“气呀”“劲呀”就是指攻坚克难的勇气和敢为人先的锐气！“敢闯敢试、敢为人先”和“闯”的精神、“创”的劲头、“干”的作风，以其鲜明的时代感、极强的号召力、高度的概括性和朗朗上口

① 中共中央文献研究室．十二大以来重要文献选编（上）[M]．北京：中央文献出版社，2011：25.

② 中共中央文献研究室．十二大以来重要文献选编（中）[M]．北京：中央文献出版社，2011：586.

③ 邓小平文选（第三卷）[M]．北京：人民出版社，1993：372.

的语言风格，激励着当代中国人纷纷投身到改革开放的伟大事业中去。

以江泽民同志为主要代表的中国共产党人，紧跟时代要求，对改革开放和社会主义现代化建设所需要的时代精神进行提炼和概括。江泽民同志前瞻性地提出宣传理论战线要坚持“以科学的理论武装人，以正确的舆论引导人，以高尚的精神塑造人，以优秀的作品鼓舞人”。① 这为凝练改革开放时代精神指明了方向。基于此，江泽民同志对时代精神进行过多次阐述。在庆祝建党70周年的讲话中，江泽民同志指出：“在实现第二步战略目标、并为实现第三步战略目标打下坚实基础的过程中，我们面临大量新问题，都需要用改革的精神来解决。”② 在党的十四大报告中，他提出要在“全党大力提倡解放思想、改革创新的精神，尊重科学、真抓实干的精神，顾全大局、团结协作的精神，谦虚谨慎、崇尚先进的精神，艰苦奋斗、无私奉献的精神”。③ 1993年3月31日，在八届全国人大一次会议上的讲话中，江泽民同志将社会主义现代化这一伟大的创业实践所需要的精神概括为创业精神，指出：“解放思想、实事求是，积极探索、勇于创新，艰苦奋斗、知难而进，学习外国、自强不息，谦虚谨慎、不骄不躁，同心同德、顾全大局，勤俭节约、清正廉洁，励精图治、无私奉献，这些都应该成为新时期我们推进现代化建设，所要大加倡导和发扬的创业精神。这些精神的核心和精髓，就是邓小平同志所一再倡导和论述的解放思想，实事求是。”④ 至此，20世纪八九十年代的时代精神的关键词“敢闯敢试、敢为人先，解放思想、实事求是，积极探索、勇于创新，尊重科学、真抓实干”基本明确。1996年10月，党的十四届六中全会在我国建设有中国特色社会主义事业承前启后、继往开来的重要历史时期召开。全会作出了《关于加强社会主义精神文明建设若干重要问题的决议》（简称《决议》），中央军委随后作出《关于贯彻十四届六中全会精神加强军队精神文明建设的意见》（简称《意见》）。全会是加强我国社会主义精神文明建设的里程碑。《决议》是指导社会主义精神文明建设的纲领性文件；《意见》是军队精神文明建设走在全社会前列的进军号角。在《决议》和《意见》的指引下，按照邓小平同志关于“两手抓，两手都要硬”的战略指导方针，全国上下，全军内外，分析形势，统一思想，明确任务，坚定信心，采取各种形式，办班自学，注重实效，掀起了学习贯彻《决议》、宣传落实《意见》的

---

① 江泽民文选（第1卷）[M]. 北京：人民出版社，2006：563.

② 江泽民文选（第1卷）[M]. 北京：人民出版社，2006：162.

③ 中国共产党第十四次全国代表大会文件汇编[M]. 北京：人民出版社，1992：51.

④ 江泽民文选（第1卷）[M]. 北京：人民出版社，2006：301.

热潮，精神文明建设出现了在各级党委统一领导下“齐抓共管，协调发展”的新局面。

随着全球化浪潮席卷全球，多元文化碰撞、交流、融合不断加剧，国家主权观念和民族自立意识受到冲击，迫切需要加强精神支柱建设，并对时代精神进行提炼和揭示。江泽民同志审时度势，适时地为中华民族精神注入时代气息，从不同角度对民族精神进行了概括。1997 年 11 月，江泽民同志在哈佛大学演讲时，将中华民族的优良传统概括为团结统一、独立自主、爱好和平、自强不息。1998 年，长江发生继 1954 年以来又一次全流域性大洪水，嫩江、松花江发生超历史纪录的特大洪水，珠江流域的西江和福建闽江也一度发生大洪水。在抗洪抢险过程中，全国人民同舟共济，表现出气吞山河的英雄气概，形成了伟大的抗洪精神。对于这一精神，江泽民同志及时进行了总结，将其概括为三个方面：万众一心、众志成城，不怕困难、顽强拼搏，坚韧不拔、敢于胜利。[①]“万众一心、众志成城，体现了中国人民的强大凝聚力；不怕困难、顽强拼搏，体现了中国人民的革命英雄主义气概；坚韧不拔、敢于胜利，体现了中国人民的坚强意志和必胜信念。”[②] 江泽民同志认为，抗洪精神，是爱国主义、集体主义和社会主义精神的大发扬，“是中华民族的民族精神在当代中国的集中体现和新的发展”。[③] 这一概括和说明，既是民族精神具体表现形态的升华，也是民族精神力量的彰显。

以胡锦涛同志为主要代表的中国共产党人，注重把革命优良传统和改革开放以来焕发出的时代风貌结合起来，熔铸成新的时代精神。他们弘扬崇高革命精神和优良革命传统，始终坚持崇高理想、坚定信念，始终坚持解放思想、实事求是，始终坚持依靠人民、服务人民，始终坚持艰苦奋斗、自觉奉献。[④] 早在 1993 年，胡锦涛同志首次登上井冈山瞻仰革命圣地时就特别强调指出：“对革命传统要继承又要发展。我们应该把革命优良传统和改革开放以来焕发出的新的时代风貌结合起来，熔铸成新的民族精神、时代精神，并把它贯注到广大人民群众中去，形成强大的凝聚力，有力地推动改革开放和现代化建设的顺利进行。”[⑤] 彰显了胡锦涛同志着眼于推进改革开放的实践需要来培育改革开放精神的深谋远虑，同时指出了凝练改革开放精神的原则，

---

① 江泽民文选（第 3 卷）[M]. 北京：人民出版社，2006：202.
② 江泽民文选（第 2 卷）[M]. 北京：人民出版社，2006：230.
③ 江泽民文选（第 2 卷）[M]. 北京：人民出版社，2006：231.
④ 廖立胜. 新时代中国共产党革命精神教育研究 [D]. 广州：华南理工大学，2023.
⑤ 胡锦涛文选（第 1 卷）[M]. 北京：人民出版社，2016：62.

即把革命优良传统和改革开放以来焕发出的新的时代风貌结合起来。胡锦涛同志在中共中央政治局进行第四十二次集体学习时强调："我们要继续解放思想、实事求是、与时俱进，科学分析世情、国情、党情的新变化，认真总结人民群众在实践中创造的新经验，深入研究和解决改革开放和现代化建设的新课题，不断以理论创新推动制度创新、科技创新、文化创新以及其他各方面的创新，使我们的思想和行动更加符合时代发展的要求、更加符合人民群众的期待，奋发有为地开创中国特色社会主义事业新局面。"① 在 2003 年 12 月召开的全国宣传思想工作会议上，胡锦涛同志强调，要宣传和弘扬解放思想、锐意改革、艰苦创业、开拓创新的精神，不断增强中华民族的创造力。②

党的十六大以后，党中央对凝练改革开放时代精神的方法愈加明晰：一方面要赓续中国共产党人的优良传统，另一方面要从推进改革开放的基本经验和未来的实践要求中提炼关键词。这样就形成了凝练时代精神的"赓续优良传统、总结基本经验、着眼实践要求"的基本方法。

把改革创新作为改革开放新时期时代精神的核心，第一次出现于 2004 年 8 月中共中央、国务院发出的《关于进一步加强和改进大学生思想政治教育的意见》中。③ 党的十六届四中全会明确提出："加强理想信念教育，弘扬以爱国主义为核心的民族精神和以改革创新为核心的时代精神，弘扬集体主义、社会主义思想，使全体人民始终保持昂扬向上的精神状态。"④ 中央审定的十六届四中全会决议辅导读本明确指出："进入改革开放新时期，中国人民在深化改革、扩大开放的历史进程中，锐意进取、敢为人先的创新精神不断迸发，与市场经济相适应的自主、平等、效率观念不断增强，扶贫济弱、公平共享、着眼于人的全面发展的人文精神得到普遍推崇，民主、科学、法治的理念成为普遍共识，逐渐形成了以改革创新为核心的与时俱进、以人为本、依法办事、面向世界的时代精神。"⑤ 明确改革开放时代精神的核心是"锐意进取、敢为人先的创新精神"，基本内涵是"与时俱进、以人为本、依法办事、面向世界"。在党的十六届六中全会上，以改革创新为核心的时代精神与以爱国主

① 在中共中央政治局第四十二次集体学习时的讲话［N］. 人民日报，2007-07-28（001）.

② 韩震. 社会主义核心价值体系研究［M］. 北京：人民出版社，2007：74.

③ 陈亚杰. "社会主义核心价值体系"内涵的发展和形成［J］. 上海党史与党建，2007（1）：13-18.

④ 邢贲思. 科学发展观读本［M］. 北京：人民出版社，2006：267.

⑤ 王天玺. 构建社会主义和谐社会手册［M］. 北京：人民出版社，2005：861.

义为核心的民族精神一起，被确立为社会主义核心价值体系的基本内容。[①]党的十六届六中全会《中共中央关于构建社会主义和谐社会若干重大问题的决定》的辅导读本指出，在改革开放和现代化建设的实践中，“我们不断培育、积累和形成了以改革创新为核心的与时俱进、开拓创新、求真务实、奋勇争先的时代精神”，将改革开放时代精神的内涵表述为“与时俱进、开拓创新、求真务实、奋勇争先”。2006 年 3 月 4 日，胡锦涛同志在参加全国政协十届四次会议民盟、民进界委员联组讨论时提出，要引导广大干部群众特别是青少年树立以“八荣八耻”为主要内容的社会主义荣辱观。[②]以“八荣八耻”为主要内容的社会主义荣辱观，明确了当代中国最基本的价值取向和行为准则，是社会主义核心价值体系的重要内容。

党的十七大报告强调：“解放思想是发展中国特色社会主义的一大法宝，改革开放是发展中国特色社会主义的强大动力。”[③]这充分证明了改革开放是中国特色社会主义的灵魂和特征。改革开放是解放和发展社会生产力、不断创新充满活力的体制机制的必然要求，是推动各项事业发展的根本动力。这主要是从政治角度、治国方略层面来定位“解放思想、改革开放”的。时任广东省委书记汪洋同志则将其提升到文化层面，他说：“实践证明，‘解放思想、改革开放’是发展中国特色社会主义的一大法宝，已经成为当代中国的时代文化精神。这种精神是中华民族充满生机与活力的力量源泉。”[④]以改革开放为总特征的时代精神已然形成并得到广泛认同。因为改革开放代表历史发展的必然，是历史的选择、人民的选择，是中国人民的共同愿望所在；改革开放最根本的成就是开创和发展了中国特色社会主义，这是世界历史上重大的道路创新，具有划时代的意义；改革开放增强了人们对社会主义和共产主义的信念。因此，以“改革开放”来命名新时期的时代精神是恰如其分的。

党的十八大以来，习近平总书记着眼于全面深化改革开放的实践要求，对改革开放的历史地位、依靠力量、基本经验、重要方法、时代要求等进行了全面系统的阐述，铺就了改革开放精神的理论基石，提出改革开放精神是

---

①② 陈亚杰．“社会主义核心价值体系”内涵的发展和形成［J］．上海党史与党建，2007（1）：13-18.

③ 胡锦涛．高举中国特色社会主义伟大旗帜为夺取全面建设小康社会新胜利而奋斗：在中国共产党第十七次全国代表大会上的报告［M］．北京：人民出版社，2007：1.

④ 复旦大学马克思主义研究院，中国社会科学杂志社马克思主义理论编辑室．当代中国马克思主义研究报告（2007—2008）［M］．北京：人民出版社，2009：131.

“当代中国人民最鲜明的精神标识”的重要论断。

关于改革开放的历史地位。习近平总书记指出：“改革开放是我们党在新的时代条件下带领人民进行的新的伟大革命，是当代中国最鲜明的特色，也是我们党最鲜明的旗帜。三十五年来，我们党靠什么来振奋民心、统一思想、凝聚力量？靠什么来激发全体人民的创造精神和创造活力？靠什么来实现我国经济社会快速发展、在与资本主义竞争中赢得比较优势？靠的就是改革开放。面对未来，要破解发展面临的各种难题，化解来自各方面的风险和挑战，更好发挥中国特色社会主义制度优势，推动经济社会持续健康发展，除了深化改革开放，别无他途。”① 2023年2月7日，习近平总书记在学习贯彻党的二十大精神研讨班开班式上发表重要讲话时指出：“改革开放是决定当代中国命运的关键一招，也是决定中国式现代化成败的关键一招。”②

关于改革开放的依靠力量。习近平总书记在党的十八届三中全会第二次全体会议上的讲话中指出：“改革开放之所以得到广大人民群众衷心拥护和积极参与，最根本的原因在于我们一开始就使改革开放事业深深扎根于人民群众之中。无论遇到任何困难和挑战，只要有人民支持和参与，就没有克服不了的困难，就没有越不过的坎。”③ 2020年11月，习近平总书记在浦东开发开放30周年庆祝大会上发表重要讲话时指出：“改革发展必须坚持以人民为中心，把人民对美好生活的向往作为我们的奋斗目标，依靠人民创造历史伟业！”④

关于改革开放的基本经验。习近平总书记在党的十八届三中全会第二次全体会议上的讲话中指出：“全会决定归纳了改革开放积累的宝贵经验，其中很重要的一条就是强调必须坚持以人为本，尊重人民主体地位，发挥群众首创精神，紧紧依靠人民推动改革。”⑤ 习近平总书记在纪念邓小平同志诞辰110周年座谈会上的讲话中指出：“我们要学习邓小平同志敢于开拓创新的政治勇气，细心观察新的实践和新的发展，尊重地方、基层、群众首创精神，果断作出决策，把开拓创新作为一种常态，不断用发展着的马克思主义指导新的实践，又从实践中作出新的理论概括，敢破敢立、敢闯敢试，义无反顾把改革开放不断向前推进。”⑥ 2018年11月5日，习近平主席在首届中国国

---

① 习近平著作选读（第一卷）[M]. 北京：人民出版社，2023：175.

② 习近平在学习贯彻党的二十大精神研讨班开班式上发表重要讲话强调正确理解和大力推进中国式现代化 [N]. 人民日报，2023-02-08（001）.

③ 习近平著作选读（第一卷）[M]. 北京：人民出版社，2023：186.

④ 习近平．在浦东开发开放30周年庆祝大会上的讲话 [M]. 北京：人民出版社，2020：4.

⑤ 习近平著作选读（第一卷）[M]. 北京：人民出版社，2023：186.

⑥ 习近平著作选读（第一卷）[M]. 北京：人民出版社，2023：251.

际进口博览会开幕式上发表主旨演讲指出："开放已经成为当代中国的鲜明标识。中国不断扩大对外开放，不仅发展了自己，也造福了世界。"① 在庆祝改革开放40周年大会上的讲话中，习近平总书记阐述了改革开放的九条基本经验：一是必须坚持党对一切工作的领导，不断加强和改善党的领导；二是必须坚持以人民为中心，不断实现人民对美好生活的向往；三是必须坚持马克思主义指导地位，不断推进实践基础上的理论创新；四是必须坚持走中国特色社会主义道路，不断坚持和发展中国特色社会主义；五是必须坚持完善和发展中国特色社会主义制度，不断发挥和增强我国制度优势；六是必须坚持以发展为第一要务，不断增强我国综合国力；七是必须坚持扩大开放，不断推动构建人类命运共同体；八是必须坚持全面从严治党，不断提高党的创造力、凝聚力、战斗力；九是必须坚持辩证唯物主义和历史唯物主义世界观和方法论，正确处理改革、发展、稳定的关系。②

关于改革开放的重要方法。习近平总书记指出："摸着石头过河，是富有中国特色、符合中国国情的改革方法。"③ "中国改革经过三十多年，已进入深水区，可以说，容易的、皆大欢喜的改革已经完成了，好吃的肉都吃掉了，剩下的都是难啃的硬骨头。这就要求我们胆子要大、步子要稳。胆子要大，就是改革再难也要向前推进，敢于担当，敢于啃硬骨头，敢于涉险滩。步子要稳，就是方向一定要准，行驶一定要稳，尤其是不能犯颠覆性错误。"④ "我们要学习邓小平同志'放眼世界，放眼未来，也放眼当前，放眼一切方面'的世界眼光和战略思维，学习他善于抓住关键、纲举目张的思想方法和工作方法，站在时代前沿观察思考问题，把党和人民事业放到历史长河和全球视野中来谋划，以小见大、见微知著，在解决突出问题中实现战略突破，在把握战略全局中推进各项工作。"⑤

对于全面深化改革开放的实践要求，习近平总书记也进行了深刻阐述。2012年12月，习近平总书记在广东省考察工作时，首先表明了党中央推进改革开放的坚定决心："我们要拿出勇气，坚持改革开放正确方向，敢于啃硬骨头，敢于涉险滩，既勇于冲破思想观念的障碍，又勇于突破利益固化的藩篱，

---

① 习近平著作选读（第二卷）[M]. 北京：人民出版社，2023：214.
② 习近平著作选读（第二卷）[M]. 北京：人民出版社，2023：222-230.
③ 习近平著作选读（第一卷）[M]. 北京：人民出版社，2023：68.
④ 习近平著作选读（第一卷）[M]. 北京：人民出版社，2023：221.
⑤ 习近平著作选读（第一卷）[M]. 北京：人民出版社，2023：252-253.

做到改革不停顿、开放不止步。”① 2014 年，习近平总书记在中央外事工作会议上的讲话中指出：“认识世界发展大势，跟上时代潮流，是一个极为重要并且常做常新的课题。中国要发展，必须顺应世界发展潮流。要树立世界眼光、把握时代脉搏，要把当今世界的风云变幻看准、看清、看透，从林林总总的表象中发现本质，尤其要认清长远趋势。”② “我们要坚持合作共赢，推动建立以合作共赢为核心的新型国际关系，坚持互利共赢的开放战略，把合作共赢理念体现到政治、经济、安全、文化等对外合作的方方面面。”③ 2016 年 1 月 18 日，习近平总书记在省部级主要领导干部学习贯彻党的十八届五中全会精神专题研讨班上的讲话中指出：“把创新摆在第一位，是因为创新是引领发展的第一动力。”④ “抓住了创新，就抓住了牵动经济社会发展全局的‘牛鼻子’。”⑤ “坚持创新发展，是我们分析近代以来世界发展历程特别是总结我国改革开放成功实践得出的结论，是我们应对发展环境变化、增强发展动力、把握发展主动权，更好引领新常态的根本之策。”⑥ “当今世界，经济社会发展越来越依赖于理论、制度、科技、文化等领域的创新，国际竞争新优势也越来越体现在创新能力上。谁在创新上先行一步，谁就能拥有引领发展的主动权。”⑦ 2018 年 4 月，习近平总书记在庆祝海南建省办经济特区 30 周年大会上的讲话中指出：“只有真抓才能攻坚克难，只有实干才能梦想成真。”⑧ 同年 10 月，习近平总书记在视察广东时指出：“广东要弘扬敢闯敢试、敢为人先的改革精神，立足自身优势，创造更多经验，把改革开放的旗帜举得更高更稳。”⑨ 2019 年，习近平总书记在中国共产党第十九届中央委员会第四次全体会议上的讲话中指出：“新时代改革开放具有许多新的内涵和特点，其中很重要的一点就是制度建设分量更重，改革更多面对的是深层次体制机制问题，对改革顶层设计的要求更高，对改革的系统性、整体性、协同性要求更强，相应地建章立制、构建体系的任务更重。新时代谋划全面深化改革，

---

① 习近平著作选读（第一卷）［M］. 北京：人民出版社，2023：66.

② 习近平著作选读（第一卷）［M］. 北京：人民出版社，2023：318.

③ 习近平著作选读（第一卷）［M］. 北京：人民出版社，2023：319.

④ 习近平著作选读（第一卷）［M］. 北京：人民出版社，2023：425.

⑤ 习近平著作选读（第一卷）［M］. 北京：人民出版社，2023：425-426.

⑥ 习近平著作选读（第一卷）［M］. 北京：人民出版社，2023：426.

⑦ 习近平著作选读（第一卷）［M］. 北京：人民出版社，2023：427.

⑧ 习近平. 论坚持全面深化改革［M］. 北京：中央文献出版社，2018：470.

⑨ 人民日报评论员：弘扬敢闯敢试、敢为人先的改革精神：论学习贯彻习近平总书记广东考察重要讲话精神［N］. 人民日报，2018-11-01（004）.

必须以坚持和完善中国特色社会主义制度、推进国家治理体系和治理能力现代化为主轴，深刻把握我国发展要求和时代潮流，把制度建设和治理能力建设摆到更加突出的位置，继续深化各领域各方面体制机制改革，推动各方面制度更加成熟、更加定型，推进国家治理体系和治理能力现代化。”①

对于全面深化改革开放的理论支持，习近平总书记指出：“我国哲学社会科学应该以我们正在做的事情为中心，从我国改革发展的实践中挖掘新材料、发现新问题、提出新观点、构建新理论，加强对改革开放和社会主义现代化建设实践经验的系统总结。”② 同时，他指出凝聚共识、集中力量的必要性：“现在，经济体制深刻变革，社会结构深刻变动，利益格局深刻调整，思想观念深刻变化，凝聚改革共识难度加大，统筹兼顾各方面利益任务艰巨而繁重。这就更需要下功夫去凝聚共识。凝聚共识很重要，思想认识不统一时要找最大公约数。我们十三亿人，八千二百多万党员，包括海外同胞，大家能凝聚共识，本身就是力量。”③ “下功夫去凝聚共识”，在“统筹兼顾各方面利益任务艰巨而繁重”的情况下，宣传改革开放的宝贵经验、弘扬改革开放精神，无疑是凝聚共识的重要手段。这就要求理论界和宣传思想文化战线及时凝练、弘扬改革开放精神。

习近平总书记强调的全面深化改革开放的实践要求，主要聚焦于以下四个方面：一是新时代谋划全面深化改革，必须以坚持和完善中国特色社会主义制度、推进国家治理体系和治理能力现代化为主轴，要深刻把握我国发展要求和时代潮流，要弘扬敢闯敢试、敢为人先的改革精神；二是坚持创新发展是我们总结我国改革开放成功实践得出的结论，是我们应对发展环境变化、增强发展动力、把握发展主动权的根本之策④；三是开放已经成为当代中国的鲜明标识，要坚持互利共赢的开放战略，把合作共赢理念体现到政治、经济、安全、文化等对外合作的方方面面；四是只有真抓才能攻坚克难，只有实干才能梦想成真。遵循习近平总书记对全面深化改革开放的时代要求，结合改革开放以来历届领导人关于改革开放的论述，按照“赓续优良传统、升华实践经验、把握实践指向”的方法，凝练出改革开放精神基本内涵的四个主要方面：侧重改革“敢闯敢试、敢为人先”的精神，侧重创新的“勇于创新、

① 中国共产党第十九届中央委员会第四次全体会议文件汇编［M］. 北京：人民出版社，2019：74.

② 习近平著作选读（第一卷）［M］. 北京：人民出版社，2023：484.

③ 习近平著作选读（第一卷）［M］. 北京：人民出版社，2023：66.

④ 习近平著作选读（第一卷）［M］. 北京：人民出版社，2023：426.

大胆探索”的精神，侧重开放的“胸怀天下、兼收并蓄”的精神，侧重实干的“脚踏实地、埋头苦干”的精神。

二、理论工作者的话语形构

改革开放以来，我国理论工作者始终秉承求是创新的精神，不断探索、研究、发展着中国特色社会主义理论体系。这一优秀传统不仅鼓舞中国理论工作者不断前进，而且是推动社会进步和发展的重要动力。随着时代的变迁，我国理论工作者在继承传统的基础上，不断吸收新的知识和方法，使求是创新精神得以在新的历史条件下发扬光大。求是，即追求真理，是科学研究的根本。对于我国理论工作者而言，求是精神意味着在学术研究中要坚持实事求是的原则，不断探索事物的本质和规律。这种精神要求理论工作者在研究中不迷信、不盲从，勇于挑战权威，敢于提出新的观点和见解。同时，求是精神还要求理论工作者在研究中要注重实践，将理论与实践相结合，用实践来检验和发展理论。创新精神是理论工作的灵魂。在我国，理论工作者历来重视创新，敢于突破传统观念的束缚，勇于开拓新的研究领域。这种创新精神体现在对马克思主义理论的深入研究上，也体现在对中国特色社会主义实践的不断探索上。理论工作者通过创新性研究，不仅丰富和发展了马克思主义理论宝库，而且为中国的改革开放和现代化建设提供了有力的理论支撑。

在马克思主义理论家的职责意识①驱动下，大批理论工作者响应时代的号召，投身到改革开放的洪流中，努力反映我们这个急剧变化着的充满生机的时代。他们坚持以马列主义、毛泽东思想，特别是中国特色社会主义理论为指导，认真学习并努力掌握马克思主义立场、观点、方法，用以指导科研；“以我国改革开放和现代化建设的实际问题、以我们正在做的事情为中心，着眼于马克思主义理论的运用，着眼于对实际问题的理论思考，着眼于新的实践和新的发展”。② 早在改革开放初期，社科工作者就通过积极参加真理标准大讨论，引领干部群众坚持实践是检验真理的唯一标准，冲破个人崇拜的思想牢笼，积极推进改革开放的历史进程。他们引导干部群众明确市场经济不是资本主义的专利，社会主义也可以搞市场经济，并大力呼吁公有制企业产权制度改革，为建立社会主义市场经济体制营造了良好的舆论氛围。

自邓小平同志南方谈话和党的十四大之后，石仲泉、冷溶、任克礼、赵

① 商志晓．马克思主义理论家的职责与职责意识［J］．理论前沿，2004（6）：21-22.

② 商志晓．马克思主义理论家的职责［N］．光明日报，2004-05-11.

云献等理论工作者积极响应党中央的号召，下大力气投入对改革开放和党建学说的研究。在党建研究文献中开始出现“改革开放精神”的表述。如“四项基本原则对人民的吸引力和凝聚力将会随着改革开放精神的贯通而不断增强”。[①]“可见他更重视对改革开放精神实质的理解”。[②]“片面地强调服从上级意图和挑剔姓‘资’姓‘社’的观念都不利于确立符合改革开放精神的党员标准。只有把改革开放的精神与经济建设的中心工作、共产党员的本质要求有机地统一起来，才能使我们确立的党员标准更具准确性、全面性和科学性。”[③]

理论工作者作为时代的见证者和参与者，他们主动关注和研究改革开放时代的民族精神，积极表现人民大众所倾心的崇高审美情趣和改革创新的时代精神。正如恩格斯所说：“他们的动机不是来自琐碎的个人欲望，而是来自他们所处的历史潮流。”[④] 理论工作者通过对改革开放的历史进程进行深入挖掘和梳理，揭示了这一伟大实践背后的历史逻辑和发展规律。他们不仅关注经济层面的变革，更重视政治、文化、社会等多方面的协同发展，全面展现了改革开放的时代精神和丰富内涵。理论工作者对改革开放凝聚的时代精神进行了深入阐释，提炼出解放思想、实事求是、敢闯敢试、敢为人先、开放包容、实干进取等多个方面的精神。他们通过理论分析和实证研究，揭示了这些精神内涵是如何推动国家发展、促进社会进步的，并为全社会树立了积极向上的价值导向。理论工作者在关注和研究改革开放时代精神的过程中，积极传播中国声音、讲好中国的改革开放故事。他们的研究成果不仅在国内产生了广泛影响，更在国际上赢得了广泛赞誉和关注，提升了国家的文化软实力和国际影响力。

理论工作者站在时代的前沿，以崇高的审美理想去审视现实，用广阔宏观的视野及微观笔触，综合、深刻反映这一场气势宏伟的社会变革的风貌和本质。他们直接受党的十一届三中全会历史性决策的推动与指引，这既是现实改革浪潮、波澜壮阔的发展的审美反映，也是民族变革意识觉醒的集中表现。这些富于历史使命感和社会责任感的社会科学工作者，以其充沛的热情投入民族精神和时代精神的研究。他们以除旧布新的英勇斗士的姿态，描绘

① 石仲泉．建设有中国特色社会主义理论是毛泽东思想的新发展：学习邓小平南巡谈话的体会［M］．北京：人民出版社，1992：27.

② 冷溶，高屹．学习邓小平同志南巡重要谈话［M］．北京：人民出版社，1992：133.

③ 任克礼．新时期的党建工作［M］．北京：人民出版社，1994：95.

④ 马克思恩格斯选集（第4卷）［M］．北京：人民出版社，2012：440.

时代的面貌，表现时代的精神，塑造富于时代特征的社会主义新人形象，其思想内涵、认识价值是历久弥新的。

三、宣传思想文化战线的创新诠释

进入改革开放和社会主义现代化建设新时期，宣传思想文化战线的首要任务是凝聚共识、汇聚力量，号召全国人民在中国共产党的集中统一领导下进行社会主义现代化建设。与改革开放的历史进程相伴随，宣传思想文化工作经历了四个发展阶段。1978 年，党的十一届三中全会召开，宣传思想文化工作的重心转向“以经济建设为中心”，呈现新的生机与活力；1992 年，邓小平南方谈话和党的十四大召开，改革开放和现代化建设事业进入全面建立社会主义市场经济体制的新时期，宣传思想文化工作逐步实现由适应社会主义计划经济体制向适应社会主义市场经济体制的转变；2002 年党的十六大以来，文化建设的战略地位进一步确立，社会主义文化建设取得了新进展，实现了新突破，开创了新局面，宣传思想文化工作逐步成为社会主义建设总体布局的重要组成部分。2012 年党的十八大以来，宣传思想文化战线的主要任务是，落实习近平总书记关于“坚持团结稳定鼓劲、正面宣传为主”[①] 的指导方针，围绕举旗帜、聚民心、育新人、兴文化、展形象的使命任务，正本清源、守正创新，全党全国各族人民文化自信明显增强，全社会凝聚力、向心力极大提升，整个社会意识形态领域形势发生全局性、根本性转变。无论是哪个阶段，宣传思想文化战线都始终“立足改革开放和现代化建设的伟大实践，立足于世界文化发展的前沿进行文化创新”。[②] 紧密地团结在党中央周围，始终坚持高举旗帜、把握方向，围绕中心、服务大局，以人为本、按需而为，解放思想、改革创新，统筹兼顾、协调推进，在不断加强自身建设的同时，积极为每个时期的经济社会发展提供精神动力、智力支持、思想保证和文化条件，为我国实现现代化建设的一次次跨越作出了积极贡献。

从 1978 年到 1992 年，我党在宣传思想文化工作上重新进行定位，紧紧围绕“一个中心、两个基本点”确立了新时期的工作思路和实践目标。宣传思想文化工作主要承担着关于改革的宣传教育和对外开放的统一思想任务，并在此基础上将人们的思想统一到党和国家的各项改革措施上来，形成共识，

---

① 姚宏志，等．走向文化强国的精神支柱：坚定中国特色社会主义共同理想［M］．北京：人民出版社，2018：169.

② 韩震．建设中国特色社会主义先进文化［J］．中国特色社会主义研究，2023（4）：36-41.

凝聚力量，共同推进经济建设。同时，宣传思想文化工作被赋予了建设社会主义精神文明的重要任务，即坚持共产主义思想道德，加强全民的社会主义道德教育，促进社会风气的好转。在“解放思想”精神的指导下，宣传思想文化工作部门积极开展各种思想教育活动，通过媒介宣传、活动推进以及思想价值观念的大讨论，不断激发人们的思想活力，推动形成良好的社会道德风尚。这一时期，各大报刊报道了一大批刻苦攻关、献身科技事业的知识分子典型，营造了尊重知识、尊重人才的浓厚氛围，尤其是《人民日报》《光明日报》发表的知识分子典型报道具有相当大的影响力，其中陈景润、蒋筑英、罗健夫、栾弗四位知识分子的事迹最具代表性。

在这个阶段，全国宣传思想文化战线承担起党中央提出的社会主义精神文明建设的重大任务，推动社会主义精神文明建设活动在全社会迅速拉开序幕并广泛开展。积极开展真理标准大讨论，有力地推动了思想解放。[①] 党的十一届三中全会精神宣讲活动深入基层，人民群众如沐春风、广受教育。“五讲四美三热爱”活动、“全民礼貌月”活动、“学雷锋、树新风”活动先后兴起，争做“四有”公民、“三优一学”、创建文明村镇、创建文明城市、创建文明单位等群众性精神文明创建活动深入开展。在党员群众中开展“讲党性、顾大局、同心同德搞四化”的思想教育活动，党的基本路线教育和形势任务教育在农村和企业陆续开展，坚持四项基本原则、反对资产阶级自由化的宣传教育广泛开展。改革开放和现代化建设的先进典型宣传反响热烈。一批勇于探索、积极实践的企业家典型和改革风云人物受到社会和媒体的关注，对他们事迹的报道往往建立在对其思想、理念和经济改革的实践探索基础上，因此这些报道具有一定的思辨性和理论性，凸显出一定的思想深度、理论针对性和社会影响。[②] 比如，1984 年前后的经济体制改革，催生了步鑫生、马胜利、关广梅、鲁冠球、年广久等一批经济企业界的典型人物。高校思想政治理论教育工作恢复并日益加强，全社会的思想道德教育工作不断加强。党中央高度重视干部理论教育工作，全国县级以上党委理论学习中心组学习制度逐步建立，广大党员干部群众学理论、用理论的积极性和自觉性日益增强，理论武装工作不断走上经常化、制度化、规范化的轨道。着力制定、调整和发展宣传思想文化工作的方针政策，重申“百花齐放、百家争鸣”的方针，

① 卢吉安．新闻改革虚实谈：湖北日报社 1979—1995 论文选［M］．北京：人民出版社，1995：564.

② 中央电视台台办公室事业发展调研处．传承文明　开拓创新：与时俱进的中央电视台［M］．北京：东方出版社，2003：35.

出台一系列繁荣文化艺术创作、发展群众文化活动和加强中外文化交流的具体政策和规定。

从1992年到2002年，宣传思想文化工作转入一个新的历史时期，主要任务是以建设中国特色社会主义的理论为指导，坚持党的基本路线，坚持“两手抓、两手都要硬”的方针，深入贯彻邓小平南方谈话、党的十四大和十四届六中全会《关于加强社会主义精神文明建设若干重要问题的决议》精神，认真落实中央印发的《关于进一步做好宣传思想工作的报告》《爱国主义教育实施纲要》《关于改进宣传思想工作方法若干意见》等，解放思想、实事求是，改进方法、扎实工作。1994年，江泽民同志在全国宣传思想工作会议上提出：“以科学的理论武装人，以正确的舆论引导人，以高尚的精神塑造人，以优秀的作品鼓舞人。”[①] 全国宣传思想文化战线认真贯彻这一根本任务和要求。在这个阶段，宣传思想文化工作立足于唱响主旋律、打好主动仗，并取得了显著成效。按照部署，广泛开展认真学习宣传邓小平理论和“三个代表”重要思想的活动，深入开展“三讲”教育，紧密配合形势的需要及重要节庆活动，积极开展爱国主义教育和思想道德教育，开展马克思主义唯物论和无神论教育，结合地方实际认真贯彻落实《公民道德建设实施纲要》，再次把精神文明建设推向一个新高潮，“在全社会倡导确立科学、文明、健康的生活方式”。[②] 中宣部组织中央新闻单位集中推出一批先进人物，典型宣传作为新闻宣传的重点任务，开始受到各新闻单位的重视。这一时期的典型人物和典型宣传主要呈现以下特点：一是一批典型人物是优秀共产党员和党员领导干部，突出塑造了共产党员和党员领导干部的形象，提炼了他们全心全意为人民服务的精神本质和高尚的道德情操。二是典型人物贴近社会生活、贴近普通群众。这一时期，媒体宣传了一批普通人中的典型人物，如“用真情传播文明”[③] 的北京市21路公共汽车售票员李素丽、“辛苦我一人，方便千万家”[④] 的上海中山北路房管所水电修理工徐虎、被誉为“爱国拥军模范”的好军嫂韩素云，等等。对普通典型人物的宣传引发了普通受众的共鸣，“小人物”也能成为大英雄。三是集体典型、英雄群体多。新闻单位在报道个人典型的同时，集中报道了一批走在改革开放和精神文明建设前沿的集体典型，

---

① 江泽民文选（第1卷）［M］. 北京：人民出版社，2006：563.

② 刘建军，等. 信仰的呼唤：社会主义市场经济条件下的信仰问题研究［M］. 北京：人民出版社，2011：224.

③ 易杳，张炳升. 学雷锋的故事［M］. 北京：人民出版社，2012：120.

④ 韩震，王炳林. 社会主义荣辱观：大学生读本［M］. 北京：人民出版社，2006：36.

如张家港、济南交警支队、徐州市“下水道四班”、福建漳州 110 报警服务台，以及 1999 年在列车脱轨倾覆时刻抢救遇险群众的海军工程大学衡阳抢险青年英雄群体，等等。集体典型的宣传和时代精神的提炼，在一定程度上更具有代表性和震撼力，有利于呈现社会整体的正面形象。[①] 四是人物分布面广，涉及行业面广，且各具特色。从报道人物职业、行业和岗位来看，有工人、农民、知识分子、军人、医护工作者、社会工作者、教育工作者等。对突发灾害性事件中的先进典型进行宣传，是这一阶段典型宣传的一个鲜明特点。总之，这一时期的新闻媒体被新闻理论界称作人物报道的“黄金年代”，一大批具有鲜明时代气息、有着强大生命力和现实意义的先进典型脱颖而出。宣传思想文化工作呈现辐射越来越广、内容越来越丰富、水平越来越高、效果越来越好的良性发展势头，为党和国家的中心工作顺利开展、开创中国特色社会主义事业的新局面提供了强有力的思想保证、智力支持、精神动力和文化条件。[②]

从 2002 年到 2012 年，宣传思想文化战线的主要任务是，认真贯彻落实科学发展观，适应构建社会主义和谐社会的要求，进一步深化拓展创新宣传思想文化工作。这一阶段改进创新了典型宣传工作，不断增强典型宣传的社会效果，为构建社会主义和谐社会打牢共同思想基础、营造和谐舆论环境。紧紧围绕工作大局，牢牢把握正确导向，大力建设社会主义核心价值体系，坚持用马克思主义中国化的最新成果武装头脑、推动工作，着力提高舆论引导能力，广泛倡导社会主义荣辱观，全面加强宣传思想文化人才队伍建设。在这个阶段，我国宣传思想文化工作内容丰富、形式多样，各项工作在整体推进中实现了重点突破，在改革创新中焕发出新的活力。

这一时期以许振超事迹宣传为标志，典型宣传的改进与创新进入一个新的时期。[③] 这一时期是先进典型人物社会影响力大、英雄模范人物的崇高精神广受推崇的时期，也是典型宣传不断改进创新、不断增强社会效果的时期，可谓是英雄辈出、群星灿烂，堪称典型宣传的辉煌期。其典型标志有二：一是一批典型人物涌现，他们的事迹和精神感动着全社会，成为社会热点；二是传统媒体和新兴媒体集中报道先进人物，人物报道和典型宣传成为舆论亮

① 中央电视台台办公室事业发展调研处．传承文明　开拓创新：与时俱进的中央电视台［M］．北京：东方出版社，2003：38.

② 邵华泽．马克思主义新闻观及其在当代中国的运用和发展［M］．北京：人民出版社，2009：238.

③ 文汇报社．我和我的祖国：时代人物故事［M］．北京：人民出版社，2020：117.

点。一大批优秀共产党员等时代先锋的典型事迹和崇高精神得到全社会的广泛认同和宣传；一大批在重大自然灾难中涌现的英雄人物崇高形象和牺牲精神感动了全社会；一大批全国道德模范成为中国社会各阶层民众公认的道德楷模，他们的精神成为人们的基本道德遵循；一大批体现党的宗旨和党的主张，代表党员干部本质和主流的优秀共产党员典型不断涌现，尤其是在党的重大主题教育活动中受到人民群众的赞誉和好评；一大批群体性英雄人物被突出宣传，他们的精神受到全社会的广泛传颂和弘扬，成为社会的道德风景和时代风尚；一大批为建立新中国和建设新中国而作出卓越贡献的党史优秀代表人物、革命先驱、英雄模范等受到缅怀，他们的精神得到传承，激励着当代的人们。[①]

2012 年，党的十八大至今，宣传思想文化战线的主要任务是，落实习近平总书记关于“坚持团结稳定鼓劲、正面宣传为主”[②] 的指导方针，围绕举旗帜、聚民心、育新人、兴文化、展形象的使命任务，正本清源、守正创新。这一时期，我国宣传文化部门坚持文艺以人民为中心的创作导向，“不断提高政治站位，进一步深入生活、聚焦现实，用心用情用功书写伟大时代”。[③] 精品数量增多了、质量提升了，不仅丰富了人民群众的精神生活，还增强了人民群众的精神力量。一是重大主题作品成为百姓的“精神刚需”。《觉醒年代》让很多年轻人了解到历史为什么选择了中国共产党。很多人受到《山海情》的感召，自发地成为闽宁镇的“精神村民”。二是以现实主义作品激扬向上的奋进力量。三是以优秀传统文化的创新表达激发当代人的文化自信。

各地以中宣部发布的第一批纳入中国共产党人精神谱系的伟大精神为重点，开展了一系列主题鲜明、内容丰富、形式多样的宣传教育活动，引导激励广大干部群众筑牢信仰之基、补足精神之钙、把稳思想之舵，在学思践悟中激发爱党爱国之情，激发奋进新征程、建功新时代的精神动力。各地深刻领悟习近平总书记关于“中华优秀传统文化是中华民族的精神命脉，是涵养社会主义核心价值观的重要源泉，也是我们在世界文化激荡中站稳脚跟的坚实根基”[④] 的重要讲话精神，融通党的伟大精神与民族精神，把革命文化、中

---

① 姚宏志，等．走向文化强国的精神支柱：坚定中国特色社会主义共同理想［M］．北京：人民出版社，2018：170.

② 姚宏志，等．走向文化强国的精神支柱：坚定中国特色社会主义共同理想［M］．北京：人民出版社，2018：169.

③ 光明日报文艺部．光辉的历程　永恒的经典［M］．北京：人民出版社，2022：325.

④ 中共中央党史和文献研究院．习近平关于社会主义精神文明建设论述摘编［M］．北京：中央文献出版社，2022：212.

华优秀传统文化、社会主义先进文化共同纳入中国特色社会主义文化范畴，注重从悠久历史中揭示精神的深厚基础。紧扣展现中国共产党人精神谱系这一主题，把那些内容上探源溯流、撷英采华，叙事上立足史料、生动鲜活，形式上丰富新颖、贴合需求的优秀出版物推向中华大地，实现从党政机关到企事业单位、从社区街道到农村乡镇、从耄耋老者到稚嫩蒙童、从线下门店到网络平台的全覆盖。各地宣传文化部门唱响时代主旋律、传播社会正能量、提振民众精气神，勇当共产党人精神谱系弘扬传播的排头兵，切实让以伟大建党精神为源头的红色精神血脉在中华大地生根、发芽、开花、结果。

40多年来，全国宣传思想文化战线牢牢把握新闻舆论的正确导向，在解放思想中统一思想、凝聚力量，不断营造良好的社会舆论氛围，正面宣传的影响力和感染力不断增强。加强对党和国家重大决策、重大主题、重大活动、重大典型、重大成就的宣传，形成正面宣传舆论强势。认真做好对我国改革开放经济发展、社会进步的宣传报道，围绕经济与社会发展的新思路、新举措、新实践和新成果，不断总结改革发展的新鲜经验，从不同视角，别开生面地反映了我国改革开放的发展进程、沧桑巨变与伟大成就，树立起良好的国家形象。在全社会大力宣传和弘扬中国精神，“振奋了民族精神，凝聚了民族力量”。[①] 以总结改革开放经验和弘扬中国精神为引领，激励广大干部群众始终保持昂扬向上、创业创新的良好精神状态，为我国经济社会又好又快发展提供精神支撑。

40多年来，宣传思想文化工作从工作对象到工作方法，从工作领域到工作机制，都得到了不断丰富和发展。在工作对象上，随着经济社会的发展，各种新组织、新群体层出不穷，宣传思想文化工作的对象从传统对象逐步向新兴对象延伸，工作对象的多样性、复杂性日益明显。在工作方法上，随着思想的不断解放和知识的不断丰富，宣传思想文化工作从原来的“你打我通”逐步向“互动沟通”发展，从集中性教育逐步向集中与分散教育相结合发展，从显性教育逐步向显性与隐性教育相结合发展，宣传思想文化工作的时代感和主动性、针对性、实效性不断增强。在工作领域上，“高度重视传播手段建设和创新，推动媒体融合发展”[②]。随着现代信息技术的迅猛发展，宣传思想文化工作从原来的现实社会领域向互联网等更加广阔的虚拟空间延伸。在工作机制上，随着中国特色社会主义理论的不断丰富和发展，宣传思想文化战

---

① 中共中央关于党的百年奋斗重大成就和历史经验的决议［M］. 北京：人民出版社，2021：43.

② 中共中央关于党的百年奋斗重大成就和历史经验的决议［M］. 北京：人民出版社，2021：45.

线以习近平新时代中国特色社会主义思想为统领，宣传思想文化工作的机制更加注重从党和政府工作全局的高度来把握，更加注重资源和力量的整合，宣传思想文化工作的驾驭能力和运行效率不断提高。

40多年来，宣传思想文化工作围绕凝聚动力、增强活力、彰显魅力的要求，着力提高吸引力、感染力和影响力，不断推进体制机制、方法手段、内容形式的创新，努力做到体现时代性、把握规律性、富于创造性，使宣传思想文化工作充满生机活力。通过创新理论教育的手段和方式，把社会主义核心价值体系的内容通俗化、大众化，中国特色社会主义的实践研究不断深化，社科讲坛、微型党课等逐步兴起，并广受欢迎。通过创新新闻宣传的形式和机制，舆论引导能力和突发事件应对能力不断提高，为改革开放和各项建设事业顺利推进营造了良好的社会舆论氛围。通过创新思想道德建设载体和方法，全面深化群众性精神文明创建活动，“搭建展示舞台，积极营造共学氛围”。[①] 着力培育文明和谐的社会主义新风尚，涌现了一大批体现民族精神、时代精神的先进典型。通过创新文艺创作生产方式，文艺精品不断涌现，硕果累累。通过创新公共文化服务的方式，积极引入竞争机制，对重要公共文化产品、重大公共文化服务项目和公益性文化活动，采取政府采购、项目补贴、定向资助等方式，积极提供多种形式的公共文化服务，进一步扩大服务范围，提高服务质量和效益，使人民群众的基本文化权益得到切实保障。[②] 通过深化文化体制改革、创新产业政策和产业发展方式，文化事业和文化产业的发展动力和后劲不断增强，扶持发展了一批出版印刷、影视制作、旅游休闲、文化用品生产销售等传统优势文化产业和特色文化产业，培育形成了文化创意、数字动漫等新兴文化产业和基地。通过创新传统文化的策划和宣传，打响历史文化品牌、文化旅游品牌、文化项目品牌，增强了中华文化影响力，提升了中华文化知名度和美誉度。通过创新人才培养方式，大力实施人才工程，培养了一批领军人才，壮大了基层人才队伍，优化了队伍结构，逐步形成了宽领域、多层次、社会化的人才格局，呈现年轻化、专业化的鲜明特征。

---

① 翁卫军，辛薇．社会主义核心价值体系引领杭州学习型城市建设［M］．北京：人民出版社，2012：136.

② 中共中央文献研究室．十七大以来重要文献选编（上）［M］．北京：中央文献出版社，2009：188.

第三章

Chapter 3

改革开放精神的内涵阐析

“敢闯敢试、敢为人先，勇于创新、大胆探索，胸怀天下、兼收并蓄，脚踏实地、埋头苦干”的改革开放精神，是马克思主义与时俱进的理论品质、中华民族开拓创新的实践品格与改革开放基本经验相结合的重要思想成果。它体现在当代中国人民的价值追求、行为准则、思维方式、道德情操之中，是内在贯通、有机结合的整体，从不同侧面共同呈现当代中国人民崭新的精神面貌。

首先，在中国这个最大的发展中国家进行社会主义改革，前进道路上不可避免会遇到难以想象的惊涛骇浪。但中华儿女有着“不怕鬼、不信邪”的雄心壮志，立志改革一切阻碍发展的体制机制障碍，涌现出一批敢闯敢试、敢为人先的先行者和排头兵。其次，推进改革开放还必须具备勇于创新、大胆探索的创新精神，要有彻底唯物主义者大无畏的气魄，让人们的思想从僵化的、陈旧的观念束缚下解放出来。再次，开放是当代中国的鲜明标识。新中国成立以来，中国从封闭半封闭走向全方位开放，从开始拥抱世界到成为经济全球化“中流砥柱”。以开放促改革促发展，是社会主义现代化建设取得历史性成就的重要法宝。要想在世界百年未有之大变局中把握机遇、赢得主动，必须以更加开放的胸襟、更加宽广的视野，自觉把我国的发展放到世界大格局中进行审视，以世界眼光谋划好自身的发展。最后，空谈只能误国，实干才能兴邦。习近平总书记特别强调实干的重要性。面向未来，坚定不移将改革开放进行到底，需要我们秉持“大道至简，实干为要”的信念，以脚踏实地、埋头苦干的精神全面深化改革开放。

第一节　敢闯敢试、敢为人先的精神

习近平总书记广东考察重要讲话强调：“广东要弘扬敢闯敢试、敢为人先的改革精神，立足自身优势，创造更多经验，把改革开放的旗帜举得更高更稳。”[①] 总书记的殷殷嘱托，是对全国人民全面深化改革开放、推进中国式现代化的殷切期望。

一、实事求是、勇闯新路

中国共产党是一个实事求是、勇闯新路的先进政党。刘少奇同志曾在七千人大会上指出：“要实事求是还要有勇气。没有勇气，就不敢实事求是。”[②] 这表明，能不能做到实事求是，前提是敢不敢坚持实事求是！正是由于以邓小平同志为主要代表的中国共产党人敢于坚持实事求是，勇于将马克思主义基本原理与中国实际相结合，才勇敢地开辟出一条中国特色社会主义道路。

实事求是、勇闯新路的精神在中共党史上有着深厚的历史渊源，可以追溯至井冈山时期的革命斗争。这一时期的斗争可谓是困难重重，以毛泽东同志为主要代表的中国共产党人当时面临着党建方面的一个重大挑战，即如何在以农民为主要成分的情况下保持党的无产阶级先锋队性质。当时，由于边界严重的地方主义、浓厚的家族观念和激烈的土客籍矛盾，毛泽东感慨道：“‘斗争的布尔什维克党’的建设，真是难得很。”[③] 为了解决这个问题，毛泽东同志利用战争空隙亲自给战士们上课，他创造的集合演讲、话剧表演、歌谣传唱、标语认字、谈心活动等众多新颖的形式，受到红军战士的普遍欢迎，使战士们的思想政治素质得到很大提升。毛泽东同志从实践创新中总结基本经验，在古田会议上对这一问题进行了创造性回答。解决的办法就是把思想建党放在第一位，通过经常性的马克思主义立场、观点、方法的教育，使农民出身的党员无产阶级化，以此来保持党的先进性。以毛泽东同志为主要代表的中国共产党人，不仅走出了一条农村包围城市、武装夺取政权的革命道路，而且在党的建设方面敢闯敢试、敢为人先，敢于将马克思主义基本原理与中国实际相结合，从而实事求是地闯出了一条以党建促革命的光明大道。

20 世纪 50 年代，中国共产党人开启了探索社会主义建设道路的伟大征程。1956 年至 1978 年，中国共产党人对这条道路的探索有过三次高潮：一是 1956 年至 1957 年反右斗争之前；二是 1958 年至 1959 年；三是从 20 世纪 60

① 人民日报评论员．弘扬敢闯敢试、敢为人先的改革精神：论学习贯彻习近平总书记广东考察重要讲话精神［N］．人民日报，2018-11-01（004）．

② 刘少奇选集（下卷）［M］．北京：人民出版社，1985：418.

③ 毛泽东选集（第 1 卷）［M］．北京：人民出版社，1991：74.

年代初到“文革”开始前。党的十一届三中全会所确定的一系列路线、方针和政策，实际上相当一部分思想在这一时期已初露端倪。例如，毛泽东在20世纪50年代所提出的“通过技术革命，赶超世界先进水平”① 的思想、“走出一条中国式工业化道路”② 的思想、“经济体制改革”的思想、建设“民主政治”的思想，以及“可以消灭了资本主义，又搞资本主义”③，即发展私营经济的思想等。1960年，毛泽东同志曾说，现在搞社会主义，还处于必然王国中。他曾提议对中国现状作系统的调查研究，把1961年作为一个实事求是年。这些都彰显中国共产党人立足中国国情，走出一条具有中国特色的社会主义建设道路的决心。

邓小平同志始终强调实事求是、勇闯新路的重要性。他在一系列讲话中反复申明实事求是是毛泽东思想的精髓，实现四个现代化要靠实事求是，制定和执行政策要靠实事求是。1981年6月，党的十一届六中全会通过了由邓小平同志主持起草的《关于建国以来党的若干历史问题的决议》，把实事求是与群众路线、独立自主并列为毛泽东思想活的灵魂。1982年9月，他在党的十二大开幕词中指出：“我们的现代化建设，必须从中国的实际出发。无论是革命还是建设，都要注意学习和借鉴外国经验。但是，照抄照搬别国经验、别国模式，从来不能得到成功。”④ 1984年，他在一次谈话中指出：“我们取得的成就，如果有一点经验的话，那就是这几年来重申了毛泽东同志提倡的实事求是的原则。中国革命的成功，是毛泽东同志把马克思列宁主义同中国的实际相结合，走自己的路。现在中国搞建设，也要把马克思列宁主义同中国的实际相结合，走自己的路。”⑤ 再一次彰显了实事求是、勇闯新路的精神。1987年7月初，他在一次与外宾的谈话中申明自己是“实事求是派”。1992年初，他在南方谈话中强调说：“学马列要精，要管用的。……实事求是是马克思主义的精髓。”⑥ 他自始至终都强调实事求是、勇闯新路的精神。

以邓小平同志为主要代表的中国共产党人，坚持实事求是、勇闯新路的精神，对我国国情进行了实事求是的估量，作出了我国还处在社会主义初级阶段的论断。邓小平指出，中国社会有两个重要的特点是必须看到的，一是

---

① 刘海藩，万福义．毛泽东思想综论［M］．北京：中央文献出版社，2006：188.
② 刘建武．中国特色与中国模式：邓小平社会主义特色观研究［M］．北京：人民出版社，2006：55.
③ 中共中央文献研究室．毛泽东文集（第7卷）［M］．北京：人民出版社，1999：170.
④ 邓小平文选（第3卷）［M］．北京：人民出版社，1993：2.
⑤ 邓小平文选（第3卷）［M］．北京：人民出版社，1993：95.
⑥ 邓小平文选（第3卷）［M］．北京：人民出版社，1993：382.

底子薄，二是人口多、耕地少。科学技术水平从总体上看比世界落后二三十年。中国仍然是一个贫穷落后的国家。因此，“我们党的十三大要阐述中国社会主义是处在一个什么阶段，就是处在初级阶段，是初级阶段的社会主义。社会主义本身是共产主义的初级阶段，而我们中国又处在社会主义的初级阶段，就是不发达的阶段。一切都要从这个实际出发，根据这个实际来制定规划”。[①] 这是实事求是的结论。

以邓小平同志为主要代表的中国共产党人，坚持实事求是、勇闯新路的精神，制定了一系列符合实际、符合人民利益的方针、政策，使生产力得到发展、综合国力不断增强、人民生活水平不断提高，从而开辟了一条中国特色的社会主义道路。从党的十一届三中全会到党的十八届三中全会，处处铭刻着中国共产党人实事求是、勇闯新路的光辉历程；从经济体制改革到全面深化改革，从走出国门、学习先进到人类命运共同体的伟大实践，凝聚起中国人民实事求是、勇闯新路的精神品格。

二、先行先试、走在前列

经济特区是中国共产党人的创新胆略和政治智慧的实践产物，是培育改革开放精神的重要基地。特区精神代表了改革开放精神中“敢闯敢试、敢为人先、埋头苦干”的特质。研究中国的改革开放，必然要研究经济特区；研究伟大改革开放精神，必然要研究特区精神。

1980 年 3 月，中共中央在广州召开广东、福建两省会议。会议同意将“出口特区”定名为内涵更为丰富的“经济特区”。同年 5 月，中共中央和国务院批转《关于广东、福建两省会议纪要》，决定在广东的深圳、珠海、汕头和福建的厦门，各划出一定范围的区域，试办经济特区。[②] 邓小平同志指出：“还是办特区好，过去陕甘宁就是特区。中央没有钱，你们自己去搞，杀出一条‘血路’来。”[③] 中央最初确定的经济特区的任务是：更多地引进外资、技术，扩大出口、增加外汇收入，以加速特区和全国建设的进程；通过举办经济特区显示中国改革开放的决心，增强港澳同胞和海外侨胞建设祖国的信心，促进港澳台地区的繁荣与稳定，推动祖国的统一大业；特别是通过试办经济特区，探索在社会主义制度下建立国家计划和市场调节相结合的积极模式，

① 邓小平文选（第 3 卷）［M］. 北京：人民出版社，1993：252.

② 郑杰川，张帅 . 我国改革开放以来发生的重大事件和决策［J］. 祖国，2018（6）：23.

③ 中共中央文献研究室 . 邓小平年谱（1975—1997）（上）［M］. 北京：中央文献出版社，2004：510.

探索建设有中国特色社会主义的道路。1994 年 6 月 19 日，江泽民同志在深圳视察时强调："兴办经济特区，是推进改革开放和现代化建设的重大举措，充分体现了邓小平同志和我们党勇于创新、高瞻远瞩的革命胆略和政治智慧。要把发展经济特区贯穿于社会主义现代化建设的整个过程，基本实现国家的现代化要搞多久，经济特区就要搞多久。"① 2018 年，习近平总书记强调指出："创办经济特区是我国改革开放的重要方法论，是经过实践检验推进改革开放行之有效的办法。先行先试是经济特区的一项重要职责，目的是探索改革开放的实现路径和实现形式，为全国改革开放探路开路。只有敢于走别人没有走过的路，才能收获别样的风景。经济特区要勇于扛起历史责任，适应国内外形势新变化，按照国家发展新要求，顺应人民新期待，发扬敢闯敢试、敢为人先、埋头苦干的特区精神，始终站在改革开放最前沿，在各方面体制机制改革方面先行先试、大胆探索，为全国提供更多可复制可推广的经验。"② 时任文化部（2018 年 3 月，批准设立中华人民共和国文化和旅游部）部长的孙家正同志认为，广东对全国贡献的核心是文化。"广东人所创造的文化对全国有巨大的贡献，形成了一些适应时代所需、符合我们国情的新的文化理念。是一种紧跟时代的发展、适应社会主义市场经济需要的改革开放和创新精神，这是最鲜明的时代精神。广东创造了经济的奇迹，同时也把经济活动当中所体现出来的一种我们国家发展所需要的、推动国家进步的思想文化理念呈现给了全国。"③ 勇于拥抱"巨人精神"④ 的几任广东省委领导在当好改革开放排头兵方面表现出走在前列的高度自觉。

深圳经济特区是以邓小平同志"杀出一条血路"的思想为指导，开辟出来的中国第一个社会主义经济特区。深圳市委和人民始终牢记党中央的指示和邓小平同志的期望，在改革开放和现代化建设事业中，敢闯敢试、敢为人先，大胆探索、勇于实践，率先冲破高度集中的计划经济体制的束缚，率先建立起充满活力的经济体制，把昔日贫穷落后的海边小镇建设成规模巨大的现代化城市，为我国的改革开放事业提供了若干可复制的经验。1995 年，江

---

① 江泽民文选（第 1 卷）[M]. 北京：人民出版社，2006：374.

② 习近平 . 论坚持全面深化改革 [M]. 北京：中央文献出版社，2018：469.

③ 孙家正 . 广东对全国贡献的核心是文化 [N]. 南方日报，2005-04-13.

④ "巨人精神" 是刘斯奋在《朝阳文化、巨人精神与盛世传统：关于社会主义新文化建设的几点思考》一文中提出的概念。"巨人精神" 是以改革开放为时代背景，包含巨人式地对祖国和民族坚定信念，以及自信、自主、自强的精神；巨人式的压倒一切的勇气和信心，百折不挠的毅力；巨人式的顶天立地的耿耿正气，疾恶如仇的铮铮铁骨；立足于改革开放的现实和中国国情的高度自觉，弃旧图新的非凡勇气。

泽民同志代表党中央明确深圳经济特区的任务是发挥好“四个作用”：经济体制改革的“试验场”作用，对外开放的“窗口”作用，对内地的示范、辐射和带动作用，对保持香港繁荣稳定的促进作用。[①] 2000 年 2 月，江泽民同志在深圳视察时指出：“深圳和其他经济特区、浦东新区的发展，是改革开放以来我国实现历史性变革和取得伟大成就的一个精彩缩影和生动反映，也是对党的正确领导和社会主义制度优越性的一个有力印证。”[②] 作为对外开放的窗口、基地和经济体制改革的试验场，深圳经历了几十年的风雨，今天已成为建设社会主义市场经济的排头兵。深圳以伟大的开拓精神和实干精神，以举世罕见的速度，把一个小小的渔村建成了一个拥有 1700 多万人口的现代化城市，被誉为中国巨龙的“龙眼”。深圳的实践证明，党中央关于改革开放和创办经济特区的政策是完全正确的。作为高速发展的现代化城市，深圳不仅建构了具有现代特色的经济模式，更铸就了具有自身独特魅力的精神品格，形成了具有鲜明改革开放精神的现代化都市。

深圳市的干部和职工大都是从外地迁移而来的，一些人或多或少地受着旧观念的束缚。来到处于对外开放第一线的深圳兴办特区，使他们精神为之一振。特区是改革的试验场。市委和广大干部群众在改革方面做了十分有益和可贵的探索，不仅对特区建设发挥了巨大的作用，甚至在全国产生重要影响。只有具有敢闯敢试、先行先试的精神，才能勇于改革；而在改革的实践中，又培养、锻炼和增强了敢闯敢试、先行先试的精神。值得注意的是，他们始终坚持正确评价和对待改革过程中所取得的成就、进展以及不完善之处。改革既然是一种探索，那么探索所取得的结果无论是可行还是不可行，都是有意义的。改革既然是一种探索，在这个过程中，难免会出现失误，这就需要比较、鉴别、试验。深圳市委对此采取爱护和帮助的态度，保护和支持同志们的改革精神和积极性，帮助其总结经验，克服缺点和不足，继续搞好改革。深圳市委努力在特区营造上述观念和气氛，是有利于推进改革的。

深圳的对外开放有利于改变过去那种安于现状、不求进取、不求有功但求无过的消极精神状态。对外开放促使人产生改变落后面貌的紧迫感；开放将人们置于一个互相竞争、互相促进的社会环境中，大大激发了人们的进取心。人们不再是伸手要“保证”，而是宁愿去找“机会”争取成功；不再甘

---

① 江潭瑜．深圳改革开放史［M］．北京：人民出版社，2010：183.

② 中共中央文献研究室．十五大以来重要文献选编（中）［M］．北京：中央文献出版社，2011：549-550.

于平庸，而是愿意冒尖。深圳有许多经理、厂长，他们有中国新一代企业家的气魄和胆量，敢于担风险，敢于竞争，敢于攻关，敢于同资本家打交道，敢于同国外企业较量，敢于胜过强手，敢于打入国际市场。正如原深圳市委书记、市长李灏同志所说的，敢于按国际规则打篮球！深圳赛格集团公司借鉴国外的经验，在筹建电子工业系统横向联合的行业性集团公司过程中，做了许多开拓性工作。① 这家集团公司，把分散的一百几十家小企业联合起来，共同开发新产品，打开了电子工业发展的门路，立志在深圳建成我国南方的电子基地。深圳特区发展公司的领导人，在主持深圳这家最大公司的工作中，敢于探索新路子，抓住有利时机到境外兴办企业，使公司在原有的基础上有了新的发展。他们先后在香港经营房地产，在美国洛杉矶兴建中国商场和展销厅，敢于并善于运用境外银行的资金，学会与当地合作伙伴同谋共事，就地取钱、就地投资，并取得重要成果。南山开发公司在领导我国第一家中外合资的赤湾港建设中，勇于探索建港的新路。他们大胆实行政企分开、股东所有权与经营管理权分开，在企业管理系统中确立总经理的中心位置，形成基建和经营交叉同步的开发方式，边建设、边使用、边收回、边扩大，且注意人的教育和管理，在企业内部形成一个有凝聚力、有创业精神、敢想会干的群体，取得了显著效益。在短短的 5 年里，建成了拥有 13 个泊位的港口和一个石油基地，泊位级数仅次于黄埔港和湛江港，居第三位。他们的经营管理和服务质量在国内外深受好评，被称为第一流的。赤湾港的建设成就，是改革开放的成果，是敢闯敢试、大胆探索精神的实践成果。

先行先试的精神与风险意识是紧密相连的，敢于担风险才可能先行先试。深圳人既有较强的风险意识，也不怕担风险，这是开放后深圳人精神状态的一个突出变化。深圳市全国首创公开拍卖营运小汽车执照，有 29 家企业参加竞投，其中两家是个体户。经过 30 多轮的竞投，每个牌照由底价 3 万元上升到 19. 4 万元，5 家企业竞投中标，超过了预定 12 万元的最高限价。5 家竞投中标者如果没有敢担风险的精神，就不可能竞投到底。小生产者固守田园，不必担多大风险，而发展商品经济搞大生产，参与国际交换和竞争，则必须敢于担风险。深圳不甘平庸，决心干一番事业，有所创新，有所贡献，有所建树。张海迪来深圳作报告，有人问她深圳青年有什么特点，她说："深圳青

① 魏达志，等．制度变迁中的解构与创新：深圳电子信息产业崛起路径的当代考察［M］．北京：人民出版社，2010：357.

年思想比较活跃，对生活、对工作、对创造比较有自信心，具有开拓精神。"[①] 这个评价是公允的。

深圳的伟大实践得到许多国际友人的高度评价。苏联杜马主席布雷津参观深圳后评价说："香港是一只资本主义的好猫，深圳是一只社会主义的好猫。深圳是邓小平亲手塑造的挂在共和国胸前的一枚大勋章，深圳的建设成果使我们看到了社会主义事业的前途。"古巴领导人卡斯特罗访问深圳后称赞说："看了深圳的奇迹，增强了实现共产主义的决心和走社会主义道路的信心。"[②]

深圳市委根据特区的发展变化明确提出要培养、发扬特区精神。1987 年 6 月，深圳市委召开的全市思想政治工作会议提出了要培养和发扬"开拓、创新、献身"的特区精神，1990 年，进一步总结和完善为"开拓、创新、团结、奉献"[③] 的深圳精神。深圳市委在提倡、发扬特区精神的同时，注意克服和纠正一些错误的思想倾向。比如，提倡开拓精神，就要反对胸无大志、无所作为、逃避困难、干劲不足、斗志不旺、缺乏竞争和进取精神的懦夫懒汉思想；提倡创新精神，就要反对因循守旧、墨守成规、畏首畏尾、裹足不前的保守思想；提倡献身精神，就要反对图安逸、讲享受、争名利、以权谋私、讲排场、摆阔气、铺张浪费等不良风气。培养和发扬特区精神，需要全社会、全体人民共同关心、共同努力，而关键又在于各级领导。领导干部和党员要身体力行，以自身的模范行动来带动和影响群众，成为发扬特区精神的表率。在实际工作中，要突出重点，抓好薄弱环节；要加强对青少年的教育，加强对"三资"企业职工的教育；要以党风的根本好转，带动搞好民风和社会风气，促进培养和发扬特区精神。培育和发扬特区精神在广大干部和群众中引起强烈反响，受到热烈拥护，产生了巨大的号召力和影响力。

各经济特区都非常重视特区精神的培育和提炼，提出了各自的特区精神。珠海提出了"爱特区、思改革、勇创新、比奉献"[④] 的精神；汕头提出了"开拓、创新、求实、奋进"的精神；厦门提出了"开明、守信、竞争、开

---

① 张海迪应邀到深圳作报告寄语深圳青年：不懈追求，努力奋进［N］. 光明日报，1985-07-27（001）.

② 卡斯特罗 1995 年 12 月访问深圳时表示深圳的经验对古巴非常有用［N］. 深圳特区报，2016-11-27（003）.

③ 《拓荒牛的记忆》编委会．拓荒牛的记忆［M］. 北京：人民出版社，2021：227.

④ 宋国有．珠海发展道路探索［M］. 北京：人民出版社，1995：12.

拓、奉献”[①] 的精神。正是在这些特区精神的激励下，特区的面貌发生了日新月异的变化。以厦门为例，早在 1987 年厦门市委就提出，要鼓励特区人树立“开明、守信、开拓、高效”和发展外向型经济、勇于参与国际竞争的思想意识。1990 年 6 月，中共厦门市委第七次代表大会明确提出，要引导广大群众“逐步树立起‘开明、守信、竞争、开拓、奉献’的特区意识”。1991 年，在市委制定的《厦门市“八五”期间社会主义精神文明建设规划要点》中，明确提出了“进一步树立和发扬‘开明、竞争、开拓、奉献’的特区精神”要求。与此相适应，厦门特区各行业、各单位根据自身的特点，积极倡导和培育了各具特色的企业精神、行业精神、机关精神等。如共青团厦门市委提出“团结、务实、开拓、高效、严谨”的机关精神，厦门工程机械厂提出了“爱厦门、爱岗位、爱装载机，创文明、创高效、创名牌”的“厦工精神”。一些外资企业也提出了自己的企业精神，如新加坡外商独资企业——振源（厦门）工业有限公司提出“友爱、协作、奋进”的“振源精神”。这些企业精神、行业精神、机关精神是厦门特区精神的具体化，它们使特区精神能更好地为特区的经济建设和社会发展服务，也只有这样，特区精神才能更具生命力和广泛的社会基础。

经济特区在培育特区精神的同时，特别注重大力弘扬和培育新时期艰苦创业精神。深圳、厦门等经济特区在初创时期，都依靠这种艰苦创业的“拓荒牛”精神崛起，都有一部艰苦创业的发展史。现在有人以为发展市场经济主要靠引进，艰苦创业已经过时了，这是不对的。发展市场经济离不开艰苦创业的精神。西方发达国家经历几十年、上百年的创业发展期，才达到现代市场经济的发展水平。我国人口多、底子薄，更需要经历长期的艰苦创业历程。创业，意味着开拓、意味着创造，更意味着艰苦奋斗。创业维艰，但唯其艰苦，才能孕育出新的、更大的成功希望和光明前景，才能显示出人们的创业智慧和创业精神。[②] 邓小平同志把“要有一股艰苦奋斗的创业精神”[③] 作为实现现代化所必须具备的前提条件加以强调，江泽民同志进一步把这种伟大的艰苦创业精神概括为“解放思想、实事求是；积极探索、勇于创新；艰苦奋斗、知难而进；学习外国、自强不息；谦虚谨慎、不骄不躁；同心同德、

---

① 张勤德，陈家传．社会全面进步之路：厦门市社会全面进步的探索与实践［M］．北京：人民出版社，1999：309.

② 阎树群．弘扬延安精神的时代意义［J］．陕西师范大学学报（哲学社会科学版），1997（4）：17-23.

③ 中共中央文献研究室．邓小平年谱（1975—1997）（上）［M］．北京：中央文献出版社，2004：593.

顾全大局；勤俭节约、清正廉洁；励精图治、无私奉献”。[①] 这64个字充分反映了社会精神生活各个领域的客观本质及其发展趋势，是社会的意识形态、人们的精神面貌、时代精神的集中体现。[②] 面对特区增创新优势、更上一层楼的新形势，我们更要把这种伟大的艰苦创业精神，作为支撑特区再创新业绩与开创新辉煌的强大动力，把它融于特区建设与发展的伟大实践中，让其永远绽放光芒。

40多年的改革开放只是历史的一瞬间，但改革开放精神是永恒的。我们应该珍惜、宣传、弘扬，要永远激励自己为实现中国梦而奋斗。创业艰难，奋斗以成。改革开放，需要有担当精神的创业者，呼唤有担当精神的引航人，期待有担当精神的施政者。中华民族之所以能在五千年的历史长河中历经挫折而不屈、屡遭坎坷而不馁，靠的是夸父追日、精卫填海、大禹治水等自强不息、不屈不挠的精神。今天，面临百年未有之大变局，在实现中华民族伟大复兴中国梦的重要时刻，尤其需要解放思想、敢闯敢试、敢为人先的精神。习近平总书记指出：“越是发展中面临的矛盾比较突出，越是要时刻牢记目标，踏石留印、抓铁有痕，过了一山再登一峰，跨过一沟再越一壑，决战决胜打好调整经济结构、化解产能过剩这场攻坚战。”[③] 弘扬先行先试、走在前列的历史担当是落实习近平总书记指示精神的实际举措和生动实践。作为新时代社会主义建设者，既要有“为官避事平生耻”“大事难事要担当、逆境顺境要释怀”的胸襟，也要有敢为人先、敢于担当、敢冒敢闯、先行先试的气魄。要勇于迎接挑战，迎难而上，开拓创新，奋发有为，务实进取。以强烈的革命事业心和责任感，拿出不惧风险、敢闯敢试的干劲和闯劲，作出无愧于历史和无愧于人民的业绩，把改革开放和现代化建设事业继续向前推进，实现中华民族伟大复兴的中国梦。

三、不辱使命、改革到底

新中国成立前夕，基于党即将面对的长期执政考验，毛泽东郑重告诫全党，夺取全国胜利，这只是万里长征走完了第一步……中国革命是伟大的，但革命以后的路程更长，工作更伟大、更艰苦。毛泽东向全党提出：“务必使

① 中共中央文献研究室．十四大以来重要文献选编（上）［M］．北京：中央文献出版社，2011：216.

② 谷玉梅．市场经济与社会主义道德建设［J］．西安联合大学学报，2000（3）：20-23.

③ 习近平在指导河北省委常委班子专题民主生活会时强调坚持用好批评和自我批评的武器　提高领导班子解决自身问题能力［N］．人民日报，2013-09-26（001）.

同志们继续地保持谦虚、谨慎、不骄、不躁的作风，务必使同志们继续地保持艰苦奋斗的作风。”① 从“万里长征”到“两个务必”，中国共产党人凝练出“将革命进行到底”② 的精神；而“改革是中国的第二次革命”。③ 因此“将改革进行到底的决心”成为改革开放精神的题中之义。

改革是中国的第二次革命，具有长期性、艰巨性、复杂性。我们所进行的是一项前无古人的事业，是一场触及利益、触动灵魂的深刻革命，必然会遭遇来自方方面面的阻力。邓小平同志指出：“为什么我们过去能在非常困难的情况下奋斗出来，战胜千难万险使革命胜利呢？就是因为我们有理想，有马克思主义信念，有共产主义信念。”④ 改革开放40多年来，从开启新时期到跨入新世纪，从站上新起点到进入新时代，40多年风雨同舟，40多年披荆斩棘，40多年砥砺奋进。从方兴未艾的包产到户到全面深化改革的风生水起，从兴办经济特区“杀出一条血路来”到建立和完善社会主义市场经济体制、闯出一条充满活力的新路……实践的每一次突破，事业的每一次跃进，背后都有坚定的理想信念和强大的精神力量在引领和支撑着我们。正是凭借坚强有力的信仰、信念、信心，我们党才能带领人民冲破层层阻碍，攻克重重难关，谱写了一曲感天动地、气壮山河的奋斗赞歌。⑤

将改革进行到底的决心，表现为坚不可摧的社会主义信念。从国际共产主义运动的情况来看，社会主义阵营当中曾涌现过改革的浪潮，但凡是不坚持社会主义改革方向的最后都以失败告终。

老一辈革命家通过总结国际、国内社会主义建设的经验教训，在提出要改革苏联社会主义模式弊端的同时，反复强调坚持改革的社会主义方向。陈云明确指出：“现在进行的社会主义经济体制改革，是社会主义制度的自我完善和发展。”⑥ 改革只能改不适应社会主义现代化建设的东西，而不能把体现社会主义根本原则的东西丢掉。陈云要求在全党加强社会主义和共产主义理想信念教育，他指出：“在党中央领导下，我们国家现在进行的经济建设，是社会主义的经济建设，经济体制改革也是社会主义的经济体制改革。任何一个共产党员，每时每刻都必须牢记，我们是搞社会主义的四个现代化，不是

① 毛泽东选集（第4卷）［M］. 北京：人民出版社，1991：1438-1439.
② 建党以来重要文献选编（1921-1949）（第二十五册）［M］. 北京：中央文献出版社，2011：773.
③ 邓小平文选（第3卷）［M］. 北京：人民出版社，1993：113.
④ 邓小平文选（第3卷）［M］. 北京：人民出版社，1993：110.
⑤ 范伟. 信仰信念信心至关重要［N］. 学习时报，2018-12-28（001）.
⑥ 陈云文选（第3卷）［M］. 北京：人民出版社，1995：350.

搞别的现代化。”① 老一辈革命家在重大历史关头的战略决断，给处于改革攻坚关键岗位上的同志们以极大的鼓舞和信心。田纪云同志在全国城市经济体制改革工作会议上的讲话中明确强调：“我们的改革是社会主义经济体制改革，是社会主义制度的自我完善和发展，是实现社会主义现代化的重要保证。从改革一开始，我们就是这样说的，在实践中也是这样做的，从而保证了改革沿着正确方向健康发展。”② 正是由于始终保持改革的社会主义方向，我国才能形成一套比较成熟的中国特色社会主义制度，这是中国人民沿着社会主义大道敢闯敢试的智慧结晶，是需要中国人民倍加珍惜并不断发展的宝贵财富。

将改革进行到底的决心，表现为中国共产党人对人民的庄严承诺。江泽民同志指出：“十年浩劫使国民经济到了崩溃的边缘，农村的问题尤为突出，当时有二亿五千万人吃不饱肚子，吃饭问题成为最紧迫的大事，不改革已经没有出路了。”③ 正是对人民高度的责任感和紧迫感，激起了改革者最坚定的决心。邓小平同志指出：“我相信，凡是符合最大多数人的根本利益，受到广大人民拥护的事情，不论前进的道路上还有多少困难，一定会得到成功。”④ 除了提高人民生活水平的责任感，人民群众的首创精神也极大坚定了改革者的决心和意志。人民群众中蕴含无穷的创造力，他们在想方设法地改善不适应生产力发展的体制机制。他们的首创精神有着震撼人心的力量，是推动改革开放前进的重要动力。中国共产党人要践行全心全意为人民服务的宗旨，从推动改革开放的角度来说，就是要尊重人民群众的首创精神，要把这种精神转化为将改革进行到底的决心和意志。

将改革进行到底的决心，表现为以实践创新不断丰富科学社会主义理论的高度自觉。邓小平、任仲夷等改革先驱都认为，推进中国的改革开放，摸索出一条当代中国特色社会主义建设的成功道路，其意义将超越广东，甚至中国的范围。任仲夷说：“一个国家，若能为世界创造一种好的经验模式，提供一种优越的制度，那就是莫大的贡献。如果我们中国这样一个伟大的、完全独立自主的社会主义国家，能够创造出一种新的社会主义经济模式，使社会主义制度的优越性能够充分发挥，那个影响就大了。社会主义在世界上的

① 陈云文选（第3卷）[M]. 北京：人民出版社，1995：347.

② 田纪云. 改革开放的伟大实践：纪念改革开放三十周年 [M]. 北京：新华出版社，2009：291.

③ 江泽民文选（第2卷）[M]. 北京：人民出版社，2006：208.

④ 邓小平文选（第3卷）[M]. 北京：人民出版社，1993：142.

形象就会更加光辉。那将是我们中国对共产主义运动和对人类历史的重大贡献。”①

社会主义改革开放事业是极其复杂、艰巨的事业。社会主义国家改革的历史实践表明，改革要达到的是马克思主义经典作家曾设想过但没有实现过的目标，因此它比革命更复杂、更艰巨、更有挑战性。在中国这个最大的发展中国家进行社会主义改革，前进道路上不可避免会面临种种难以预料的风险挑战，甚至会遇到难以想象的惊涛骇浪。习近平总书记指出：“当前，在改革开放问题上，党内外、国内外都很关注，全党上下和社会各方面期待很高。改革开放到了一个新的重要关头。我们在改革开放上决不能有丝毫动摇，改革开放的旗帜必须高高举起，中国特色社会主义道路的正确方向必须牢牢坚持。全党要坚定改革信心，以更大的政治勇气和智慧、更有力的措施和办法推进改革。”② 生于忧患，死于安乐，我们必须增强忧患意识，坚定将改革进行到底的决心！虽然我们比历史上任何时期都更接近、更有信心和能力实现中华民族伟大复兴的目标，但旧的问题解决了，新的问题又会产生。充满活力的中国特色社会主义制度，总是需要不断完善，因而改革不可能一蹴而就，更不可能一劳永逸。③ 但我们不能因此退缩，不能因为改革的难度越来越大就不敢改、不想改。我们要发扬不辱使命、改革到底的精神，坚定“将改革进行到底”的决心，以大无畏的勇气和毅力持续深化改革。

第二节　勇于创新、大胆探索的精神

改革开放首先是一种思想革命，是思想理念和行为方式的脱胎换骨。因此，必须具备一种勇于创新、大胆探索的精神，要有一种唯物主义者的大无畏的气魄，让人们的思想从僵化的观念束缚下解放出来。中国共产党内从来不缺开拓创新、大胆探索的勇士，他们既有高度的政治责任感，又有敢为天下先的创新魄力。在这种精神的激荡下，中华民族终于迈开时代的步伐，开启了以解放思想、锐意进取为特色的崭新时期。当前，我国正处于全面深化改革开放的关键时期，更需要发扬勇于创新、大胆探索的精神。

① 向明．改革开放中的任仲夷［M］．广州：广东教育出版社，2000：317.

② 中共中央文献研究室．十八大以来重要文献选编（上）［M］．北京：中央文献出版社，2014：508-509.

③ 习近平．关于《中共中央关于全面深化改革若干重大问题的决定》的说明［J］．先锋队，2013（34）：20-26.

一、解放思想、大胆探索

倡导和推进改革开放，必然要求全党全国人民解放思想。所谓解放思想，就是勇于冲破落后的传统观念的束缚，善于从实际出发，使思想和实际相符合，使主观与客观相符合，努力开拓进取。人的思想观念变革虽受到经济和政治的制约，但思想意识具有巨大的能动性。人的行为总是受一定的思想观念所支配，思想观念的状况直接影响人们对改革开放的态度。因此，没有思想解放，没有树立改革意识与现代人的思维方式，党的改革开放方针政策就不可能得到积极的贯彻执行。党的十一届三中全会公报明确指出："会议高度评价了关于实践是检验真理的唯一标准问题的讨论，认为这对于促进全党同志和全国人民解放思想，端正思想路线，具有深远的历史意义。一个党，一个国家，一个民族，如果一切从本本出发，思想僵化，那它就不能前进，它的生机就停止了，就要亡党亡国。"①

社会主义改革开放是以解放思想为前提的。我国40多年的改革开放就是一部不断解放思想、大胆探索的历史。回顾改革开放以来的历史进程，我们实践中的每一个重大发展、工作上的每一个重大进步都是与解放思想分不开的。不解放思想，一切从本本出发，改革就无从谈起。② 正是以解放思想、实事求是的思想路线为指导，全国上下才打破了思想上的僵化状态，深刻地总结了历史经验，全面地分析了基本国情，科学地制定了改革开放和社会主义现代化建设的一系列方针政策。

真理标准问题大讨论拉开了解放思想的帷幕，具有深远的历史意义。首先，它使广大干部群众认识到只有实践才是检验真理的唯一标准，澄清了一些错误认识，提高了辨别真假马克思主义的能力，从思想路线上根本地拨乱反正、正本清源。其次，它使人民群众认识到自身就是推动历史前进的动力，厘清了领袖与群众的关系，破除了对领袖人物的个人崇拜，党的群众路线得以恢复和发扬。广大党员干部永远和群众站在一起，时刻倾听群众的心声，真正做到全心全意为人民服务。最后，它使广大干部群众开始解放思想，党和人民在实事求是的基础上，勇敢破除阻碍生产力发展的旧体制、旧观念，善于根据新的时代要求，研究新情况、解决新问题，开辟出一条中国特色社

① 中共中央文献研究室. 三中全会以来重要文献选编（上）[M]. 北京：中央文献出版社，2011：10.

② 王寿林. 论我国改革开放的基本经验 [J]. 新视野，2008（6）：17-19.

会主义道路。

中国共产党内从来不缺解放思想、大胆探索的勇士，他们既有高度的政治责任感，又有敢为天下先的创新魄力。他们在人民群众的支持下，勇于解放思想，把目光投向世界，认真观察和把握世界潮流，深入思考如何加速我国现代化建设的问题。① 在他们创新胆略的激荡下，中华民族终于迈开时代的步伐，开启了以解放思想、锐意进取为特色的崭新时期。

第一，邓小平同志以巨大的政治勇气批准创办特区。1979 年 4 月下旬，在中央召开的专门讨论经济建设工作会议上，习仲勋等广东省委主要领导同志向邓小平同志汇报时提出：希望中央下放若干权力，让广东在对外经济活动中有较多的自主权和机动余地；允许在毗邻港澳的深圳和珠海以及属于重要侨乡的汕头举办出口加工区。② 邓小平同志十分赞同这一设想，并在同广东省委负责人的谈话中说："还是叫特区好，陕甘宁开始就叫特区嘛！中央没有钱，可以给些政策，你们自己去搞，杀出一条血路来。"③ 杀出一条血路，实际上就是要解放思想、大胆探索，就是要敢为天下先。深圳等经济特区的开拓者们在特区建设过程中创造出多个国内第一，闯出了属于自己的新路。

第二，江泽民同志访问六国广求经验。为了借鉴国外经济特区的做法，应联合国工业发展组织邀请，1980 年 9 月底至 11 月初，时任国家进出口管理委员会副主任的江泽民同志，率领国务院有关部门和广东、福建两省以及深圳、厦门两特区负责人等九人组成的代表团，前往斯里兰卡、马来西亚、新加坡、菲律宾、墨西哥、爱尔兰等六国的九个出口加工区、自由贸易区进行考察，并在途经日内瓦时同联合国有关专家进行座谈。通过考察，代表团对国外经济特区的基本经验归纳为：一是立法比较健全，可操作性强；二是有一个开发的总规划，然后一片一片由小及大地干；三是管理体制比较灵活，办事效率高；四是注重人才培训；五是有优惠政策。江泽民同志归国后，向中央作了汇报，为中央提供了宝贵的决策支持。

第三，任仲夷强调特区有为全国探路、积累经验的特殊使命。任仲夷曾说过："创办经济特区的一个特别重要的目的，是要通过实践，探索和创造出更多的具有普遍意义的建设有中国特色的社会主义的经验，以便在全国推

① 李洪峰．从战略上解读邓小平［J］．邓小平研究，2019（1）：1-10.

② 谷牧．小平领导我们抓开放［J］．百年潮，1998（1）：4-11.

③ 中共中央文献研究室．邓小平年谱（1975—1997）（上）［M］．北京：中央文献出版社，2004：510.

广。”[①]“我们建设特区，不单单是为国家挣几个外汇，更重要的是取得建设特区的经验，取得改革体制、搞好经济工作，实行计划调节与市场调节相结合，以及党应当如何领导经济工作等一系列的经验。”[②] 他敏锐地认识到，特区作为改革开放的“试验基地”，为全国的改革开放摸索可行的经验，最根本的是要在体制改革方面摸索创造出一些可供全国参考、推广的经验。因此，他非常重视经济体制的改革。他到广东的第二个月（1980 年 12 月）就倡议并成立了广东省体制改革办公室。体改办的任务是就体制改革进行研究，提出方案，进行试验，或者是对下面单位在实践中创造的经验进行总结推广。

第四，深圳特区当仁不让先行先试，做改革开放排头兵。中国沿海大陆首先创办的特区就是深圳特区。深圳优势是毗邻香港这个国际经济和海运中心，地理位置优越；为我国重要的对外经济活动口岸，素有“祖国南大门”之称；土地广阔，全市总面积为两千多平方千米，可用面积占 70%，相当于香港、九龙、新界总面积的一倍；背山面海，海岸线长，风景优美，适于兴建海滨游泳场、别墅和度假旅游场所；经济作物和水产品资源丰富；当地居民与华侨和港澳同胞有密切的血缘和经济方面的联系。劣势是工业基础差、工业资源缺乏。为扬长避短，不宜建成单项性的出口加工区，而应建成集工、商、农、牧、渔、旅游、住宅、度假等于一体的综合性特区，故命名为经济特区。随后，珠海特区、汕头特区、厦门特区都建成综合性经济特区。

改革每前进一步，就必须消除一个思想障碍；每消除一个思想障碍，改革就能前进一步。比如，农村改革之初，有人把家庭联产承包责任制说成资本主义复辟；特区刚建立时，也有人说特区除五星红旗是社会主义外，其余全是资本主义的。长期以来，市场经济被视为洪水猛兽，被斥为社会主义的异端；还有些人认为，非公有制经济是资本主义土壤，搞股份制和股份合作制就是搞资本主义，就是所谓的私有化。由此可见，不解放思想，不冲破传统观念，不打破思想枷锁，不抛弃“左”的教条，改革就无从谈起。[③] 习近平总书记指出：“解放思想是前提，是解放和发展社会生产力、解放和增强社会活力的总开关。没有解放思想，我们党就不可能在十年动乱结束不久作出把党和国家工作重心转移到经济建设上来、实行改革开放的历史性决策，开启我国发展的历史新时期；没有解放思想，我们党就不可能在实践中不断推进

---

① 向明．改革开放中的任仲夷［M］．广州：广东教育出版社，2000：423.

② 王炳林，等．抉择：共和国重大思想决策论争纪实［M］．北京：人民出版社，2010：252.

③ 于坤，李蕊．试析改革开放三十年的基本经验［J］．天津市社会主义学院学报，2008（4）：11-13.

理论创新和实践创新，有效化解前进道路上的各种风险挑战，把改革开放不断推向前进，始终走在时代前列。”① 解放思想、大胆探索，是发展中国特色社会主义的重要法宝，也是改革开放40多年发展实践得来的宝贵经验。

解放思想、大胆探索的创新胆略，是在改革开放创造性实践中激发出来的。它是一种敢为人先、勇于创造的思想观念，是一种不甘落后、奋勇争先、追求进步的责任感和使命感，是一种坚韧不拔、自强不息、锐意进取的精神状态。这种精神和胆略，是源自中华民族革新精神，在开创中国特色社会主义道路过程中培育而形成的时代精神。如今这种精神不再局限于个别领域，已在全方位开放的中华大地上激荡飞扬、光彩四射。解放思想、大胆探索的创新胆略，创造了辉煌成就，是党和人民的宝贵精神财富。

解放思想、大胆探索的创新胆略，是正确行动的先导，是增强行动自觉、引领改革发展的法宝，是推动改革开放的强大动力。回顾改革开放40多年的历程，每一项重大举措的出台和实施，都是以解放思想和更新观念来开辟道路；实践中的每一次伟大跨越，无一不是解放思想、大胆探索的结果。从邓小平同志积极支持真理标准问题大讨论，为先行一步的经济特区“杀出一条血路”，到引导广大干部群众增强创新发展观念，积极推进市场化取向的改革；从大力推进国有企业改革，大力发展开放型经济，到放手发展民营经济，实现所有制结构由单一到多样的历史性转变；从率先学习实践科学发展观，自觉更新发展观念，突破传统发展模式，到发出“继续解放思想，坚持改革开放”② 的号召，提出以新一轮思想大解放推动新一轮大发展；从认真贯彻落实习近平总书记提出的“进一步解放思想、解放和发展社会生产力、解放和增强社会活力”③ 要求，到坚定不移地深化改革开放、推动高质量发展、提高发展平衡性和协调性、加强党的领导和党的建设，解放思想每前进一步，改革开放和社会主义现代化建设就迎来一个新的高潮。无论在改革开放中遇到什么困难和问题，党中央都始终坚持实践标准，鼓励解放思想、大胆探索，在解放思想中统一思想，在大胆探索中开辟发展新道路。

二、勇于开拓、锐意进取

改革开放就是要破除制约生产力发展的体制藩篱，建立充满生机和活力

---

① 习近平．切实把思想统一到党的十八届三中全会精神上来［N］．人民日报，2014-01-01（002）．

② 胡锦涛．在纪念党的十一届三中全会召开30周年大会上的讲话［M］．北京：人民出版社，2008：44.

③ 中共中央关于全面深化改革若干重大问题的决定［M］．北京：人民出版社，2013：3.

的体制机制。改革开放每到一个重要历史关头，就必须在破除体制机制弊端、调整深层次利益格局上不断啃下“硬骨头”。习近平总书记指出：“领导干部要主动投身到各种斗争中去，在大是大非面前敢于亮剑，在矛盾冲突面前敢于迎难而上，在危机困难面前敢于挺身而出，在歪风邪气面前敢于坚决斗争。”① 要确保改革创新举措的落实，必须具备勇于开拓、锐意进取的政治魄力。

勇于开拓、锐意进取，首先表现为抓主要矛盾、抓重大问题的意识和能力。认识、分析和解决矛盾，是做好一切工作的基本功。对矛盾认识得越早、分析得越透、解决得越好，工作中积累的问题就越少。由于历史和现实的诸多原因，存在于我们经济、政治、文化、社会生活中的各种矛盾和问题错综复杂、盘根错节。② 无论是发现矛盾，还是解决问题，都不是一件容易的事，都需要花大力、下苦功。抓矛盾、抓问题对于全党同志来说，不仅是一个方法问题、作风问题，而且是一个党性问题。因为触及矛盾和问题，需要有求真务实的勇气，有鲜明的是非观，甚至有甘于奉献、勇于牺牲的精神。③ 要教育广大党员以对党的事业、党的形象高度负责的精神，深入改革开放第一线，深入鲜活的社会实践，从事物的对立面中、从事物的差异性中、从事物的因果联系中，及时发现、勇于反映并认真解决存在的各种矛盾和问题，④ 从而不断在发现矛盾、解决问题中提高素质，增强党性，推动工作进步。

勇于开拓、锐意进取，还表现为具有不怕得罪人的胆识。在推进改革的过程中，有些干部怕得罪人、怕触及相关人员的利益，因而畏首畏尾、放不开手脚，这是缺乏党性的表现。党性与人民性是一致的，人民的利益就是党的利益，为了人民的利益而改革，没有什么输理的地方，而这恰恰是党性强的表现。不得罪少数人，就要得罪十四亿人民。改革是创新，是革命，必然会遇到习惯势力阻挠和流言蜚语的攻击。但中国共产党人坚信，改革是党中央的一贯精神，是建设社会主义的必由之路。1982 年，当家庭联产承包责任制的优越性在苏南地区还未被人们充分认识的时候，无锡市堰桥乡党委在年底就把“包”字引进了各行各业，大刀阔斧地进行了“一包三改”。改革改变了陈旧的观念，打乱了旧的秩序，使新生事物脱颖而出，整个堰桥乡来了个翻天覆地的变化。同时冷言冷语也一次次向乡党委袭来，“人民来信”“控

① 习近平谈治国理政（第三卷）［M］. 北京：外文出版社，2020：227.

②③④ 唐方裕 . 增强忧患意识：党的先进性建设的必然要求［J］. 廉政瞭望，2006（3）：34-35.

告信”接连寄到县委。乡党委理直气壮、毫不示弱，公开在干部大会上答辩：我们搞改革，是探索改变堰桥乡后进面貌的路子，我们的立场是人民群众的立场，我们的路线是三中全会的路线，我们的后台是党中央！他们为一些思想波动的乡镇企业干部鼓气壮胆，把党的富民政策送到千家万户，把改革的措施落实到村村队队。在这里，人们看到了中国共产党人敢于动真碰硬的胆识，看到中国现代化农村的雏形，更看到了领导这场改革的中流砥柱——中国共产党的光辉形象。云南锡业集团党委书记、董事长张涛，怀着为国有资产增值和为人民谋幸福的愿望，上任后大刀阔斧地实施多项改革举措，打破了集团内多年形成的裙带关系，严厉查处了一批以权谋私的干部，下大力气整治了矿山承包乱象。这难免触及了部分人的既得利益，于是别有用心者挟私报复，捏造问题线索，借信访举报对张涛进行打击报复。张涛回忆，当时的举报信接二连三，让他十分无奈又困惑。更严重的是，这令集团干部产生了畏首畏尾、瞻前顾后的情绪，认为多一事不如少一事。对此，云南省纪委监委经过认真细致的蹲点调研，确认张涛是清白的。于是他们决定在云锡集团召开大会，为张涛澄清正名。会上，公布了一条条挟私报复的举报内容，并对别有用心、诬陷张涛的相关人员进行了严厉处罚，干部职工都为此叫好。这说明，敢于动真碰硬，就要有不怕得罪人的勇气。

勇于开拓、锐意进取，更表现为“沧海横流，方显英雄本色”的气概。“沧海横流，方显英雄本色”源自郭沫若的《满江红》，意思是说，严峻复杂的形势，恰能显示出英雄人物的本来面貌，展现其勇于开拓、锐意进取、舍我其谁的英雄气概。20 世纪 90 年代，朱镕基同志在出任国务院副总理三个月后兼任中国人民银行行长。那时，中国经济出现了投资膨胀、货币发行量过大、物价上涨快、股票集资热等紧急状况。在江泽民同志、李鹏同志的支持下，朱镕基同志果断决策，加强宏观调控，整顿金融秩序，为治理通胀、平抑物价奠定了基础。朱镕基同志坚持不搞全面紧缩，只对低水平重复建设和“泡沫经济”的部分从严管理；而对交通、能源、农业及有利于培育新的经济增长点的部分积极扶持，避免了大起大落，实现了经济的“软着陆”。1993 年 11 月，党的十四届三中全会通过《中共中央关于建立社会主义市场经济体制若干问题的决定》，明确要求进行财税体制改革。分税制改革是一次广泛而深刻的经济体制改革，从此中国的财税体制进入了长期稳定的轨道。作为 20 世纪 90 年代中国宏观经济体制改革的一部分，它为市场经济体系建设奠定了坚实基础。

习近平总书记指出：“斗争精神、斗争本领，不是与生俱来的。领导干部要经受严格的思想淬炼、政治历练、实践锻炼，在复杂严峻的斗争中经风雨、见世面、壮筋骨，真正锻造成为烈火真金。”[①] 全面深化改革开放，要见力度、敢于碰硬。改革的实质是利益的调整，不是敲锣打鼓、轻轻松松就能实现的，必须动真碰硬抓、真刀真枪干。全面深化改革开放是一场攻坚战，我们从一开始就要把方案设计好、部署好、落实好，在深化改革中要拿出“功成不必在我、功成必定有我”[②] 的担当，在改进动能转换上拿出“猛药去疴、刮骨疗毒”的魄力，在改进服务效能上拿出“向自身开刀”的勇气，在推进生态治理上拿出“像保护眼睛一样保护生态环境”[③] 的态度，在推进城乡治理上拿出“将农村改革进行到底”的决心，在推进社会治理上拿出“守正不渝、创新不止”的恒心。党员干部要主动挑最重的担子、啃最硬的“骨头”，以勇于开拓、锐意进取的政治魄力亲力亲为抓改革，说一件干一件、抓一件成一件，以“关键少数”的示范引领带动“绝大多数”的改革合力。

三、与时俱进、求是创新

马克思主义最可贵的理论品格是与时俱进、求是创新。作为科学、开放的理论体系，马克思主义是在不断回答时代之问的过程中丰富和发展的。马克思主义之所以具有强大的生命力、感召力和影响力，就在于它能在不断发展的实践基础上深刻地洞察时代本质、科学地回答时代问题、及时地拓展时代视野、正确地把握时代方向。马克思主义的每一次创新发展都带来了社会主义事业的发展和进步，都推动了世界历史的发展进程。改革开放以来，中国共产党一直坚持把马克思主义基本原理同中国具体实际相结合、同中华优秀传统文化相结合，与时俱进地形成了一系列重大理论创新成果。

（一）对理论发展规律的深刻把握

恩格斯说：“一个民族要想站在科学的最高峰，就一刻也不能没有理论思维。”[④] 中国共产党人一向珍视科学理论的价值和功能。习近平总书记在党的二十大报告中指出：“实践告诉我们，中国共产党为什么能，中国特色社会主义为

① 习近平谈治国理政（第三卷）［M］. 北京：外文出版社，2020：227.

② 习近平. 在国家勋章和国家荣誉称号颁授仪式上的讲话［N］. 人民日报，2019-09-30（002）.

③ 中共中央宣传部，中华人民共和国生态环境部. 习近平生态文明思想学习纲要［M］. 北京：人民出版社，2022：14.

④ 恩格斯. 自然辩证法［M］. 北京：人民出版社，2018：43.

什么好，归根到底是马克思主义行，是中国化时代化的马克思主义行。”[①] 马克思主义揭示了自然、社会和人类思维的一般规律，并通过对社会历史发展规律的研究，特别是对资本主义社会根本矛盾的研究，揭示了社会主义必然代替资本主义的客观规律，阐明了无产阶级解放斗争的性质、条件和一般目的。马克思主义的创立，实现了人类思想史上的伟大革命，为无产阶级认识世界、改造世界提供了锐利的思想武器，是无产阶级政党制定正确的路线、方针和政策的理论依据，是党的指导思想的理论基础。在马克思主义的指导下，社会主义经历了由理论到实践、由一国实践到多国实践的历史发展，开辟了人类历史的新纪元。[②] “马克思主义进入中国，既引发了中华文明深刻变革，也走过了一个逐步中国化的过程。”[③] 近百年的历史充分证明：只有马克思主义才能救中国、才能发展中国。因此，无论什么时候都必须努力学习和掌握马克思主义的基本原理，坚持和捍卫马克思主义的基本原则。

“社会大变革的时代，一定是哲学社会科学大发展的时代。”[④] 20 世纪 80 年代末 90 年代初，国际共产主义运动遭遇严重挫折，中国特色社会主义事业面临巨大压力。在这紧要关头，中国共产党人坚持马克思主义指导地位，运用马克思主义世界观和方法论观察时代、解读时代、引领时代。1992 年，陈云在他所作的纪念李先念的文章中有感而发，认为在改革开放的新形势下，要努力学习和探索新问题。他说：“先念同志和我虽然都没有到过特区，但我们一直很注意特区建设，认为特区要办，必须不断总结经验，力求使特区办好。这几年，深圳特区经济已经初步从进口型转变成出口型，高层建筑拔地而起，发展确实很快。现在我们国家的经济建设规模比过去要大得多、复杂得多，过去行之有效的一些做法，在当前改革开放的新形势下已经不再适用。这就需要我们努力学习新的东西，不断探索和解决新的问题。”[⑤] 老一辈革命家关注飞速变化着的现实、积极研究新情况解决新问题的精神，彰显了中国共产党人在实践中追求真理、发展真理的理论品格。

邓小平同志以其卓越的政治智慧和敏锐的时代眼光，科学研判时代特征和国际局势，探讨了“什么是社会主义，怎样建设社会主义”这一重大理论

---

① 习近平．高举中国特色社会主义伟大旗帜　为全面建设社会主义现代化国家而团结奋斗：在中国共产党第二十次全国代表大会上的报告［M］．北京：人民出版社，2022：16.

② 龚宏富．关于高职思想政治理论课建设的思考［J］．学校党建与思想教育，2007（1）：33-34.

③ 习近平．在哲学社会科学工作座谈会上的讲话［M］．北京：人民出版社，2016：9.

④ 习近平．在哲学社会科学工作座谈会上的讲话［M］．北京：人民出版社，2016：8.

⑤ 张肇俊，汤堃．我们一直很注意特区建设［J］．党史天地，2009（6）：73.

和现实问题，彻底纠正了过去对社会主义认识上的种种不足，提出建设有中国特色的社会主义等重要命题，形成了对社会主义的全新理解。“社会主义本质论”和“社会主义初级阶段论”构成了邓小平理论的基石。邓小平理论实现了马克思主义中国化的第二次历史性飞跃，是改革开放时期我们党的重大理论创新成果。邓小平理论作为中国特色社会主义理论体系的重要组成部分，其重要理论价值不仅体现在对中国现代化建设的科学指导上，更体现在对世界社会主义发展的深远影响上。邓小平理论的成功实践为世界社会主义发展提供了宝贵经验，为世界各国探索适合本国国情的社会主义发展道路提供了重要理论启示。

以邓小平南方谈话为契机，国内掀起新一轮的思想解放运动，人们进一步统一了思想，明确了方向，沿着党的十四大确立的社会主义市场经济体制的改革目标，推动改革开放进入一个新的阶段。“在社会主义条件下发展市场经济，是前无古人的伟大创举，是中国共产党人对马克思主义发展作出的历史性贡献，体现了我们党坚持理论创新、与时俱进的巨大勇气。由计划经济体制向社会主义市场经济体制的转变，实现了改革开放新的历史性突破，打开了我国经济、政治和文化发展的崭新局面。”①

世纪之交的国内外局势扑朔迷离，出现很大的不确定性。如何拒腐防变？如何抵御风险？这对中国共产党的领导水平提出了挑战，对党的执政能力提出了严峻考验。以江泽民同志为主要代表的中国共产党人，运用马克思主义哲学智慧审时度势，透过现象看本质，在执政党建设方面作出了一系列理论探索和实践创新。2000 年 2 月下旬，江泽民同志在广东考察工作时，围绕新时期加强党的建设和其他事项展开调研。其间，首次完整提出“三个代表”重要思想：“我们党所以赢得人民的拥护，是因为我们党在革命、建设、改革的各个历史时期，总是代表着中国先进生产力的发展要求，代表着中国先进文化的前进方向，代表着中国最广大人民的根本利益，并通过制定正确的路线方针政策，为实现国家和人民的根本利益而不懈奋斗。”② “三个代表”重要思想用一系列紧密联系、相互贯通的新思想、新观点、新论断，进一步回答了“什么是社会主义，怎样建设社会主义”的问题，创造性地回答了建设什么样的党、怎样建设党的问题。“三个代表”重要思想紧密结合新的时代条件，生动而具体地坚持和发展了马克思主义，赋予马克思主义以新的鲜活力

---

① 中国共产党第十六次全国代表大会文件汇编［M］. 北京：人民出版社，2002：6.

② 江泽民文选（第三卷）［M］. 北京：人民出版社，2006：2.

量，再一次有力地证明马克思主义基本原理仍然是我们正确认识和运用人类社会发展规律的锐利思想武器。①

从党的十六大至党的十八大，以胡锦涛同志为主要代表的中国共产党人紧紧围绕坚持和发展中国特色社会主义这一主题，提出了“以人为本，全面、协调、可持续发展”的科学发展观，把我们党对中国特色社会主义规律的认识提高到新的水平。胡锦涛同志以维护人民利益为核心要义，坚持与维护人民政治立场这一战略导向，体现了唯物史观的精神实质，丰富和发展了中国特色社会主义理论体系。其中贯穿着很多新提法、新观点，系统地反映了我们党发展马克思主义的最新成果，反映了我们党探索中国特色社会主义道路的最新经验，反映了我们党面对新形势、新局面的最新思考。提出改革开放是决定当代中国命运的关键抉择、中国特色社会主义理论体系、科学发展观、科学发展和社会和谐是内在统一的、人民民主是社会主义的生命、加快推进以改善民生为重点的社会建设、必须把党的执政能力建设和先进性建设作为主线、三位一体的中国特色社会主义框架、提高党的建设科学化水平以及执政党面临的“四个危险”等。

党的十八大以来，习近平总书记对党的理论创新和实践创新问题作过多次重要论述。习近平总书记强调指出，要“坚持实践第一的观点，不断推进实践基础上的理论创新”，②“只有聆听时代的声音，回应时代的呼唤，认真研究解决重大而紧迫的问题，才能真正把握住历史脉络、找到发展规律，推动理论创新”。③社会实践是科学理论形成的“源头活水”，中国特色社会主义理论就是在当代中国改革开放和社会主义现代化建设伟大实践基础上形成和发展起来的，是根植于当代中国实践基础上的中国化的马克思主义理论。我们党坚持把马克思主义基本原理同中国具体实际相结合、同中华优秀传统文化相结合，勇于进行理论探索和创新，以全新的视野深化对共产党执政规律、社会主义建设规律、人类社会发展规律的认识，取得重大理论创新成果，集中体现为习近平新时代中国特色社会主义思想。④坚持和发展什么样的中国特色社会主义、怎样坚持和发展中国特色社会主义，是这一思想的理论主线和

---

① 胡锦涛．“三个代表”重要思想是坚持马克思主义的典范又是发展马克思主义的典范［J］．思想理论教育导刊，2003（7）：1-2.

② 刘卓红，关锋．历史唯物主义创新与当代中国［M］．北京：人民出版社，2017：65.

③ 习近平．在哲学社会科学工作座谈会上的讲话［M］．北京：人民出版社，2016：14.

④ 王均伟．中国特色社会主义展现出更加强大更有说服力的真理力量［J］．红旗文稿，2022（20）：9-14.

核心内容。中国特色社会主义是实现中华民族伟大复兴的必由之路。习近平新时代中国特色社会主义思想是在对科学社会主义理论与实践的长期思考、全面总结中，对坚持和发展中国特色社会主义的长期探索、不懈追求中，在不断推进党的伟大自我革命，实现党自我净化、自我完善、自我革新、自我提高的历史进程中创立并不断丰富发展的。习近平新时代中国特色社会主义思想是中国特色社会主义进入新时代在理论上结出的硕果，它深刻揭示了新时代中国特色社会主义的历史特点、内在联系、发展趋势。把握住了习近平新时代中国特色社会主义思想以坚持和发展中国特色社会主义为主题，就把握住了党的理论创新成果和实践探索发展的清晰逻辑线索。

习近平新时代中国特色社会主义思想是当代中国马克思主义、21 世纪马克思主义，是中华文化和中国精神的时代精华，是党和人民实践经验和集体智慧的结晶，是中国特色社会主义理论体系的重要组成部分，是全党全国人民为实现中华民族伟大复兴而奋斗的行动指南，必须长期坚持并不断发展。全面建设社会主义现代化国家、全面推进中华民族伟大复兴的征程，必须把这一思想贯彻落实到党和国家工作的各方面、全过程。党的二十大承前启后，继往开来，以不断开辟新境界的理论勇气，深刻总结了党的十八大以来特别是党的十九大以来的实践经验，集中全党智慧，运用习近平新时代中国特色社会主义思想深刻揭示了当今时代特征和经济社会发展规律。习近平新时代中国特色社会主义思想为新时代党和国家事业发展提供了根本遵循，是贯穿党的二十大报告的灵魂。

（二）对发展理论的主动担当

改革开放以来，涌现出一个与时俱进、求是创新的理论家群体。“这个群体应当包括所有精通、信仰马克思主义并能够运用马克思主义去解决重大实践问题和重大理论问题，对坚持和发展马克思主义有所作为、有所创新的实践者、研究者和宣传者。”① 他们以高度的历史责任感聚焦改革发展重大问题，积极深入地探究社会主义建设规律，提出许多有建设性和时代性的新观点、新论断，对突破思想禁锢、推动思想解放、指导社会主义现代化建设起到了重大作用。他们积极贯彻党的十一届三中全会的正确路线，与时俱进、求真务实，为恢复和发展我国哲学社会科学事业做了大量卓有成效的工作。作为肩负理论创新重任的共产党人，他们深感责任重大，积极投身于真理标准问

① 商志晓．马克思主义理论家的职责［N］．光明日报，2004-05-11.

题讨论，为我们党坚持马克思主义思想路线作出了重要贡献。他们始终保持学习不止、勤耕不辍的精神状态，始终注重读书学习、思考探索、理论创新，提出了许多适合中国特色社会主义实际情况的观点和思想，是推进马克思主义中国化的典范。①

胡乔木同志充分运用在宣传思想战线上积累起来的工作经验，带着对若干党史问题的长期思考与深邃认识，积极领导和推动党史研究机构的创建、党史基本著作的编撰等工作。② 在胡乔木同志的主持下，中央党史研究室于1990年开始组织撰写《中国共产党的七十年》。在指导编写工作时，他提倡党史研究要有创新和突破；强调要写出感人的场面，写出党史人物的细节，写得有声有色；注重行文要有悬念，有照应，有精辟的议论，有大开大合的章法。他为《中国共产党的七十年》亲笔写下了题记，肯定“这本书写得比较可读、可信、可取，因为它既实事求是地讲出历史的本然，又实事求是地讲出历史的所以然，夹叙夹议，有质有文，陈言大义，新意迭见，很少沉闷之感”③，并表达了对党史研究的未来满怀着信心和热忱。这篇题记，思维缜密、寓意深刻、辞章考究，堪称党史大师杰作，其中所蕴含的党史治史理念可看作为新时期党史研究与编撰确立了新标尺，不断提出新课题、新任务和新要求。

荣获第五届吴玉章人文社会科学终身成就奖的马克思主义哲学家陈先达教授和经济学家厉以宁教授，是坚持和发扬马克思主义学风的典范。他们坚持以人民为中心的研究导向，把满足人民对美好生活的向往作为科研工作的出发点和落脚点，密切关注重大现实问题，积极投身于火热的社会实践，聚焦人民创新创造，把论文写在祖国大地上。

陈先达先生是新中国培养的第一批马克思主义理论家的杰出代表，是我国学术界最早明确提出“实践是检验真理的唯一标准”的学者。他撰写的《走向历史的深处》被誉为改革开放以来中国马克思主义哲学研究领域“最重要影响”的哲学论著之一。④ 陈先达先生在《九十岁的我》一诗中写道：“生命是一种奋斗，是一份沉甸甸的责任。九十个春夏秋冬，三万个黑夜黎明……有限的人生，溶入力的洪流会化作永恒！”他用自己的思想和笔，谱写了不平凡的哲学人生，充分展示出马克思主义哲学家的思想境界、理论高度

---

① 孙金龙．学习邓力群同志的革命精神和道德风范［J］．湘潮（上半月），2016（1）：4-6.
② 周进．胡乔木与新中国史研究事业［J］．百年潮，2022（6）：5-13.
③ 胡绳主编．中国共产党的七十年［M］．北京：中共党史出版社，1991：2.
④ 郝立新．哲学家：2009［M］．北京：人民出版社，2010：276.

和博大情怀。

厉以宁先生是我国最早提出股份制改革理论的学者之一。他立足改革开放这个大变革时代，主动观察社会民生问题、研究经济改革理论、思考中国发展方向。党的十一届三中全会以后，厉以宁教授感到研究中国经济体制改革的理论与实践问题是比研究资本主义起源更加迫切的任务。1986 年 9 月，厉以宁在《人民日报》上发表《我国所有制改革的设想》一文，为国有企业股份制改革大声疾呼。[①]1990 年，他著的《非均衡的中国经济》一书问世，被称为“影响中国经济体制改革最重要的十本书之一”。[②]他坚信“陈规当变终须变，留与儿孙评短长”，足以看出他提出股份制改造的魄力。因此，在中国经济理论史上，厉以宁先生以“中国股份制改革第一人”而闻名。1992 年，《证券法》起草。起草工作前后历时 6 年多，最终于 1998 年审议通过。这是我国社会主义市场经济法律体系中一部重要的经济法律。对民营经济发展的重视贯穿厉以宁经济思想的始终。厉以宁先生的经济思想是在长期观察中国和世界经济中不断发展与提升的。他在其经济学说形成时期的一个主要贡献就是全面系统地阐述了其对社会主义经济改革的独特见解。厉以宁先生提出来的许多学术思想为我国经济政策的制定与实践做出了重要贡献，对促进我国经济改革和社会发展具有重大的理论影响。

这些理论家坚持实事求是的原则，勇于探索真理，敢于突破传统观念的束缚，提出了一系列具有创新性的理论观点和方法。他们具有强烈的时代责任感，紧密关注国内外形势的发展变化，及时调整和更新其理论观点，使之与时代发展相适应。他们具有强烈的责任感和使命感，主动承担起理论创新的重任，为推动中国特色社会主义理论的发展贡献了毕生的心血。

第三节　胸怀天下、兼收并蓄的精神

习近平总书记指出，“交流互鉴是文明发展的本质要求”[③]“开放是当代中国的鲜明标识”。[④]新中国成立以来，中国从封闭半封闭走向全方位开放，从开始拥抱世界到成为经济全球化中的“中流砥柱”。以开放促改革促发展，是社会主义现代化建设取得历史性成就的宝贵经验。要想在世界百年未有之

---

①② 文汇报社．我和我的祖国：时代人物故事［M］．北京：人民出版社，2020：85.

③ 习近平谈治国理政（第三卷）［M］．北京：外文出版社，2020：369.

④ 习近平外交演讲集（第二卷）［M］．北京：中央文献出版社，2022：406.

大变局中把握机遇、赢得主动，必须以更加开放的胸襟、更加宽广的视野，自觉把我国的发展放到世界大格局中进行审视，以世界眼光谋划好自身的发展。

一、天下一家、命运与共

中华民族所具有的胸怀天下、兼收并蓄的开放精神，源于其文化精神中“天下一家”的价值理想。孔子的弟子子夏就曾说：“四海之内，皆兄弟也。君子何患乎无兄弟也?”[①] 墨子则更为彻底地坚持“天下一家”的观念，认为人们应该坚持对待他人如同对待自己、对待他人的国家如同对待自己的国家的原则，从而使普天之下达到“为彼犹为己也”[②] 的和谐状态。在中华文明产生的初期，华夏民族各个文化支脉生机勃发，统一的汉民族文化方兴未艾，不同文化支脉通过地区间的交往、通婚、战争等多种途径，互相浸染、互相采撷，培养了中华民族虚怀若谷、兼收并蓄、多样化发展的恢宏气魄。[③] 春秋时代没落的奴隶主阶级要实行“剸同”政策，哲人史伯就以“和实生物，同则不继”[④] 为理由来加以反驳。即使是在汉武帝实行“罢黜百家，独尊儒术”的情况下，《史记》仍然对先秦诸子百家的地位给予充分肯定，《汉书·艺文志诸子略》亦明确提出了“天下一致而百虑，同归而殊途”[⑤] 的多样化统一的思想。在形成多姿多彩的汉民族文化基础上，人们又把目光投向了更加广阔的区域。“海上三神山”、海外的“九州”等是秦汉时期人们仰慕已久的，更不用说黄帝子孙（“四岳之裔胄”）生活的大西北了。那时的人们有着极强的民族自信心，基于中华文明的包容性和优越性，对其他民族的珍禽异兽、奇花异果、风土人情、思想文化抱定一种欣赏、学习、吸收的态度，并不担心引进外来文化会以夷变夏。远通波斯的丝绸之路，源源不断地引进了域外的奇异文化，体现了兼容并蓄、融通四方的文化气魄。白马驼经东来，在中华民族面前展现了印度文化的奇异色彩。汉末至魏晋南北朝时期的社会动乱，世人遭受的苦难使印度佛教得以在中国传播，也说明当时的人们对外国的宗教并不排斥，更不用说那印度文学中的奇妙想象、艺术的精湛，以及哲

---

① 罗安宪主编．论语［M］．北京：人民出版社，2017：80.

② 詹剑峰．墨子的哲学与科学［M］．北京：人民出版社，1981：67.

③ 陈朝云．“华夏文明优越”：中国近代化进程中的羁绊［J］．河南师范大学学报（哲学社会科学版），2000（4）：53-58.

④ 钱逊．《论语》讲义［M］．北京：人民出版社，2012：148.

⑤ 侯外庐，赵纪彬，杜国庠，等．中国思想通史（第二卷）［M］．北京：人民出版社，2011：111.

理的深沉与玄奥了。东汉至隋唐几百年间，中华民族对研究、消化和吸收印度文化产生了极大的兴趣、付出了极大的努力。灿烂的盛唐文化，既广泛地采撷了殊方异域文化的精英，也酣畅淋漓地发展与创新了鲜明的中华民族特色。当时，人民群众比文人学士更为开放，更勇于引进新的东西。“凡一切外来的歌调，外来的事物，外来的文体，文人学士们不敢正眼儿窥视之的，民间的作者们却往往是最早的便采用了，便容纳了它来。像戏曲的一个体裁，像变文的一种新的组织，像引用外来的歌曲，都是由民间的作家们先行采纳了来的。甚至，许多新的名辞，民间也最早的知道应用。”① 这一时期的中国人并不自大，也极少有人讲什么华夷之辨，多样性统一的观念深植于人们的心中。

“天下一家”的价值理想，在悠久而广泛的对外交流中体现得淋漓尽致。在往来中国源远流长的“万国衣冠”中，不仅有商人、贡使，还有僧侣和传教士。一方面，这些外国人在对外交往活动中，必然把其本土文化渗透其中，不自觉地把本土文化传播到中国。另一方面，与外国人来中国一样，中国人也不断到国外从事经商等活动，他们在活动过程中必然把世界其他民族的异质文化带回本国来。在这种长期的经济、文化交流中，中国成为一个多种异质文化同时并存并不断交流、碰撞的文化国度。中华文化在与外部文化交流时，一方面是博采众长、兼容并蓄、思想开放、勇于探求；另一方面是自尊、自信，超胜会通，攻玉以石，洋为中用。正如鲁迅先生所说：“我们的祖先对于自己的文化抱有极坚强的把握，决不轻易动摇他们的自信心，同时对于别系文化抱有极恢廓的胸襟与极精严的抉择，决不轻易地崇拜或轻易地唾弃。”② 中国人对外来文化并没有盲目照搬，而是不断加以改造。佛教传入，与固有文化结合，创造了别开生面的中国佛教——禅宗，并与儒、道一起会通于理学；西学输入，与传统思想贯通，形成了近代中国的资产阶级文化；马克思主义在中国广泛传播，形成了马克思主义基本原理与中国革命具体实际相结合的毛泽东思想。

中国共产党传承了中华民族的天下情怀，为构建平等和谐的国际关系进行了不懈的努力。以毛泽东同志为主要代表的中国共产党人提出和平共处五项原则，作为新中国处理对外关系的基本准则，对构建平等和谐的国际关系、

① 郑振铎．中国俗文学史［M］．北京：商务印书馆，2017：6.

② 冯天瑜，周积明．中国古文化的奥秘［M］．武汉：湖北人民出版社，1986：37.

推进人类和平与发展事业作出了重要贡献。[①] 以邓小平同志为主要代表的中国共产党人拓展、深化了这五项原则的适用范围，倡导在和平共处五项原则的基础上建立国际政治经济新秩序。以江泽民同志为主要代表的中国共产党人在继承前人的基础上，提出要树立互信、互利、平等和协作的新安全观，强调要“为建设一个持久和平与普遍繁荣的世界而努力”。[②] 以胡锦涛同志为主要代表的中国共产党人，把构建社会主义和谐社会纳入社会主义现代化建设总体布局之中，继承发展了党的三代中央领导集体关于构建平等和谐的国际关系的思想，提出推动建设和谐世界的构想，是中国共产党关于和谐社会思想的新发展。[③] 推动建设和谐世界的思想，体现了时代与历史发展的客观要求，符合世界各国的根本利益，是国际关系发展的必由之路。建设和谐世界的思想把中国的发展和世界的发展、把中华民族的利益和全世界人民的利益、把维护世界持久和平与促进全人类共同繁荣统一起来，彰显了中国共产党和中国人民天下一家、命运与共的人类情怀。致力于改革开放和社会主义现代化建设的中国人民，在对外关系中始终秉承强不执弱、富不辱贫的精神与协和万邦的理念。中国人提倡海纳百川，主张吸纳百家优长、兼济八方的精神，坚定不移地走和平发展、共同繁荣的道路，既通过维护世界和平发展自己，又通过自身的发展来促进世界和平。[④] 只有坚持文化多样性、取长补短、文明互鉴，世界才能丰富多彩。精神文化也是如此，不同民族间的精神交流从未间断过，在互相交流、吸纳、融合中取长补短，这样的交融仍保留着各自民族文化的特色，最终使世界文化充满活力。[⑤] 站在历史发展的角度可以看出，多元文化的碰撞与交流是推动各民族发展进步的重要动力之一。世界是全球化了的世界，文化多样性是客观存在的，合理吸收世界先进精神文化成果是构建社会主义先进文化的必由之路，也是传播和弘扬中华民族开放精神的一个重要途径。中国人民充分尊重不同民族、不同宗教和不同文明的多样性与差异性，提倡相互之间兼容而不歧视，交流而不排斥，对话而不对抗，共处而不冲突，在彼此尊重、平等相待、求同存异的基础上，发挥各种文明的积极作用，促进人类社会的不断发展和世界各国、各民族人民的共同进步。那

---

① 孙福林．中国古代和谐思想对建设和谐社会的伦理启示 [J]．中国石油大学胜利学院学报，2006 (1)：35-37.

② 江泽民文选（第三卷）[M]．北京：人民出版社，2006：298.

③ 孙福林．中国古代和谐思想对建设和谐社会的伦理启示 [J]．中国石油大学胜利学院学报，2006 (1)：35-37.

④ 李炳武．长安学总论 [J]．长安大学学报（社会科学版），2010，12 (1)：1-13.

⑤ 张业菊．跨文化研究：多元文化对话的建构 [J]．解放军外国语学院学报，2001 (2)：90-93.

种“唯我独尊”的霸权主义做法，那些挑动民族分裂甚至民族仇视的行径，都是违背历史潮流的，都是有害于人类和平与进步的。中国人民真诚地同世界各国广泛开展合作，兼收并蓄、博采众长，以合作谋和平、求发展，推动建设一个命运与共的世界。

党的十八大以来，以习近平同志为主要代表的中国共产党人，坚持以天下之利为利、以人民之心为心。经过十多年的非凡实践，人类命运共同体理念成为深受世界人民欢迎的价值理念，和平、发展、公平、正义、民主、自由的全人类共同价值日益深入人心，建设持久和平、普遍安全、共同繁荣、开放包容、清洁美丽的世界成为越来越多国家共同的奋斗目标。习近平总书记指出：“从命运与共的角度看，世界是宽广博大的，处处都有合作机遇。我们要倾听人民心声，顺应时代潮流，推动各国加强协调和合作，把本国人民利益同世界各国人民利益统一起来，朝着构建人类命运共同体的方向前行。”① 在世界冲突频发的复杂局势下，中国共产党和中国人民坚持以信相交、以利相融、以谊相亲、以诚相待，以天下一家、命运与共的人类情怀化解霸权主义的戾气。面对前所未有的严峻挑战，以习近平同志为主要代表的中国共产党人，秉持天下一家的人类情怀，倡导共商共建共享的全球治理观，为应对全人类共同挑战开拓新思路、探索新路径，为推动世界持久和平发展、繁荣进步提供思想启迪。中国持续深化拓展平等、开放、合作的全球伙伴关系，在与世界的深度互动中谋求增进全人类共同福祉。“中国人民深知和平的珍贵，我们愿同国际社会一道，以人类前途为怀、以人民福祉为念，推动构建人类命运共同体，建设更加美好的世界。”② 在二〇二四年新年贺词中，习近平主席再次发出推动构建人类命运共同体的真挚呼吁。

二、面向世界、胸怀全局

马克思主义具有面向世界的宽广视野。在吸收优秀文化成果方面，马克思主义经典作家的胸怀让人钦佩。马克思主义之所以能够创立，除马克思和恩格斯知识渊博、广泛涉猎各种学说外，主要是由于他们辩证吸收了人类所创造的优秀思想成果：德国古典哲学、英国古典政治经济学和法国的空想社会主义。马克思、恩格斯如果采取费尔巴哈对待黑格尔哲学那样的态度，就不可能有后来的马克思主义。列宁非常注重吸收人类思想文化中一切有价值

① 习近平．习近平著作选读［M］．北京：人民出版社，2023：492.

② 国家主席习近平发表二〇二四年新年贺词［N］．人民日报，2024-01-01（001）.

的东西。《列宁哲学笔记》中收录了列宁在第一次世界大战期间写的读书摘要、批注、札记和短文，是列宁学习、探讨、批判、吸收和发展人类思想文化的有力证明。1920 年 10 月，列宁在《关于无产阶级文化》中指出："马克思主义这一革命无产阶级的思想体系赢得了世界历史性的意义，是因为它并没有抛弃资产阶级时代最宝贵的成就，相反地却吸收和改造了两千多年来人类思想和文化发展中一切有价值的东西。"① 列宁又在《青年团的任务》中指出："只有确切地了解人类全部发展过程所创造的文化，只有对这种文化加以改造，才能建设无产阶级的文化，没有这样的认识，我们就不能完成这项任务。无产阶级文化并不是从天上掉下来的，也不是那些自命为无产阶级文化专家的人杜撰出来的，如果认为是这样，那完全是胡说。无产阶级文化应当是人类在资本主义社会、地主社会和官僚社会压迫下创造出来的全部知识合乎规律的发展。所有这些大大小小的途径，无论过去、现在或将来，都通向无产阶级文化。"② 1940 年 1 月，毛泽东同志在《新民主主义论》中指出："中国应该大量吸收外国的进步文化，作为自己文化食粮的原料，这种工作过去还做得很不够。这不但是当前的社会主义文化和新民主主义文化，还有外国的古代文化，例如各资本主义国家启蒙时代的文化，凡属我们今天用得着的东西，都应该吸收。"③ 1956 年，毛泽东同志在《论十大关系》中又进一步指出："我们的方针是，一切民族、一切国家的长处都要学，政治、经济、科学、技术、文学、艺术的一切真正好的东西都要学。"④ 英国哲学家罗素（Russell，1872—1970）曾说："我相信，中国人如能对我们的文明扬善弃恶，再结合自身的传统文化，必将取得辉煌的成就。"⑤

在改革开放的历史进程中，中国共产党人坚持以马克思主义的宽广视野观察世界发展态势。邓小平同志以其宏阔的世界眼光，将"和平与发展"作为时代主题，将"开放"作为对经济全球化背景下世界发展态势的概括。他强调："现在的世界是个开放的世界。"他认为世界的"开放"不只是对发达国家有利，广大发展中国家同样能够从中受益。二者之间相互依存，只要秉

① 中共中央马克思恩格斯列宁斯大林著作编译局．列宁专题文集论马克思主义［M］．北京：人民出版社，2009：296-297.

② 中共中央马克思恩格斯列宁斯大林著作编译局．列宁专题文集论社会主义［M］．北京：人民出版社，2009：394.

③ 毛泽东选集（第二卷）［M］．北京：人民出版社，1991：706.

④ 中共中央文献研究室．毛泽东年谱（1949—1976）（第二卷）［M］．北京：中央文献出版社，2013：568.

⑤ 罗素．中国问题［M］．秦悦，译．上海：学林出版社，1996：4.

持合作共赢的理念就能共同推动世界的进一步发展。20世纪90年代中期，国际政治、学术领域刚刚展开对“全球化”问题的讨论，就引起了党和国家领导人的高度关注。他们针对国内理论界一度追随国际社会某种政治思潮，将“经济全球化”与“资本主义全球化”相混同的看法，提出了“我们应该全面审视经济全球化的进程”。① 经过一段时间的深入观察，党内达成了基本共识：当今经济全球化态势固然存在着由发达资本主义国家主导并为之所利用的一面，但就其本质而言，至少在经济领域，全球化“是社会生产力和科学技术发展的客观要求和必然结果，有利于促进资本、技术、知识等生产要素在全球范围内的优化配置，给各国各地区提供了新的发展机遇”。② 中国共产党第十六次全国代表大会上的报告开宗明义地指出：“当人类社会跨入21世纪的时候，我国进入全面建设小康社会、加快推进社会主义现代化的新的发展阶段。国际局势正在发生深刻变化。世界多极化和经济全球化的趋势在曲折中发展，科技进步日新月异，综合国力竞争日趋激烈。形势逼人，不进则退。我们党必须坚定地站在时代潮流的前头，团结和带领全国各族人民，实现推进现代化建设、完成祖国统一、维护世界和平与促进共同发展这三大历史任务，在中国特色社会主义道路上实现中华民族的伟大复兴。”③ 显然，中国共产党是以面向世界、胸怀全局的宽广视野，从人类文明的整体视角去解读世界政治经济发展态势的。

以面向世界、胸怀全局的宽广视野观察世界，有利于把握世界大势、顺应时代潮流，达到赶上时代、引领时代的目的。在对外交往中以社会制度、意识形态为标准站队，容易损害国家利益，并且容易导致国际社会不同阵营剑拔弩张的局面。“全人类共同价值”不但是以承认国家利益为前提，而且是将国家利益确立为整个国际社会所公认的行为价值取向。然而，问题是在当代全球化条件下产生的，国家利益已经在更大程度上“共同化”，共同利益也更加“国家化”。因此必须在很好地维护共同利益的基础上，争取国家利益的巩固和发展。江泽民同志在与美国前总统克林顿的会晤中曾指出：“中美两国能走到一起，是因为我们有共同的利益。为了发展和扩大双方的共同利益，我们需要尊重各自的国情与选择，超越社会制度和意识形态的差异，以一种

---

① 江泽民．论社会主义市场经济［M］．北京：中央文献出版社，2006：541.

② 江泽民．论社会主义市场经济［M］．北京：中央文献出版社，2006：541-542.

③ 中共中央文献研究室．十六大以来重要文献选编（上）［M］．北京：中央文献出版社，2011：1-2.

平等、协商和合作的精神，处理相互间的一切问题。”[①] 显然，将与资本主义国家的交往建立在维护和发展共同利益的基础上，有助于纠正和克服以往对外关系中闭关自守的倾向，能够在更大程度上融入全人类浩浩荡荡的文明进程。20 世纪 90 年代初，中国共产党主动面向世界提出了相互依存、相互尊重、相互合作、共同发展的新主张，并由此确立了对外联系与交往中的“共存”“共赢”原则。2002 年 11 月，中国共产党第十六次全国代表大会上的报告进一步提出了“顺应历史潮流，维护全人类共同利益”的政治思维。思维转换产生战略调整及其进一步的发展。由此，社会主义的中国不但积极争取加入一切能够使自己更好地成为“国际大家庭一员”的国际组织，而且要在“更大范围、更广领域和更高层次上参与国际经济技术合作和竞争”。这样做，非但不会削弱中国的社会主义制度优势，反而会使之更加繁荣昌盛。

当今世界正在经历新一轮大发展、大变革、大调整，人类面临的不稳定、不确定因素日益增多。全球治理体系发生了深刻变革，不同制度模式、发展道路之间的深层较量和博弈，贸易保护主义、新的热点冲突此起彼伏，新一轮科技和产业革命给人类社会发展带来新的机遇，也提出了前所未有的挑战。[②] 习近平总书记指出：“要真正向前展望、超前思维、提前谋局。”[③] 改革开放以来，我国早已融入世界，能否在世界大变局中把握机遇、在世界大棋局中赢得主动，必须以更加开放的胸襟、更加宽广的视野，自觉把我国的发展放到世界大格局中进行审视，以世界眼光谋划好自身的发展。[④] 建设社会主义现代化强国的使命在肩，我们要面向世界、胸怀全局、主动作为。

三、辩证取舍、择善而从

辩证取舍、择善而从，是对外开放中保持中华文化主体性的需要，是中华民族文化自信的表现。马克思主义的无产阶级文化立场、科学的文化观点、历史的辩证分析方法，为中国共产党和中国人民提供了辨章学术、考镜源流的价值标准和思想方法。改革开放以来，中国共产党人以社会主义现代化建设的需要为指引，理性地、辩证地吸收人类创造的一切先进文明成果，丰富了中华民族现代文明的时代内涵。

我国在改革开放之初就注重在经济开放的同时推进文化的对外开放和交

---

① 齐世荣．世界五千年纪事本末［M］. 北京：人民出版社，2005：1118.

② 王庆五．解放思想：新一轮改革开放的“当头炮”［J］. 群众，2018（9）：10-12.

③ 习近平著作选读（第一卷）［M］. 北京：人民出版社，2023：176.

④ 王庆五．解放思想：新一轮改革开放的“当头炮”［J］. 群众，2018（9）：10-12.

流，提出了著名的“排污不排外”的方针。吸收借鉴国外优秀文化成果，一方面，要反对盲目排外，积极稳妥地逐步扩大对外文化交流，既使优秀的民族文化弘扬海外，也使民族文化汲取一些新的养分，受到新的激发，增添新的活力。要积极适应世界文化交流、交融、交锋更加频繁的新趋势，着眼于中华文化的长远发展，以更加自信的心态、更加开阔的视野，吸纳百家优长、兼济八方精华，使中华文化不仅植根于本民族优秀传统文化的沃土中，而且汲取世界文化的文明成果，符合世界发展进步的时代潮流。另一方面，在文化的对外开放、对外交流中，又绝不是放任自流、盲目模仿、照抄照搬。要从我国文化发展的现实需要出发，对外来文化进行总体分析，坚持“以我为主、为我所用”，学习借鉴一切有利于加强我国社会主义文化建设的有益经验、一切有利于丰富我国人民文化生活的积极成果、一切有利于发展我国文化事业和文化产业的经营管理理念和机制。① 既大胆吸收借鉴一切有利于我国文化建设的有益经验和优秀成果，又始终坚持自己的理念、信念和原则，有效抵制腐朽思想文化的侵蚀，切实维护国家文化安全。② 在全人类命运与共、互利共赢的今天，我们更要以开放的心态和博大的胸怀，勇于和善于吸收世界各国一切优秀的文化成果，丰富充实时代文化精神。

中国特色社会主义理论中关于对外开放的思想，其思维模式和精神底蕴就是辩证取舍、择善而从的主体意识。对外开放，既有经济方面的，也有文化方面的。首先，邓小平同志强调对待外国文化要有辩证的态度，既不可一概排斥，也不可盲目照搬。其次，“必须大胆吸收和借鉴人类社会创造的一切文明成果”③ “吸收我们可以从世界各国吸收的进步因素”，④ 这其中当然包括先进的科学技术。在邓小平同志看来，“科学技术是人类共同创造的财富”⑤，科学理念是全人类精神的一个要素。最后，邓小平同志强调：“我们保持清醒的头脑，坚决抵制外来腐朽思想的侵蚀，决不允许资产阶级生活方式在我国泛滥。”⑥ 在上述思想指引下，在对外开放的社会实践中，积极、健康、高尚的人类精神文化成果比历史上任何时期都更加深入地融入中华民族精神中。我们在借鉴、吸收其他民族的文化成果时，面对良莠不齐的状况，坚持以马克

---

① 李中元．以改革创新精神推进社会主义核心价值体系建设［J］．前进，2011（12）：32-36.

② 王征国．论建设优秀传统文化传承体系［J］．贵州师范大学学报（社会科学版），2012（2）：49-55.

③ 邓小平文选（第三卷）［M］．北京：人民出版社，1993：373.

④ 邓小平文选（第二卷）［M］．北京：人民出版社，1994：337.

⑤ 冷溶，高屹．学习邓小平同志南巡重要讲话［M］．北京：人民出版社，1992：208.

⑥ 邓小平文选（第三卷）［M］．北京：人民出版社，1993：3.

思主义的立场、观点、方法加以认真鉴别，既不能盲目排外，也不能全盘照搬。我们必须清醒地认识到世界上有众多的民族，有众多的特性各异的民族文化、民族精神，要清醒地辨识哪些是有益的、哪些是有害的，清醒地辨识什么是应该吸取的、什么是应该抵制和批判的。这种辨析既是对我们认知能力的考验，也是我们吸收世界其他民族文化和各种文明成果的一个基本原则。如果我们不加以辨别，盲目吸收，就会导致本民族精神和民族文化的衰落甚至衰亡。这在世界历史上不是没有教训的。为此，我们必须辩证取舍、择善而从，以去伪存真、去粗取精的科学态度去甄别林林总总的文明成果，为我们的民族精神不断注入新的内涵。西方文化中的先进科技、实证分析方法、创新精神、主动进取精神、民主传统、文化产业发展措施、文化传播手段等，是中国文化和文化建设需要汲取和借鉴的，这有利于中华文化的创新和发展。继承不是因循守旧、照抄照搬，而是通过马克思主义的辩证分析，去粗取精、去伪存真，取其精华、去其糟粕，最终做到古为今用、洋为中用，不断创造新文化。在此过程中，中国化马克思主义发挥了重要作用，它构成了中国共产党人文化自信的思想理论基础。

扩大高水平对外开放，既要继承和发扬民族优秀传统文化，也要吸收和借鉴人类社会创造的一切文明成果。文化作为政治和经济的反映，总是伴随着经济交往而传播。马克思和恩格斯在《共产党宣言》中指出："资产阶级，由于开拓了世界市场，使一切国家的生产和消费都成为世界性的了。……过去那种地方的和民族的自给自足和闭关自守状态，被各民族的各方面的互相往来和各方面的互相依赖所代替了。物质的生产是如此，精神的生产也是如此。各民族的精神产品成了公共的财产。民族的片面性和局限性日益成为不可能，于是由许多种民族的和地方的文学形成了一种世界的文学。"① 每一个国家和民族的文化都有自己的优势和长处，不同文化之间的相互学习和借鉴是文化发展的必要条件。中华文化胸襟博大、海纳百川，因兼收并蓄而丰富多彩，因博采众长而永葆活力。在日益开放的当今时代，文化的繁荣发展更离不开同世界各种文明的对话。②

扩大高水平对外开放，要反对闭关自守的民族排外主义与崇洋媚外的民族虚无主义这两种错误倾向。民族排外主义，只看本国和本民族的长处，而

① 中共中央马克思恩格斯列宁斯大林著作编译局．马克思恩格斯选集（第一卷）［M］．北京：人民出版社，2012：404.

② 邱丽莉．关于社会主义先进文化建设的认识和理解［J］．戏剧丛刊，2010（1）：107-108.

无视其他国家和民族的优点，把本国和本民族同其他国家和民族对立起来、隔离开来，采取闭关自守、妄自尊大的态度，甚至打着爱国主义的旗号，鼓吹本民族落后的、保守的甚至反动的东西，拒绝向其他国家和民族学习先进的东西，结果只能坐井观天、故步自封，使本国成为一个落后的国家。民族虚无主义，则认为本国和本民族的一切东西都是落后的，外国和其他民族的一切东西都是先进的，甚至认为外国的月亮都比本国的月亮圆。持这种观点的人，往往不是在外国人面前低三下四、卑躬屈膝、丧失国格，就是背弃祖国。民族虚无主义和民族排外主义都是片面的，因为它们对本民族和其他民族都缺乏辩证的分析。事实上，每个民族和国家都有自己的优长之处，都在人类历史上做出过自己的贡献。正是各民族和国家各自的长处和贡献，组成了世界文明历史的百花园。在人类发展史上，世界各民族从来都是互相学习、互相影响的，即使是落后国家，也有值得学习的方面。所以，民族虚无主义和民族排外主义都是错误的。我们承认中国目前与发达国家之间还有差距，但决不能拜倒在外国人的脚下，要强化辩证取舍、择善而从的主体意识。

第四节　脚踏实地、埋头苦干的精神

习近平总书记指出："实干是成就事业的必由之路。"① 改革开放的伟大成就是党和人民脚踏实地干出来的。空谈只能误国，实干才能兴邦。习近平总书记特别强调苦干、实干的重要性。面向未来，坚定不移地将改革开放进行到底，需要我们秉持"大道至简，实干为要"的信念，以脚踏实地、埋头苦干的精神全面深化改革开放。

一、不尚空谈、不务虚功

不尚空谈、不务虚功的实效意识是中华民族精神的重要内涵，是中国共产党人的优良传统。空谈误国、实干兴邦，只有牢固树立不尚空谈、不务虚功的实效意识才能推进现代化建设步伐，已成为改革开放新时期全民族的共识。在全面建设社会主义现代化国家的新阶段，我们要继续强化不尚空谈、不务虚功的实效意识，大力倡导讲实话、办实事、求实效，坚决反对形式主义等不良作风。不尚空谈、不务虚功的实效意识无论对于党的建设还是民族复兴的伟大事业都具有深远的意义。

---

① 习近平著作选读（第一卷）[M]．北京：人民出版社，2023：249.

改革开放以来，中国共产党人将为人民服务的宗旨转化落实为办实事、求实效的实际行动。“办实事、求实效”不仅是一种工作态度，更是一种工作方法。首先，它要求所有党员干部在工作中，从实际出发，不搞形式主义和表面文章，注重深入调查研究，了解实际情况，尊重客观规律，避免主观臆断和盲目决策。江泽民同志指出：“不要做那些条件不具备、一时做不到的事情，不要做那些超过市场需求的、盲目重复建设的事情，不要做那些今天勉强上去了，明天又坚持不下来的事情。”[①] 这种实事求是的态度是我们做好工作的前提和基础。其次，它要求所有党员干部在工作中，注重科学分析和预测，制定切实可行的工作计划和方案，采取科学的方法和手段，加强监督和考核，确保工作落到实处，并已取得实际效果。这种科学的工作方法是我们提高工作效率和质量的关键。最后，它要求我们在工作中，把解决民生问题作为重点，切实解决群众的实际困难和问题，增强群众的获得感和幸福感。这种关注民生、服务群众的价值观是我们推动事业发展的重要保障。总之，“办实事、求实效”是一种工作态度、工作方法和价值观，是我们在实际工作中必须坚持的重要原则。只有真正做到“办实事、求实效”，才能不断提高工作水平和能力，推动事业不断向前发展。

经济全球化是当今世界经济发展的重要特征，它使得各国经济更加紧密地联系在一起，形成了一个相互依存、相互影响的全球大市场。在全球背景下，没有实效性就没有竞争力，空谈和务虚在国际竞争面前不堪一击。因此，经济发展的实效性成为衡量各国经济的重要指标。经济全球化对发展实效性的要求越来越高，我国积极采取有效措施提高发展的实效性。通过制定科学的发展战略、优化产业结构、加强科技创新、推进绿色发展和加强国际合作等途径，极大提升了自身实力和应对全球性挑战的能力。

这种实效意识在中央决策上马宝山钢铁公司以及项目建设过程中得到集中体现。在决定上马宝钢项目之前，党中央委派专人对此进行了充分调研和论证。他们在决策过程中坚持实事求是的原则，尊重客观规律，不搞主观臆断和盲目冒进，以科学的态度对待问题，以务实的精神解决问题。他们深入了解国内外钢铁市场的需求情况、技术水平和竞争态势，以及当地资源、能源、环境等方面的实际情况，为项目的决策提供了科学依据。党中央在决策部署时始终把实际效果作为重要考虑因素，综合考虑了项目的经济效益、社

---

① 中共中央文献研究室．江泽民论有中国特色社会主义（专题摘编）［M］．北京：中央文献出版社，2002：94-95.

会效益和生态效益，确保项目能够满足人民日益增长的物质文化需求，并为国家的长远发展作出贡献。在决策时十分关心人民群众的生活状况，充分考虑当地居民的就业和生活保障等问题，力求实现经济发展与改善民生相结合。党中央鼓励人们在实践中不断探索和创新。积极引进先进技术和设备，推动产品升级换代，提高企业的核心竞争力。同时注重培养高素质的人才队伍，为企业的可持续发展提供有力的支撑。党中央要求各级领导干部认真履行职责，加强监督检查，及时发现并解决问题。建立健全各项规章制度，规范管理流程，强化对项目实施过程的监管，确保项目的高质量和高效率。在宝钢工程建设过程中，经济效益与社会效益相结合的原则得到了充分体现。项目决策者不仅关注经济效益，同时注重社会效益和生态效益。通过合理规划、优化设计、节约资源、保护环境等措施，实现经济效益与社会效益的统一。在宝钢工程建设过程中，质量第一的原则得到了贯彻，从规划设计到施工管理，都注重质量监控和安全管理。同时，通过技术创新和工艺改进，提高工程质量，确保工程的安全性和稳定性。在宝钢工程建设过程中，注重实效是核心。项目决策者和管理者注重实际效果和效益，反对形式主义和表面工作。通过加强监督检查和评估，及时发现和解决问题，确保工程建设的顺利实施和效益的充分发挥。总之，宝钢工程建设过程中的实效意识体现了实事求是、科学决策、经济效益与社会效益相结合、质量第一和注重实效等原则。这种意识不仅有助于推动工程建设的顺利实施和效益的充分发挥，而且为类似项目的建设提供了有益的经验和借鉴。宝钢工程建设过程中表现出的实效意识体现了他们对国家发展和人民利益的高度负责精神。这种意识不仅有助于推动经济社会的快速发展，而且为国家的长治久安奠定了坚实的基础。

党的十八大以来，以习近平同志为核心的党中央坚持从实际出发、实事求是，以巨大政治勇气和强烈责任担当，带领全党全国各族人民砥砺前行，解决了许多长期想解决而没有解决的难题，办成了许多过去想办而没有办成的大事，推动党和国家事业取得历史性成就、发生历史性变革。在真研究问题、研究真问题中坚持实事求是，需要年轻干部心怀“国之大者”。想问题、作决策，一定要对“国之大者”心中有数，时刻关注党中央在关心什么、强调什么，深刻领会什么是党和国家最重要的利益、什么是最需要坚定维护的立场，立足本职岗位，不断增强解决实际问题的思想自觉、政治自觉、行动自觉，谋划工作、制定政策、部署任务等都要把重心放到解决真问题上。

二、尊重实际、知行合一

尊重实际、知行合一，强调的是实事求是、注重实践、言行一致的理念。尊重实际，就是要客观地认识事物，把握其内在规律和本质，不主观臆断、不浮夸虚妄。在实践中，要注重调查研究，深入了解实际情况，不断探索事物的内在规律和发展趋势。只有真正尊重实际，才能制定出符合实际情况的策略和方案，才能避免盲目决策和行动。知行合一，则强调认识与实践的统一。知行合一的理念在中国传统文化中有着深厚的基础，集中体现在习近平总书记所推重的知行合一思想中。这一理念主张人们在认识事物的过程中，不仅要注重理论学习和思考，更要注重实践和行动。只有将理论知识与实践行动相结合，才能真正达到认识事物的目的。同时，实践是检验认识正确与否的唯一标准。只有通过实践的检验，才能不断修正错误、提高认识水平。

在中国共产党100多年历史上，尊重实际、知行合一的思想和行动得到了充分体现。在新民主主义革命时期，中国共产党人根据实际情况制定出符合国情的革命策略，深入群众、发动群众，最终取得了革命的胜利。在社会主义革命和社会主义建设时期，中国共产党人同样注重实际情况，不断探索适合中国国情的社会主义建设道路。在改革开放新时期，尊重实际、知行合一的作风得到了贯彻和发扬。江泽民同志在党的十五大上作的题为《高举邓小平理论伟大旗帜，把建设有中国特色社会主义事业全面推向二十一世纪》的报告指出："十一届三中全会前我们在建设社会主义中出现失误的根本原因之一，就在于提出的一些任务和政策超越了社会主义初级阶段。近二十年改革开放和现代化建设取得成功的根本原因之一，就是克服了那些超越阶段的错误观念和政策，又抵制了抛弃社会主义基本制度的错误主张。"① 无论是在治国理政、落实党的方针政策中还是在社会治理中，都要尊重实际，将党的路线、方针、政策与地方实际相结合，不断探索和创新治理机制。只有这样，才能不断提高认识水平和实践能力，才能不断取得更好的发展成效。

邓小平同志坚持党的思想路线，坚持一切从实际出发，常说自己是"实事求是派"。他反复强调"拿事实来说话"，"实事求是是马克思主义的精髓。违背实事求是，就是违反马克思主义"。他尊重群众、尊重实践，善于倾听和吸收各方面群众的不同意见，从群众的经验中汲取营养。他尊重规律、勇于改革探索，善于领导改革开放和现代化建设，开创了中国特色社会主义新

① 江泽民文选（第二卷）［M］. 北京：人民出版社，2006：13.

局面。

江泽民同志坚持马克思主义的思想路线，尊重实践、尊重群众，准确把握时代特征，科学判断我们党所处的历史方位，围绕建设中国特色社会主义这个主题，在改革发展稳定、内政外交国防、治党治国治军等方面提出了一系列新思想、新观点、新论断，为坚持和发展党的基本理论、基本路线、基本纲领、基本经验作出了杰出贡献。特别是他集中全党智慧创立了“三个代表”重要思想，实现了党在指导思想上的又一次与时俱进，体现了一位真正马克思主义者的巨大政治勇气和理论勇气。①

胡锦涛同志指出，求真务实是党的活力之所在。他要求党员干部不断追求真理、探索规律，勇于实践、勇于创新。这种精神能够激发党员干部的积极性和创造性，推动他们不断解放思想、实事求是，为党和人民事业的发展提供源源不断的动力。求真务实是党和人民事业兴旺发达的关键之所在。只有坚持求真务实，才能准确把握时代脉搏，科学制定政策策略，有效应对各种风险挑战。同时，求真务实还要求我们注重实际效果，把人民的利益放在首位，不断满足人民日益增长的美好生活需要，从而赢得人民群众的信任和支持，为党和人民事业的兴旺发达奠定坚实基础。

习近平总书记特别强调尊重实际、知行合一。他强调在当前复杂多变的国际形势下，全党同志必须坚持实事求是的原则，以实际行动推动中国特色社会主义事业不断发展。

在深入学习贯彻习近平新时代中国特色社会主义思想的过程中，要把握好其世界观和方法论，坚持好、运用好贯穿其中的立场、观点、方法。要紧密结合实际工作，加强实践探索，不断推动理论创新和实践创新。要始终保持求真务实的态度，脚踏实地地做好每一项工作。在工作中，要注重调查研究，掌握实际情况，找准问题症结，制定有效措施，切实解决实际问题。掌握实际情况，找准问题症结，这一点在新时代的深化改革工作中体现得尤其明显。以习近平同志为核心的党中央认为，当前和今后一个时期，我国经济发展所面临的问题，在供给和需求两侧都有，但矛盾的主要方面在供给侧。据测算，2015 年我国居民全年出境旅行达 1.2 亿人次，消费总额近 1.5 万亿元。事实表明，我国经济发展不是需求不足或没有需求，而是人民群众的需求升级了，国内供给的产品却没有变，质量、服务、层次跟不上。有效供给

① 汪青松．胡锦涛对“三个代表”重要思想的科学阐释［J］．当代中国史研究，2004（6）：45-51，126.

能力不足带来大量“需求外溢”，消费能力外流。解决这些结构性问题，根本途径是推进供给侧结构性改革。2015年12月，在中央经济工作会议上，习近平总书记指出：“要更加注重供给侧结构性改革”，“推进供给侧结构性改革，是适应和引领经济发展新常态的重大创新，是适应国际金融危机发生后综合国力竞争新形势的主动选择，是适应我国经济发展新常态的必然要求。”[①] 习近平总书记强调的务实作风是我们党在新时代下必须坚持的重要原则之一，全党只有认真贯彻落实这一作风，不断提高自身素质和能力水平，才能为推动中国特色社会主义事业发展切实贡献力量。

改革开放以来，特别是进入新时代以来，全体党员干部真正做到了知行合一。首先，全体党员干部做到了“知”的明白人。这里的“知”指的是党的创新理论。党员干部不断加强学习，深入理解党的理论、路线、方针和政策，不断增强自身的理论素养，真正掌握了科学理论，更好地指导了实践，推动了工作。其次，全体党员干部做到了“行”的急先锋。这里的“行”指的是实际行动，即把科学理论运用到实际工作中。党员干部勇于担当，积极作为，以实际行动践行党的宗旨，为人民谋利益，推动社会进步。同时，他们注重在实践中总结经验，不断完善和发展理论，形成理论与实践的良性互动。

他们深入实际，调查研究，了解事物的本质和规律，以客观的态度分析和解决问题；敢于正视问题，勇于自我革命，不断改进工作作风，提高工作效率。总之，学深、悟透、践行知行合一理念，是一个长期的过程，需要不断学习、实践和反思。只有真正做到知行合一，才能更好地履行自己的职责使命，为实现中华民族伟大复兴的中国梦贡献力量。

三、锲而不舍、攻坚克难

改革是一场广泛而深刻的革命，是为更好地推进社会主义现代化建设而对不合理的体制机制进行的调整，是为开辟一条更加公平正义、务实高效的中国式现代化道路而进行的艰苦探索。改革事业前所未有，其难度之大超乎想象。如果没有锲而不舍、攻坚克难的坚强意志，改革开放事业是不可能成功的。1980年，邓小平同志明确指出，在新的历史时期，仍然“要教育全党

① 中共中央文献研究室．习近平关于社会主义经济建设论述摘编［M］．北京：中央文献出版社，2017：91-94.

同志发扬大公无私、服从大局、艰苦奋斗、廉洁奉公的精神”。[①] “如果一个共产党员没有这些精神，就决不能算是一个合格的共产党员。不但如此，我们还要大声疾呼和以身作则地把这些精神推广到全体人民、全体青少年中间去，使之成为中华人民共和国的精神文明的主要支柱，为世界上一切要求革命、要求进步的人们所向往，也为世界上许多精神空虚、思想苦闷的人们所羡慕。”[②] 锲而不舍、攻坚克难的坚强意志是中国共产党人意志品质的集中表现，是推进改革开放不可或缺的精神品格。

在异常艰苦的革命战争年代，中国共产党人以实际行动熔铸了为党和人民事业牺牲一切的革命忠诚和锲而不舍、攻坚克难的坚强意志。这是中国共产党能够团结带领人民群众战胜一切困难的保证。1937 年 5 月，毛泽东同志在延安召开的中国共产党全国代表会议上，讲到党员和干部应该具备的精神品格时指出：“这些干部和领袖懂得马克思列宁主义，有政治远见，有工作能力，富于牺牲精神，能独立解决问题，在困难中不动摇，忠心耿耿地为民族、为阶级、为党而工作。党依靠着这些人而联系党员和群众，依靠着这些人对于群众的坚强领导而达到打倒敌人之目的。这些人不要自私自利，不要个人英雄主义和风头主义，不要懒惰和消极性，不要自高自大的宗派主义，他们是大公无私的民族的阶级的英雄，这就是共产党员、党的干部、党的领袖应该有的性格和作风。我们死去的若干万数的党员，若干千数的干部和几十个最好的领袖遗留给我们的精神，也就是这些东西。”[③] 这是对中国共产党革命精神的高度凝练和概括。以毛泽东同志为主要代表的中国共产党人，对革命事业忠诚无私，在革命的每一个阶段都能牺牲个人利益服从大局，这种锲而不舍、攻坚克难的坚强意志深深地植入中国共产党人的基因中。正是由于他们的担当和所付出的巨大牺牲，中国共产党领导的革命队伍才能攻无不克、战无不胜，人民群众才会更加拥护党，革命进程才会大大加快。

在改革开放和社会主义现代化建设新时期，具有光辉历史的中国工人阶级再次展现出先进阶级的崇高风范，在改革攻坚中锤炼出锲而不舍、攻坚克难的坚韧毅力。人民是国家的主人，工人阶级是国有企业的主力军。中国共产党在改革开放新形势下鲜明地展现出工人阶级先锋队性质，积极采取有效措施巩固党的阶级基础。在社会主义条件下，工人阶级已经由私有制下的雇

① 邓小平文选（第二卷）[M]. 北京：人民出版社，1994：367.

② 邓小平文选（第二卷）[M]. 北京：人民出版社，1994：368.

③ 毛泽东选集（第一卷）[M]. 北京：人民出版社，1991：276.

佣劳动者转化为生产资料的主人，由被压迫阶级转化为领导阶级。工人阶级在完成改革攻坚重大历史任务的过程中，其先进性得到进一步锤炼和彰显。

以 20 世纪八九十年代的工资改革为例。随着经济的发展，我国财政状况虽然已经逐步好转，但以人均 GDP 来衡量还并不乐观，要实现 2000 年国民生产总值翻两番、人民生活达到小康水平的宏伟目标，还需做出巨大的努力。从工资标准来说，只能是低标准的提高，不可能给每个人增加较多的工资。当时工资制度中积存的问题很多，而国家财力十分有限，不可能通过一次改革把所有的问题都解决了。这就决定了工资制度改革的复杂性、艰巨性。面对这种困境，广大干部职工发扬对党忠诚无私、爱国奉献的精神，自觉弘扬服从改革大局的担当精神。他们积极响应党中央的号召，统一思想，统一认识，加强全局观念。他们同心协力，坚决按照中央原则批准的方案，认真做好各项工作，基本达到了改革的预期效果。

在 20 世纪 90 年代开始的国企改革攻坚战中，工人阶级发扬锲而不舍、攻坚克难的坚韧毅力，站在改革的前列，支持改革、参加改革、推动改革。为了建立现代企业制度和进行产业结构调整，不可避免地要对一部分职工进行下岗分流，这给他们的生活带来一些暂时的困难。在面对改革压力时，中国工人阶级又一次展现出为党分忧、顾全大局、无私奉献、服从调整的历史担当精神。“改革要贯穿四化建设的全过程。工人阶级最有远见，最大公无私，最少保守思想，最富于革新精神。在我们党所领导的、为完善社会主义制度和发展四化建设所必需的一系列改革中，工人阶级要充分发挥自己的历史主动性，站到改革的前列，支持改革，参加改革，领导改革。在整个改革过程中，广大职工要把革命热情和科学态度密切结合起来，严格按照客观规律办事，既敢于改革，又善于改革，保证各项改革有成效地、健康地向前推进。”① 他们以国家主人翁的高度自觉默默承受着改革和调整带来的阵痛，主动分担绝大部分改革成本。尽管他们的生活曾经一度艰难，但他们仍对国企改革抱有极大的热情和高度的责任感。他们以工人阶级的远见意识到，在知识经济和信息技术蓬勃兴起的时代，“手推肩扛”式的生产作业已不能适应时代前进的要求，中国经济发展需要更多掌握和运用现代科学技术的高素质劳动者。他们一方面从大局出发支持改革，一方面通过刻苦学习不断提高自身技能和市场经济适应能力。这种锲而不舍、攻坚克难的坚韧毅力，正是中国

① 中共中央文献研究室．十二大以来重要文献选编（上）［M］．北京：中央文献出版社，2011：308.

工人阶级与社会化大生产相联系的先进性的体现。邓小平同志指出：“工人阶级要发扬艰苦奋斗、大公无私、严守纪律、服从调动、爱厂如家的光荣传统，团结一致。”① 中国工人阶级没有辜负党中央和邓小平同志的期望，他们无愧于我国社会主义现代化建设主力军的历史角色。他们为改革攻坚伟大事业做出的奉献和牺牲，将永远铭刻在中国特色社会主义的历史丰碑上！

在20世纪90年代末的政府机构改革中，涉及一些部级负责同志和司局级干部的岗位调整问题。对于这些人员来说，从已经熟悉的岗位上换到新的岗位上去，必然要有一个重新安排和适应的过程。更重要的是，这会涉及许多利益问题。令人感动的是，这些部门的负责同志大都受过党多年的教育，经过长期实践的检验，有非常高的党性觉悟和大局观念。正是因为有一支如此高觉悟的干部队伍，江泽民同志才满怀信心地说：“我相信，大家一定能顾全大局，服从组织安排，正确对待个人领导职位和工作岗位的变动。”② 随着经济体制改革的深入和领导制度的完善，一些负责同志以大公无私的奉献和担当精神离开原来的工作岗位，踏上新的工作岗位。他们从自身做起，宁肯牺牲个人利益也要消除体制改革的阻力！他们不计个人名利，以自己的实际行动积极配合政府机构改革的推进，起到了良好的表率和示范作用。

当今世界，国际局势发生了自冷战结束以来最为深刻的变化，国际不稳定因素日渐增多。经济全球化和世界多极化趋势在曲折中发展。各种矛盾错综复杂，各种思潮相互激荡。科学技术突飞猛进，各国综合国力的竞争和较量已成为国际竞争的主要形式。经济全球化已成为人类社会发展的客观事实，这一趋势不仅不可阻挡，而且日益强劲，任何国家和民族都不能置身事外。在经济全球化发展趋势中，占主导地位的是发达资本主义国家，这就使得包括我国在内的发展中国家的发展面临着巨大的竞争压力。在巨大的压力面前，我们光有忧患意识不行，还必须要下定锲而不舍、攻坚克难的决心。邓小平同志在1987年就指出：“现在国际垄断资本控制着全世界的经济，市场被他们占了，要奋斗出来很不容易。像我们这样穷的国家要奋斗出来更不容易。”③ 我们只有继续艰苦奋斗，才能在国际竞争日益激烈的经济全球化浪潮中战胜严峻的挑战，才能克服困难。“全党同志特别是各级领导干部必须清醒地看到激烈的国际竞争给我们带来的严峻挑战，清醒地看到我们肩负的任务

---

① 邓小平文选（第二卷）［M］. 北京：人民出版社，1994：136.

② 江泽民文选（第二卷）［M］. 北京：人民出版社，2006：109.

③ 邓小平文选（第三卷）［M］. 北京：人民出版社，1993：218.

的艰巨性和复杂性，清醒地看到我们工作中存在的困难和风险，增强忧患意识，居安思危，深刻认识坚持艰苦奋斗的极端重要性，牢固树立为党和人民长期艰苦奋斗的思想。”① 胡锦涛同志在西柏坡重新强调艰苦奋斗的意义无疑具有很强的针对性。西方敌对势力不愿看到社会主义的发展壮大，一刻也没有放弃对我们国家和民族实施“西化”和“分化”的图谋，我们必须时刻警惕。2016 年 2 月 23 日，习近平总书记主持召开中央全面深化改革领导小组第二十一次会议并发表重要讲话指出：“各地区各部门要牢固树立全局意识、责任意识，把抓改革作为一项重大政治责任，坚定改革决心和信心，增强推进改革的思想自觉和行动自觉，既当改革促进派，又当改革实干家，以钉钉子精神抓好改革落实，扭住关键、精准发力，敢于啃硬骨头，盯着抓、反复抓，直到抓出成效。”② 无论是一个政党，还是一个国家、一个民族，越是在局势复杂、条件艰苦的情况下，越要以锲而不舍的钉钉子精神攻坚克难。

---

① 胡锦涛文选（第二卷）［M］. 北京：人民出版社，2016：8.

② 习近平主持召开中央全面深化改革领导小组第二十一次会议强调深入扎实抓好改革落实工作，盯着抓反复抓直到抓出成效［N］. 人民日报，2016-02-24（001）.

第四章

Chapter 4

改革开放精神的基本特征与重大意义

改革开放精神个性鲜明、意义重大。赓续传承中华优秀传统文化的变革日新和开放包容精神，为改革开放精神注入刚健有为和自信包容的深厚文化底蕴；注重把握时代脉搏、紧跟时代潮流，使改革开放精神具有鲜明的时代气息；立足基本经验、着眼实践要求，赋予改革开放精神以突出的实践品格。改革开放精神的提出是对改革开放主体论、方法论、经验论的凝练升华，丰富了社会主义改革开放理论，充实了中国共产党人精神谱系，促进了中华民族精神的现代转化。中国共产党人不断提炼时代精神，主要是着眼于凝聚意志、引领实践，创造性地开展工作。改革开放精神的重大实践意义正在于此，它为推进中国式现代化注入强劲动力，为全面深化改革开放注入生机活力，为发展新质生产力激活创新动能。

第一节　改革开放精神的基本特征

改革开放精神的基本特征，是改革开放精神区别于其他精神样态的显著之处。中国共产党人的精神特质，是由意志品质、成功经验、实践要求构成的，这种精神样态与其他精神样态的不同之处，就是由这几个方面决定的。深厚的文化底蕴、鲜明的时代气息、突出的实践品格，成为改革开放精神的基本特征。

一、深厚的文化底蕴

习近平总书记指出：“以数千年大历史观之，变革和开放总体上是中国的历史常态。中华民族以改革开放的姿态继续走向未来，有着深远的历史渊源、深厚的文化根基。”[①] 《大学》引汤之《盘铭》曰“苟日新，日日新，又日新”；[②]《易》曰“穷则变，变则通，通则久”，[③] 这种变革日新的精神是中华民族生生不息、与时俱进的鲜明体现。在中国历史上，社会每一次大的进步，无不张扬着改革的旗帜，显示着改革的力量。正是在不断变革创新中，中华民族战胜了一次又一次危机和挑战，焕发出生生不息的活力。习近平总书记指出：“中华文明具有突出的包容性。”[④] 中华民族是开放包容的民族，中国人以开放包容精神著称于世。开放包容精神主张，在处理人际关系、处理国家关系时，持理性平和、包容互惠的态度。

（一）生生不息的变革日新精神

变革日新精神是中华优秀传统文化的重要组成部分，体现了中国人民在长期历史实践中形成的变革意识与创新魄力。变革日新精神的形成是一个长期的历史过程，它深深植根于中国厚重的文化土壤中，其根源可追溯至中国古代的儒家、法家、墨家等学派的思想。在春秋战国时期，诸子百家争鸣，各种思想流派如雨后春笋般涌现。其中，儒家、墨家、法家等学派提出了各自的变革主张。儒家主张以德治国，通过道德教化来达到社会和谐；墨家提倡兼爱非攻，反对战争与不义；法家则主张以法治国，强调制度建设与法律权威。这些学派在探讨社会治理、人性论等方面都表现出强烈的变革意识，倡导通过道德教化、法治建设等手段推动社会进步，都体现了对变革的追求与探索。在诸子百家中，法家的社会历史观独具特色。战国时期的政治家商鞅批驳复古言论，论证了变法革新的历史必然性。他指出，治理国家的亶大举措不是随意制定的，而是依据于理和势。在这里，“理”是指历史发展规律，“势”是指某一历史阶段的客观情势。统治者必须根据历史规律和具体的历史情况，制定和采取相应的政治措施。他把历史的发展过程分为上、中、下三世，三世推行不同的制度和施行不同的方法，是因为时代不同、形势变了，所以不得不在制度和方法上加以变革，即其所强调的“世事变而行道异”。他提出“治世不一道，变国不法古”，“当时而立法，因事而制礼”。其主旨是强调历史是发展变化的，制度和治道应该随之而变，没有一成不变的制度和治道。

---

① 习近平．在庆祝改革开放40周年大会上的讲话［M］．北京：人民出版社，2018：36.

② 罗安宪．大学·中庸［M］．北京：人民出版社，2017：4.

③ 侯外庐，赵纪彬，杜国庠．中国思想通史（第一卷）［M］．北京：人民出版社，2011：587.

④ 习近平．在文化传承发展座谈会上的讲话［M］．北京：人民出版社，2023：4.

汉代以后，变革日新的精神主要表现为对变易史观与变易哲学的阐发。唐代的柳宗元写出了著名的《封建论》，认为封建制的产生不是由圣人的意愿决定的，而是由历史的客观形势决定的："封建非圣人意也，势也。"[①] 后来郡县制取代封建制，同样是历史发展的必然之势，不可阻挡，不是由某个圣人随意安排的。柳宗元提出变易史观，为其政治革新主张提供了理论依据。北宋的王安石在从事变法实践时，阐述了变易哲学，指出天与人都在"新故相除"之中。王安石认为，历史是一个不断进步的过程，而人的命运是受历史规律支配的。他主张通过改革，顺应历史的潮流，以推动社会的进步。这种历史哲学反映了他对国家命运的深切关注和对人民福祉的执着追求。王安石的变革理论与历史哲学对于今天仍具有重要的启示意义。首先，它告诉我们改革的重要性。当今世界，各国都面临着各种挑战和问题，只有通过改革才能解决这些问题。其次，它告诉我们改革需要勇气和决心。改革往往会遇到各种阻力，只有具有坚定的决心和勇气才能推动改革进程。最后，它告诉我们改革需要尊重人民的利益。只有真正为人民谋福利的改革才能得到人民的拥护和支持。

北宋的张载明确地将变易论同宇宙论结合起来，认为万物的始基、本质——气本身就是运动变化的。他说："气坱然太虚，升降飞扬，未尝止息。"[②] 他还把变与化区别开来，"变言其著，化言其渐"。[③] 变是显著变化即质变，化是不显著变化即量变。他还对"变"与"化"相互渗透、相互转化的关系作了阐述。朱熹认为，化育流行是宇宙的普遍规律。他说："天地之化，往者过，来者续，无一息之停，乃道体之本然也。"[④] 天地健动不已，运行不息。他要求君子效法天地之变动不居，流行不已，做到自强不息，革尽人欲，复尽天理，以使人之内心天理流行。

明末清初，黄宗羲、顾炎武、王夫之等对君主专制进行批判，并提出"天下为主，君为客"的主张。他们认为君主专制是社会进步的障碍，必须对其进行改革或推翻。同时，他们还强调了人的尊严与价值，认为每个人都应该被平等对待。黄宗羲认为历史是不断发展的，应该以"势"为依据来分析历史，而非以"理"为依据。他认为历史的规律在于"气运"，而非"天道"。顾炎武认为历史的规律在于"势"，而非"理"。他认为历史的发展是

---

① 中国哲学史（上册）[M]. 北京：人民出版社，2012：380.

② 康中乾. 中国古代哲学的本体论 [M]. 北京：人民出版社，2016：627.

③ 范文澜. 中国通史（七）[M]. 北京：人民出版社，2009：416.

④ 张涛. 中华易学 [M]. 北京：人民出版社，2018：23.

由生产方式的变化所推动的，而非由道德观念的变化所决定。王夫之认为历史的规律在于“理势合一”，认为历史的发展是由理和势共同决定的，即必然性和偶然性的统一。他认为历史的必然性表现在人类社会的内在矛盾和发展规律上，而偶然性则表现在具体的历史事件和人物活动上。他主张以“通变”的观点来看待历史，认为历史的发展是有规律的，但规律的实现不是线性的，而是曲折复杂的。王夫之对古代变易思想进行了历史性总结。他说：“天地之间，流行不息，皆其生焉者也。”[①] 运行不已、变化不息是宇宙间普遍法则。今日之风非昨日之风，今日之雷非昨日之雷，今日之江水非昨日之江水，今日之烛火非昨日之烛火。人生社会也是如此。

清代嘉庆以后，封建社会稳定的格局趋向解体。内外交困的形势，空前未有的变局，急遽快速的转型促使人们决心改变祖宗成法，去应付新的形势。在近代前夕发端的经世思潮中，“更法”成为一种强劲的呼声。龚自珍在青年时代就向清王朝提出了“奈之何不思更法”的建议。他指出，“一祖之法无不弊”，“与其赠来者以劲改革，孰若自改革”。[②] 他把中国 11 世纪的改革家王安石引为榜样。他曾写过这样一首诗：“霜豪掷罢倚天寒，任作淋漓淡墨看；何敢自矜医国手，药方只贩古时丹。”[③] 他所说的医国药方“古时丹”是什么？这首诗的自注中有如下说明：“己丑殿试，大指祖王荆公《上仁宗皇帝书》。”1829 年（道光九年）他的殿试对策，是以王安石在 1058 年（嘉祐三年）写给宋仁宗的《上仁宗皇帝言事书》为范文的。如果说龚自珍还是“药方只贩古时丹”，那么，晚于龚自珍而与之齐名的魏源则倡导“更法”并已具有全新的内容。他提出了“师夷之长技以制夷”口号，开启了近代向西方学习的思潮。魏源指出：“五帝不袭礼，三王不沿乐。”“变古愈尽，便民愈甚。”“天下事，人情所不便者，变可复；人情所群便者，变则不可复。江河百源，一趋于海，反江河之水而复归之山，得乎？”[④] 历史进化是客观趋势，顺时改革犹如江河之水奔腾到海，势不可当，势不可复；如果违背“人情所群便”而去倒行逆施，那肯定是行不通的。

变革日新、革故鼎新的精神是中华优秀传统文化一股奔腾不息的激流。在中华民族发展史上，它激起了惊涛巨浪，展示了波澜壮阔的大场面。它激励人们竞相追求变易之道、探求变革之理，站在时代的前沿。中华民族在一

① 侯外庐．中国思想通史（第五卷）[M]．北京：人民出版社，2011：53.

② 龚自珍全集 [M]．上海：上海人民出版社，1975：6.

③ 任继愈．中国哲学史（四）[M]．北京：人民出版社，2003：148.

④ 任继愈．中国哲学史（四）[M]．北京：人民出版社，2003：181.

场场革故鼎新的变革中，不断获得生机和活力，生命之水源源不断，常流常新，中华民族因此充满生机。

（二）源远流长的开放包容精神

在历史上，中华民族不断融合吸收外来优秀文化，将其融入自己的文化体系之中，形成了气象万千、多姿多彩的中华优秀传统文化。开放包容是中华优秀传统文化的重要精神特质。

中华民族的开放文化形成于多种因素。首先，中华文明所处的地理环境为其提供了多元文化的交流平台。中国地域辽阔，不同地区之间的文化交流与融合成为中华民族开放包容文化形成的重要基础。其次，中华文明内部的文化传承与创新为其提供了内在动力。历史上，中华文明不断吸收和借鉴其他文化的优秀成果，推动自身不断发展和创新。

在发展过程中，中华民族的开放包容文化经历了多个阶段的演变。在先秦时期，中华文明与其他文化交流逐渐增多，形成了早期的开放包容文化。随着丝绸之路的开通和海上丝绸之路的发展，中华文明与其他文明的交流达到了巅峰，开放包容文化得到了进一步发展。丝绸之路始于公元前 2 世纪，最初是由张骞出使西域所开辟。随着时间的推移，丝绸之路逐渐发展成为连接东亚、中亚、西亚乃至欧洲的重要通道。在这一过程中，中国的丝绸、瓷器、四大发明等传至西方，同时西方的宗教、艺术和科技也传入中国，对中华文明的发展产生了深远的影响。丝绸之路的开通促进了不同民族、国家和地区之间的相互理解与尊重。文化交流不仅丰富了各国的文化内涵，还为人类文明的发展注入了多元性。此外，丝绸之路还推动了世界宗教的发展，如佛教通过丝绸之路传入中国，并对中国的哲学、艺术和文学产生了深远的影响。同时，伊斯兰教和基督教通过丝绸之路传入中国，进一步丰富了中国的宗教文化。

历史上唐代是中华民族政治、经济、文化最繁荣的时代，表现出恢宏开放的心态、兼收并蓄的气度和激昂奋发的精神。唐王朝的都城长安，不仅是中国政治、经济、文化的中心，而且成了东方“国际性”大都会。王维的诗句“九天阊阖开宫殿，万国衣冠拜冕旒”①，描述了各国、各族使者朝会的空前盛况。当时，除日本、朝鲜、印度等与中国交往甚密外，还有 70 多个国家与中国通使、贸易。唐代的国际交通，从长安出发东可到朝鲜，西可至印度、

① 曹寅，彭定求．全唐诗（卷一二八）［M］．北京：中华书局，1999：1296.

波斯、阿拉伯。海上从蓬莱、扬州可到日本，从广州可达马来半岛、印度、波斯湾。① 交通的发达，促进了文化的交流和融合。唐代善于汲取外来文化的营养，如对佛教文化、阿拉伯文化、波斯文化和大秦文化的吸取。禅宗就是唐代中国文化与外来文化交相融合的产物；气势恢宏的唐文化被视作“大有胡气”，所有这些，都丰富、壮大了中国文化。总之，唐代强大的国势、辉煌的文化、博大的胸怀、开放的姿态充分表现了高昂自信的精神气度。

宋明理学敞开胸怀，广泛吸收儒、释、道各家之长，为我所用，如对佛老思想中有价值的理论精髓、思维方式和逻辑图式，表现出极强的兼容性和开放姿态。②尽管理学家们更强调“内圣”，但他们并不缺乏入世的刚健精神品格，他们也投身于社会现实，奋发进取，追求个人理想价值的实现。理学家们大多一方面强调知的先行性，主张“知先行后”；另一方面也不忽视行的重要性，坚持“行重知轻”。他们认为只要沿着“格物穷理”的路线走下去，通过“今日格一件，明日格一件”的日积月累，自然能达到知行合一的境界，即“脱然自有贯通处”。理学官方化后，逐渐失去了“格物穷理”的力行精神，演化成猎取功名利禄的手段，实非理学家之本意。③

近代以来，随着西方列强的入侵和全球化的加速，中华文化面临着前所未有的挑战。西方的科学技术、价值观念和生活方式对中华文化产生了巨大冲击。同时，中国的有识之士开始反思中华文化的不足，寻求文化的转型。一方面，中华文化开始吸收西方的先进科技和文化元素，努力实现文化的现代化；另一方面，中华文化坚守自己的核心价值，努力维护文化的主体性。例如，近代的“中体西用”思想，就是在坚守中华文化主体性的同时，吸收西方的科技和文化。经过转型，中华文化逐渐形成了新的格局。这种新的文化格局既有传统的因素，也有现代的元素；既体现了中华民族的独特性，又适应了现代社会的需求。新的文化格局对中国的社会、经济、政治产生了深远的影响，既推动了中国的现代化进程，也为中国在世界舞台发挥更大作用奠定了基础。中华民族开放包容文化在近代的转型，既是对外部冲击的回应，也是内部自我更新的过程。这个过程虽然是痛苦的，但也是充满希望的。它既展示了中华文化的坚韧和生命力，也体现了文化转型的复杂性和长期性。在未来的日子里，中华文化将继续保持开放包容的姿态，不断吸收世界文化

① 邹德秀．中国古代农业与中国社会发展［J］．农业考古，1989（2）：175-180.

②③ 陈延庆．论理学时代精神及其对当时时代挑战的回应［J］．长沙电力学院学报（社会科学版），2001（1）：35-37.

的精华，同时将更加坚定地维护自身的核心价值和文化主体性。

中华民族传统的开放包容文化影响深远。首先，开放包容文化促进了中华文明的繁荣和发展。在与其他文明的交流中，中华文明不断吸收外来文化的优秀成果，推动自身的不断创新和发展。其次，开放包容文化增强了中华文明的国际影响力。中华文明作为一个拥有悠久历史和灿烂文化的文明，其开放包容的文化特质吸引了众多外国学者的关注和探索，提高了中华文明的国际地位和影响力。最后，开放包容文化对于当今中国实现高水平对外开放具有重要的启示意义。中国需要坚持开放包容的文化理念，积极吸收世界各国优秀文化成果，推动自身文化的创新发展，为人类的发展做出更大贡献。

改革开放精神深深扎根于中国传统文化的沃土之中，中华民族之所以能在五千多年的历史发展中，历经磨难而信念弥坚，饱尝艰辛而斗志昂扬，创造出灿烂的中华文明，是因为变革日新精神和开放包容精神始终是其文化底蕴和力量源泉。

二、鲜明的时代气息

邓小平同志指出："和平与发展是当今世界的两大主题"，[①]"我们要赶上时代，这是改革要达到的目的"。[②] 改革开放以来，中国共产党领导全国人民以宽广的世界视野和深邃的历史思维观察世界，以互利共赢的原则处理国际关系，以开放创新来要求自己。互利共赢、开放创新已成为改革开放新时期的显著特征。

互利共赢是指通过合作实现各方利益的共同增长，旨在构建一个更加公平、合理的国际政治经济新秩序。在全球化背景下，各国间的相互依存度日益加深，传统的零和博弈已无法适应时代发展。互利共赢的理念对于推动全球治理体系变革具有重要意义，有助于促进国际关系的和谐与稳定。互利共赢的理念体现在多个方面。首先，国际关系理论强调国家间的合作与共赢，以实现共同发展为目标。其次，全球治理理论认为，各国应通过协商与合作共同应对全球性挑战，推动全球治理体系的完善。最后，在中国的外交政策中，互利共赢是一项重要原则，旨在推动构建人类命运共同体。

开放创新是指以开放的态度和创新的思维，推动经济社会的持续发展。

---

① 中共中央文献研究室．十三大以来重要文献选编（中）［M］．北京：中央文献出版社，2011：919.

② 邓小平文选（第三卷）［M］．北京：人民出版社，1993：372.

在当今世界，经济全球化深入发展，各国间的经济联系不断加强。开放创新成为推动经济发展的关键因素，它有助于激发市场活力、促进技术进步和产业升级。开放创新的意义主要体现在以下几个方面。首先，开放创新能够促进资源要素的全球流动，提高生产效率和市场竞争力。其次，通过开放创新推动经济发展模式转变，有助于实现可持续发展目标。最后，开放创新是政府推动经济发展的重要手段。例如，中国政府提出的“一带一路”倡议就是以开放创新推动沿线国家共同发展的典范。

公平正义作为社会发展的重要基石，在改革开放进程中得到了广泛的关注和实践。在改革开放之前，由于历史和现实的原因，公平正义的基础相对薄弱，存在城乡差距、地区差距和阶层差距等问题。改革开放以来，随着经济的快速发展和社会的不断进步，公平正义状况得到了显著改善。改革开放以来，国家加强了法律制度的建设，推进了法治化进程。一系列法律法规的出台和完善，为公平正义提供了更加坚实的制度保障。例如，《中华人民共和国宪法》等法律的修订和完善，进一步保障了公民的基本权利和自由。教育是实现公平正义的重要途径。改革开放以来，国家加大了对教育的投入，推动了教育的普及和发展。九年制义务教育的实施，使得适龄孩子能够接受基础教育；高等教育的发展，为更多的人提供了接受高等教育的机会。教育的普及和发展，为公平正义的实现奠定了基础。随着经济的发展，收入分配状况得到了改善。国家采取了一系列措施，如提高最低工资标准、加强税收调节等，缩小了城乡、地区和阶层之间的收入差距。同时，精准扶贫等政策的实施，使贫困人口的生活得到了改善，进一步体现了公平正义的精神。社会保障是实现公平正义的重要保障。改革开放以来，国家逐步建立了完善的社会保障体系，包括养老、医疗、失业等方面的保障。随着社会保障体系的不断完善，更多的人获得了基本保障，社会公平正义得到了更好的体现。虽然改革开放以来我国在社会公平正义方面取得了显著进步，但仍存在一些挑战和问题。在未来的发展中，应继续加强法律制度建设，完善教育、医疗、社保等公共服务体系，进一步缩小收入差距。同时，应加强对弱势群体的关注和保护，推动社会的全面进步和发展。

高质量发展是时代进步的新要求，旨在实现经济社会的平衡增长和可持续发展。随着科技革命的深入推进和社会变革的加速，各国都在努力抓住机遇、应对挑战，以实现更快更好的发展。高质量发展的理念具有重要意义。首先，发展经济学理论关注如何实现经济的快速增长和社会福利水平的提高。其次，政治社会学理论则强调政治稳定与经济发展的互动关系。此外，在政策层面，各国都在努力制定和实施有利于加快发展的战略和措施。例如，党和国家提出的供给侧结构性改革就是为了适应新形势下的高质量发展要求。

互利共赢、开放创新的实现，是建立在公民科学素质和道德素质大幅提升这一战略基础之上的。首先是科学素质的大幅提升。改革开放以来，“科学技术是第一生产力”的正确观点得以确立，党和国家强调把发展科学技术和教育事业放在首要位置，我国科学技术水平有了显著提高。这不仅推动了生产力的发展，而且有利于重塑崇尚科学的民族精神。《全民科学素质行动计划纲要》要求：“公民具备基本科学素质一般指了解必要的科学技术知识，掌握基本的科学方法，树立科学思想，崇尚科学精神，并具有一定的应用它们处理实际问题、参与公共事务的能力。”① 科学素质，与广大公民的生产、工作和生活密切相关。提高公民科学素质，是我国提高综合国力的战略共识，是实现开放创新和高质量发展的必然要求。

当今时代，人工智能加速发展，信息技术成为经济发展的“领头羊”。谁能在新技术革命中居于主导地位，谁就能拥有更为广阔的发展空间。2025 年前后，软件、生物工程、海洋科技、新材料、环保等产业的产值，将全面超过汽车、建筑、钢铁、石油、纺织等传统产业的产值。面对新技术革命的到来，产业结构的重大调整、高科技产业的迅速崛起是大势所趋，技术含量较高的新兴职业群体随之出现。在激烈的人才竞争中，越来越多的目光必然聚焦于人的科学素质方面。科学素质的灵魂是科学精神，它不仅可以激励人们去学科学、用科学，而且对树立正确的世界观、人生观、价值观，掌握科学的工作方法，完成各项工作任务，切实提高竞争力，都具有重要意义。

对科学精神的弘扬，可为人类的生存和发展提供必要的条件，为人们处理人与社会、人与人、人与自我、人与自然的关系提供合理的方式和正确的途径，为开放创新、高质量发展和互利共赢提供新理念的支撑。众所周知，宇宙只有一个地球，地球是我们和子孙后代唯一可生存的家园。然而，地球生态系统是脆弱的，如果放任工业污染源对我们赖以生存的地球生态环境进行破坏，人类终将无家可归。地球的资源也是有限的，科学技术的发展不应使人们误认为人类改造自然的能力是无限的，否则必将造成资源枯竭。人类有享受物质生活、追求自由与幸福的权利，但这种权利只能限制在自然环境承载能力许可的范围之内。如果人类能够认识到上述道理，便能够按照正确的方向和方式坚持互利共赢和可持续发展的精神。今天，我们必须抓住人类

① 山东省科学技术协会．科协工作面对面［M］．北京：人民出版社，2010：317.

文明转型的机遇，超越传统工业文明，倡导生态文明，为实现可持续发展而努力奋斗。

改革开放和社会主义现代化建设，对公民道德素质提出更高要求。培育有理想、有道德、有文化、有纪律的社会主义公民，是中华民族精神建设的任务。现阶段民族精神建设的广泛性或群众性的重要方面是在覆盖面上，使每个人都接受和遵守公民的行为准则，履行公民的义务和维护公民的权利，做到爱祖国、爱人民、爱劳动、爱科学、爱社会主义。要使“五爱”在社会生活中全面地体现，成为全民的共同行为准则，公民就必须具备公德意识，这是一个最起码、最一般的道德要求。社会主义公德有不同的层面，包括人与社会的关系、人与人的关系、人与自然的关系等。对于每个公民来说，上述各个层面的道德规范，都是适用的。

在加强思想道德建设的过程中，党中央明确提出，要引导广大干部群众树立以“八荣八耻”为主要内容的社会主义荣辱观。这一要求，既是针对执政党的成员和广大干部而言，又是针对全体公民而言，体现了公民道德建设先进性要求和广泛性要求的统一。以热爱祖国、服务人民、崇尚科学、辛勤劳动、团结互助、诚实守信、遵纪守法、艰苦奋斗为荣，以危害祖国、背离人民、愚昧无知、好逸恶劳、损人利己、见利忘义、违法乱纪、骄奢淫逸为耻，① 是我们这个社会和民族普遍的价值标准，全社会成员都应做到这一点，先进分子更应在这方面作出表率。

以荣辱观的形式将民族精神要求落实到公民的日常行为中，对于抵制西方个人主义思想的负面影响，维护社会稳定和团结具有重要意义。通过弘扬爱国主义和集体主义精神，可以提高公民的国家意识和民族自豪感，增强民族凝聚力。“八荣八耻”强调了服务人民、崇尚科学、辛勤劳动、团结互助、诚实守信等基本道德要求，对于提高公民道德素质和社会道德水平具有重要意义。通过教育和实践，可以使公民更加注重个人品德修养，自觉遵守社会公德和职业道德，形成良好的社会风尚。“八荣八耻”强调了遵纪守法、艰苦奋斗等优秀品质，这些品质是构建和谐社会的重要基石。通过弘扬这些优秀品质，可以增强公民的法律意识和纪律观念，促进社会公平正义，减少社会矛盾和冲突，从而推动和谐社会的建设。

改革开放以来，党和国家以全球视野和开放心态为基点，充分利用国内外资源，积极探索创新发展路径。我们注重全球化视野，积极参与国际竞争

① 郭双，马锦飞．以社会主义核心价值观引领心理和谐［J］．社科纵横，2013，28（3）：7-13.

与合作；注重科技创新，不断提升自主创新能力；注重体制机制创新，不断释放社会活力。我国在经济发展领域取得了显著成就。在对外贸易方面，我国积极融入全球经济体系，推动贸易自由化、便利化；在吸引外资方面，我国不断完善投资环境，成为全球最具吸引力的投资目的地之一。这些成果的取得，离不开互利共赢和开放创新的理念和实践。科技创新是推动国家发展的重要驱动力。我国在科技创新领域取得了一系列重大突破，如“天宫”空间站、“蛟龙”号深海载人潜水器等。这些成果的取得，得益于我国不断加强国际科技合作，充分利用国内外科技资源，推动科技创新成果的转化和应用。改革开放以来，我国在文化交流领域取得了丰硕成果。通过举办“中国文化年”等活动，加强了与世界各国的文化交流与合作；同时，积极引进国外优秀文化成果，推动文化产业的快速发展。这些举措不仅提升了我国的文化软实力，而且为世界文化多样性的发展作出了贡献。

改革开放精神是对历史前进方向的反映，其内涵深深打上了时代的烙印。改革开放精神根植于时代发展的土壤中，与时俱进，具有持久的生命力和活力。改革开放精神的形成是时代精神和社会实践的最集中反映。为跟上时代潮流，为改革开放注入不竭动力，中国共产党人带领人民积极向其他民族学习借鉴、取长补短。改革开放精神抛弃了传统文化中的糟粕，汲取其积极的、有价值的内容；抛弃了一切封建主义的、资本主义的糟粕，汲取其积极的、最有价值的内容，并与时代精神和新的历史条件下人们的现代意识相结合，从而形成了中华民族先进精神的改革开放精神。改革开放精神的时代性突出地表现在解放思想、实事求是、与时俱进、开拓创新的精神和万众一心、众志成城、实现中华民族伟大复兴的理想追求等方面。习近平总书记指出：“改革开放铸就的伟大改革开放精神，极大丰富了民族精神内涵，成为当代中国人民最鲜明的精神标识。”① 改革开放精神是当代人民的价值追求、思维方式、道德情操、审美情趣等的凝结，具有鲜明的时代性，标示了中华民族精神时代化所达到的新高度。随着时代的发展进步，社会政治经济的进步，时代精神的内涵不断得到丰富和发展。因此，改革开放精神必然要契合时代脉搏、体现时代趋势，从而具有鲜明的时代特色。

三、突出的实践品格

人是实践的主体，但并不是所有人都具有实践主体性。就社会历史进程

---

① 习近平．在庆祝改革开放40周年大会上的讲话［M］．北京：人民出版社，2018：13.

看，只有那些能自觉地从事改造自然、社会，推动历史前进的群体及个体才是真正的主体；而那些被改造、被革命的对象，并不真正具备实践主体性。这是因为，虽然表面看来他们也在从事社会实践活动，但实际上是在阻碍历史前进、损害人类利益，他们的行为是反主体的。[①] 实践主体性的本质规定，应是革命性、批判性、开拓性和创造性。邓小平同志指出：“人的因素重要，不是指普通的人，而是指认识到人民自己的利益并为之而奋斗的有坚定信念的人。”[②] 这揭示了实践主体性的实质规定。简单地说，实践主体性的实质在于：在人与物的相互关系中处于主动地位，能在事物关联中自主自立、开拓创新、变革他物。

邓小平同志指出：“我们改革开放的成功，不是靠本本，而是靠实践，靠实事求是。”[③] 邓小平同志为全党和全国人民树立了高扬实践主体性的光辉典范。他意味深长地指出：“干革命、搞建设，都要有一批勇于思考、勇于探索、勇于创新的闯将。没有这样一大批闯将，我们就无法摆脱贫穷落后的状况，就无法赶上更谈不到超过国际先进水平。”[④] 在这方面，邓小平同志运用唯物论的认识论正确提出了“冒、闯、试”三个环节的辩证关系，指出：“改革开放胆子要大一些，敢于试验，不能像小脚女人一样。看准了的，就大胆地试，大胆地闯。没有一点闯的精神，没有一点‘冒’的精神，没有一股气呀、劲呀，就走不出一条好路，走不出一条新路，就干不出新的事业。”[⑤] 在此，“冒、闯、试”是三个必要的环节。“冒”与“闯”说的是敢于创新的胆略和气魄，“试”说的是善于创新的科学探索，“冒、闯、试”三者不可分离。为了在实践中创新，走出一条新路，不仅要有敢于“冒”与“闯”的胆略和气魄，而且要有慎重的、科学的、实事求是的、辩证唯物主义的态度，大胆而谨慎地“试验”：走一步看一步，坚持对的，纠正错的，不断求索新的试验，以求不断发展、前进。正是在这个意义上，邓小平同志把改革看作一场伟大的试验。邓小平同志强调要把“冒”与“闯”的精神渗透于“试验”过程中，要敢于冲破一切阻碍试验的教条主义、“左”的东西的束缚；敢于借鉴、吸收一切对社会主义有用的东西；敢于摸索有中国特色社会主义自身的

---

① 贺善侃．谈哲学主体性理论的规定和结构：上海市哲学学会主体性理论小型研讨会综述［J］．毛泽东邓小平理论研究，1991（6）：66-68.

② 邓小平文选（第三卷）［M］．北京：人民出版社，1993：190.

③ 邓小平文选（第三卷）［M］．北京：人民出版社，1993：382.

④ 邓小平文选（第二卷）［M］．北京：人民出版社，1994：143-144.

⑤ 邓小平文选（第三卷）［M］．北京：人民出版社，1993：372.

发展规律，这样才能在试验中不断有所创新。注重实效、力戒空谈，是邓小平同志思维方式的一个重要特点。在邓小平同志看来，主体创新性的落实，在于以务实为本，狠抓具体，“少讲多干”。他“发明”了“不搞争论”的原则，提出了务实重实效的判断标准，反对“假、大、空”和形式主义，倡导摸着石头过河，走一步看一步，脚踏实地，一步一个脚印的作风。①

江泽民同志在领导改革开放的过程中表现出崇高的实践品质。他注重理论联系实际，善于运用马克思主义的基本原理解决中国的实际问题。他强调要发扬理论创新和实践创新的精神，提出了许多具有前瞻性和战略性的思想观点，如“三个代表”重要思想等，为中国的发展提供了重要的思想武器。他善于把握全局，注重统筹协调，能够妥善处理各种复杂矛盾和问题。他强调要发扬民主、依法办事，注重发挥集体智慧和力量，为中国的发展提供了坚强的组织保障。他勇于担当责任，不畏艰难险阻，为中国的改革开放事业而殚精竭虑。他坚持“立党为公、执政为民”的宗旨，注重维护人民群众的根本利益。他清正廉洁、艰苦朴素，始终保持共产党人的优良传统和作风。他尊重知识、尊重人才，善于倾听不同意见和建议，为中国的发展汇聚了广泛的智慧和力量。他的实践品质坚定了全国各族人民走中国特色社会主义道路的信心和决心，是留给全党的重要精神财富。

胡锦涛同志注重实践、敢于创新。他深刻认识到，改革开放是一项前无古人的伟大事业，没有现成的经验可以借鉴。因此，他强调要在实践中不断探索、勇于创新。在他的领导下，中国在政治、经济、文化等各个领域都取得了显著的成就。例如，胡锦涛同志提出了“以人为本”的科学发展观，强调发展为了人民、发展依靠人民、发展成果由人民共享。他善于把握大局、科学决策。他深刻认识到，改革开放是一项复杂的系统工程，必须从全局出发，统筹兼顾。在决策过程中，他注重调查研究，充分听取各方面的意见和建议，力求做到科学决策、民主决策。同时，他十分注重决策的执行效果，及时对不合理的决策进行调整和完善。这种善于把握大局、科学决策的实践品质，为中国的改革开放事业提供了有力的保障。他始终保持清正廉洁的作风。他深刻认识到，领导干部的廉洁自律对于党和人民事业的重要性。他严于律己、以身作则，时刻保持清醒的头脑和高度的警觉性。在他的带领下，各级领导干部纷纷效仿，形成了风清气正的良好政治生态。同时，他注重制

① 贺善侃．邓小平理论的主体性思想及实践基础［J］．华东理工大学学报（社会科学版），2000（1）：1-6.

度建设，通过制定一系列严格的规章制度，加强对权力的监督和制约，从根本上预防腐败现象的发生。这种清正廉洁的作风，不仅树立了党和政府的良好形象，而且为社会的和谐稳定提供了有力保障。胡锦涛同志在面临各种困难和挑战时，始终保持清醒的头脑，不为各种杂音所动摇，坚定不移地推进改革开放。

习近平总书记在坚持和发展中国特色社会主义的伟大实践中，展现出一系列鲜明的实践品格，这种实践品格成为新时代中国共产党人的精神标识。习近平总书记始终秉持实事求是的思想路线，在治国理政中坚持问题导向，精准施策。广大党员干部应该将这种实事求是的精神内化为自身的工作态度和方法。习近平总书记强调“人民对美好生活的向往就是我们的奋斗目标”,[①] 并把以人民为中心的思想贯穿各项工作之中。广大党员干部应该遵循习近平总书记的指示，树立正确的群众观点和服务意识，践行全心全意为人民服务的根本宗旨，这是对人民至上的价值观进行深化理解和有效践行的关键所在。

习近平总书记以勇于担当、敢于作为的实际行动诠释了新时代共产党人的使命担当。广大党员干部应该培育勇于担当的历史使命感和社会责任感，激发创新精神和创业激情，实现个人发展与国家发展的有机结合，这是对担当有为实践品格的落实与传承发扬。习近平总书记提出一系列长远战略构想，如“两个一百年”奋斗目标、“五位一体”总体布局、“四个全面”战略布局等，倡导以久久为功的“钉钉子”精神去逐步落实这些战略部署。这充分体现了他的战略思维和长期实践智慧。习近平总书记身上所展现的鲜明实践品格，成为全国人民建设社会主义现代化国家的精神动力。

受党和国家领导人实践精神的鼓舞，人民群众在改革开放大潮中展现了勇于创新的精神品质、敢于担当的责任意识、团结协作的集体观念、追求卓越的进取心态。

第一，在改革开放的进程中，人民群众展现出可贵的历史首创精神。他们敢于挑战旧有的体制和观念，勇于尝试新的方法和思路。正是这种可贵的历史首创精神，推动了改革开放的不断深入，促进了社会经济的快速发展。以家庭联产承包责任制为例，这项由农民自发创造的改革，极大地解放了农村生产力，为中国的农业大发展打下了坚实基础。基层自治、村民自治等基层民主实践，有力推动了中国的政治体制改革。人民群众对文化生活的需求

---

① 习近平．在深圳经济特区建立 40 周年庆祝大会上的讲话［M］．北京：人民出版社，2020：11.

推动了文化领域的创新，如群众艺术、社区文化等。这些形式多样、内容丰富的文化活动，极大地丰富了人民的精神生活。凡此种种都是人民首创精神的体现。人民首创精神是推动社会进步的重要力量，它激发了全社会的创新活力，为中国的发展注入了源源不断的动力；它推动了中国的民主政治进程，丰富了中国特色社会主义政治理论，为中国的政治体制改革提供了有益的探索。人民首创精神是文化繁荣的源泉。人民首创精神激发了全民族的文化创造力，推动了中华文化的创造性发展。人民首创精神是推动改革开放取得巨大成功的重要动力。无论是经济领域的改革创新，还是政治领域的民主实践，抑或是文化领域的多元发展，都离不开人民首创精神。这种精神不仅是社会进步的推动力、协商民主的催化剂，更是文化繁荣的源泉。因此，我们应该深入挖掘和弘扬人民首创精神，充分发挥其在全面深化改革开放中的重要作用，为实现中华民族伟大复兴的中国梦积蓄力量。

第二，在改革开放过程中，人民勇于承担责任，不畏艰难险阻。他们以国家和民族的利益为重，积极投身于改革实践，为实现国家的发展目标而努力奋斗。这种敢于担当的责任意识，是推动改革开放事业不断前进的重要动力。敢于担当的责任意识是提升社会治理效能的关键因素。人民勇于承担责任，积极参与社会治理，推动了国家治理体系的完善和发展。在国有企业改革中，工人阶级始终站在改革的前沿，他们勇于担当风险，推动现代企业制度不断创新和完善。正是这种精神，使得中国国有企业在国际市场上闯出了一片天地。在科技、教育、文化等各个领域，知识分子始终坚持创新，不畏艰险，勇于担当。他们的努力不仅推动了各领域的发展，而且为国家的改革提供了强大的智力支持。未来需要继续发扬他们的主人翁意识，为全面建成社会主义现代化强国汇聚力量。

第三，在改革开放的实践中，人民表现出高度的团结协作精神。他们互相支持、互相帮助，共同面对改革的挑战和困难。这种集体观念不仅增强了人民的凝聚力，而且为改革开放事业的成功提供了有力保障。团结协作的集体观念是增强社会凝聚力的基础。在面对重大自然灾害时，无数普通人挺身而出，舍小家为大家。全国各族人民齐心协力，共同抗击灾害。这种团结的力量，不仅使我们取得了抗击灾害的胜利，更在无形中增强了民族凝聚力，展现了高度的社会责任感和爱国情怀。在未来的发展中，我们需要继续弘扬集体主义观念，加强团结协作，共同应对各种挑战。

第四，在改革开放中，人民积极进取，追求卓越。他们不满足于现状，勇于突破自我，不断提升自身素质和能力。追求卓越是人民群众推动改革开放的内在动力。这种追求不仅体现在物质生活的丰富上，更体现在精神层面的提升上。人民群众在参与国家建设和推动社会发展中，充分发挥了自己的主体性和创造力，以实际行动展现了“人民是历史的创造者，是决定党和国家前途命运的根本力量”① 的主体意识。人民群众在改革开放中的自我超越，体现了社会主义民主政治的优越性。中国共产党的领导是实现这一目标的重要保证；党的群众路线、社会主义核心价值观等，为人民群众的自我超越和追求卓越提供了思想指引和行动指南。这种追求卓越的进取心态，为改革开放注入了强大的动力，推动了社会的持续发展。追求卓越的进取心态是激发社会发展潜力的重要因素。在改革开放中，人民群众不断超越自我、追求卓越的实践，既是个体的选择，也是时代的必然。它不仅推动了中国社会的进步和经济的发展，而且为世界提供了宝贵的经验。在新的历史起点，我们要继续发挥人民群众的主体作用，不断深化改革、扩大开放，为实现中华民族伟大复兴的中国梦而不懈努力。

第二节　改革开放精神的理论意义

改革开放精神的提出是对改革开放主体论、方法论、经验论的凝练升华，丰富了社会主义改革开放理论。在改革开放的实践中，中国共产党人不断突破传统观念束缚，形成了敢闯敢试、敢为人先等具有时代特色的精神特质，充实了中国共产党人精神谱系。改革开放精神将中华优秀传统文化中的变革创新精神、开放包容精神和实干进取精神与时俱进地发展为具有时代特色的精神，丰富了民族精神的内涵，促进了中华民族精神的现代转化。

一、丰富了社会主义改革开放理论

改革开放以来，国内外学者对于社会主义改革开放理论进行了广泛而深入的研究。早期的研究主要集中于改革开放的背景、方向和过程等方面。党的十七大以来，随着改革开放一系列重大成就的取得，研究的重点逐渐转向改革开放在中国特色社会主义事业中的地位和功能，以及改革开放的重要方法和基本经验。到改革开放 40 周年的时候，改革开放的推进方法比较成熟了，基本经验也比较丰富了，全面深化改革开放取得一系列突破，中国特色

① 习近平．在纪念中国人民抗日战争暨世界反法西斯战争胜利 75 周年座谈会上的讲话［M］．北京：人民出版社，2020：11.

社会主义制度在与资本主义制度的较量中展现出明显的制度优势。同时，体制机制的“中梗阻”阻碍高质量发展的问题凸显，改革仍需啃下更多的“硬骨头”，全面深化改革成为推进中国式现代化的根本动力。因此，凝练和提出“改革开放精神”这一重大命题，既是社会主义改革开放理论发展的逻辑必然，也是坚持和发展中国特色社会主义制度的要求，更是推进中国式现代化的时代要求。

改革开放精神是社会主义改革开放理论发展的逻辑必然。社会主义现代化建设是一个不断探索、不断改革、不断发展的过程。在这个过程中，我们需要不断地进行理论创新和实践探索，以适应时代的发展和变化。改革开放精神正是这种理论创新和实践探索的重要体现。首先，要认识到社会主义的本质要求。社会主义的本质是解放生产力，发展生产力，消灭剥削，消除两极分化，最终达到共同富裕。为了实现这个目标，需要不断地进行改革，以适应生产力的发展和人民的需要。因此，改革开放精神正是基于这种认识而产生的。其次，改革开放精神是发展中国特色社会主义的重要动力。中国特色社会主义是在中国独特的国情和历史背景下形成的，它既不同于传统的社会主义模式，也不同于西方资本主义模式。因此，我们需要不断地进行实践探索和创新，以适应中国特色社会主义的发展需要。最后，需要认识到改革开放精神对于社会主义现代化建设的重要性。随着全球化和信息化的不断发展，我们会面临越来越多的机遇和挑战。因此，需要不断地进行改革和创新，以适应时代的发展和变化。需要将改革开放精神贯穿于社会主义现代化建设的全过程，以实现中华民族伟大复兴的中国梦。

改革开放精神是对改革开放主要方法和基本经验的升华。首先，改革开放的主要方法就是解放思想、大胆试验。只有不断地更新观念、探索新的方法和手段、勇于尝试和突破，才能实现经济的快速发展和社会进步。解放思想是我们理解改革开放的关键。习近平总书记指出：“思想不解放，我们就很难看清各种利益固化的症结所在，很难找准突破的方向和着力点，很难拿出创造性的改革举措。”① 过去，由于各种历史原因，我们的思维方式、价值观念、社会观念都受到了严重束缚。因此，我们需要通过学习、交流、讨论等方式，逐渐摆脱旧的思维模式，建立起适应市场经济和社会发展的新思维。解放思想的过程是一个持续不断的过程，需要我们不断地更新观念，不

① 中国共产党第十八届中央委员会第三次全体会议文件汇编［M］. 北京：人民出版社，2013：114.

断地反思和改进。大胆试验是改革开放的重要手段。改革开放不仅是理论的探讨，更需要实践的检验。在实践中，要敢于尝试、敢于创新、敢于失败，不断地摸索出适合中国国情的改革之路。要勇于突破旧的体制和规则，不断地尝试新的方法和手段，以实现经济的快速发展和社会进步。

其次，改革开放的基本经验归结起来就是：解放思想，实事求是，大胆创新，勇于实践。在过去的几十年中，中国的政治、经济和社会发展经历了巨大变革。这些变革的基础是思想的解放，即打破传统的思维定式和观念束缚，重新审视和评估中国的现状和未来。解放思想意味着我们不再被过去的观念和经验限制，而是以开放的心态去接受新的理念和方法。这包括对经济体制、政治体制、文化观念等方面的反思和改革。通过解放思想，能够更好地适应时代的变化，把握机遇，迎接挑战。在过去的几十年中，中国一直坚持实事求是的原则，即从实际出发，根据实际情况制定政策和措施。这包括对经济、社会、文化等方面的实际情况进行深入调查和研究，以制定符合实际情况的政策和措施。实事求是的原则要求我们始终保持清醒的头脑，不被表面的现象迷惑，深入了解事物的本质和规律。只有通过实事求是的分析，才能制定出符合实际情况的政策和措施，从而推动改革开放的进程。在过去的几十年中，中国一直在探索适合国情的发展道路，并不断地进行创新和尝试。这包括在经济、政治、文化等方面进行大胆创新和尝试。大胆创新意味着不拘泥于传统的观念和方法，勇于尝试新的理念和方法。这需要我们有开阔的视野和敏锐的洞察力，不断探索新的思路和方法，以推动改革开放的进程。“整个人类历史，就是一个不断创新、不断进步的过程。没有创新，就没有人类的进步，就没有人类的未来。”① 在过去的几十年中，中国一直在实践中探索适合国情的发展道路。这包括在实践中不断地尝试和改进政策和方法，以适应时代的变化和需求。勇于实践意味着我们要有敢于尝试和承担风险的勇气，同时要有对实践结果的评估和总结能力。只有在实践中不断总结经验教训，才能更好地推动改革开放的进程。

改革开放精神，就是从主要方法和基本经验中升华而来的“敢闯敢试、敢为人先，勇于创新、大胆探索，胸怀天下、兼收并蓄，脚踏实地、埋头苦干”的精神。它是40多年改革开放实践的思想结晶，丰富了社会主义改革开放理论。

---

① 江泽民. 论科学技术［M］. 北京：中央文献出版社，2001：215-216.

二、充实了中国共产党人精神谱系

改革开放精神对中国共产党人精神谱系具有创新性贡献，从内容、形态等方面充实了中国共产党人精神谱系。改革开放精神对中国共产党人精神谱系的创新性贡献包括理念创新、方法创新和内容创新。理念创新表现为中华民族对自身生存和发展的价值尺度的自觉更新。方法创新表现为精神生产视野的拓展和新方法的引入。内容创新表现为在坚守先进理念和运用先进方法的基础上，对新型文化意识的高扬和先进文化要素的自觉提炼。只有通过理念创新、方法创新和内容创新，才能真正发展好、弘扬好中国共产党人精神谱系。

（一）改革开放精神的理念创新

理念，是一个群体经由长期实践检验而沉淀的、关乎长远发展的价值标准、价值规范等，具有批判、指引、规范等功能。中国共产党革命精神要自觉反映革命和建设年代中国人民争取解放、艰苦创业的生存理念，改革开放精神也要自觉反映对内改革和对外开放条件下中国人民推动经济社会发展和人的全面发展的生存理念和价值追求。从这个意义上讲，全面性、普及性、先进性、民族性、时代性和世界性等，就是改革开放精神内蕴的基本理念。这些理念在规定改革开放精神内涵和外延的同时，呈现出丰富的价值向度。只有从整体上坚持这些理念，才能深刻把握改革开放精神的创新性贡献。

第一，改革开放精神突出了全面性理念。党的十一届三中全会以来，中华优秀传统文化的地位和作用在学术界得到了应有的重视，中华优秀传统文化的丰富性和多样性，为改革开放精神的形成和发展提供了广阔的选择空间。中华传统文化具有多元一体的特征。“早期文明‘多元一体’发展格局，经过春秋战国时代的大变革大动荡，到了秦汉时期终于发展成为以郡县乡地缘管理与中央高度集权相统一的更大范围的‘多元一统’格局。”① 从中华民族发展的历程来看，每一个时代都在继承前代优秀文化的同时，产生符合时代特色的新生文化。在这一过程中，新生文化没有完全颠覆传统文化，传统文化也无法完全抑制新生文化，二者在互动中得以共存。从空间范围来看，中华大地空间辽阔、地理环境复杂，在此种背景下，处于不同地域的人们必然具有不同的实践方式，并以此为基础产生不同的思想文化。这些思想文化虽然

① 江林昌．中华文明史上的“多元一体”格局及其深远影响［J］．学术研究，2023（6）：113-121，178.

在交流和沟通中相互融合，但在某些基本方面仍然保留着各自的特色。从民族构成来看，中华民族是由多个不同民族所构成的多元一体的民族实体，其中每个民族都具有自己的思想文化，这些文化虽然在民族融合的过程中逐渐同化，但在生活方式、风俗习惯等方面仍然具有一定程度的民族特色。从民族交往来看，在中华民族与其他民族交往过程中，中华文化融入了许多外来的文化因素。可以说，中华文化的丰富性和多样性，为改革开放精神的形成和发展提供了广阔的选择空间。因此，在改革开放精神提炼过程中，必须对丰富多元的文化要素进行全面考察。只有对整个中华传统文化进行系统全面分析，才能如实地反映改革开放精神的全貌。遵循全面性原则，是把握改革开放精神价值尺度的前提和基础，只有从全面性原则出发，探讨方法问题才具有现实意义。

第二，改革开放精神突出了普及性理念。中华传统文化自古就有两条脉络，即由士大夫阶层所延承的精英文化和普通民众所构建的大众文化。两条脉络在历史上彼此影响、相互交织。因此，在对改革开放精神的内容进行提炼时，不能只关注精英文化而忽略大众文化，必须将两条脉络同时纳入我们的视野。实际上，改革开放精神作为当代中华民族所共建、共享的精神力量，其功能的实现，不仅要求其为知识分子所秉承，更要求其在现实生活中为广大人民群众所认同和遵循。从这个意义上讲，只有为广大人民群众所认同和接受的精英文化，才能成为改革开放精神长盛不衰的内涵。因此，在提炼和构建改革开放精神时，必须坚持普及性原则。

第三，改革开放精神突出了先进性理念。“作为一种既往的存在，中华传统文化要呈现当代价值并发挥作用，必然会被重新审视、重新评价与重新取舍，必然会涉及一个如何看待、如何应用的问题。”① 改革开放精神的提炼和构建以对先进文化成果的吸收和对消极成分的摒弃为前提，只有符合先进性原则的思想理念，才能构成改革开放精神的基本内容。改革开放精神确立了尊重劳动、尊重知识、尊重人才、尊重创造的价值理念，高度重视能力的作用，鼓励人们不断提高干事创业的能力、本领和水平。这使得改革开放精神成为推动民族进步和社会发展的根本精神力量，且对于中华民族伟大复兴具有不可估量的意义，从功能上确立了它的基本地位。

第四，改革开放精神突出了民族性理念。“中国共产党立足于不同时代主

---

① 商志晓．论创造性转化创新性发展［J］．前线，2022（12）：41-45.

题，不断丰富民族性的内涵，从而形成并逐步完善中国共产党文化民族性理念。”① 因此，改革开放精神的提炼和构建必须能够，也一定能够体现中华民族的民族特色。从内部而言，改革开放精神应该是中华民族在改革开放和社会主义现代化建设实践中表现最为突出的精神品质，是最能够为人们所接受和认同的思想观念。从外部而言，改革开放精神的内容应该是与其他民族精神相比，最能够反映当代中华民族精神独特之处的性格和心理。在现实中，这两个方面既有重合又有差异。因此，在确定改革开放精神的内涵时，必须从内部和外部同时着眼，从而使中华民族精神的民族特色得以凸显。只有真正从内外两个方面把握改革开放精神的民族性，才能对改革开放精神进行正确的规定和阐明。

第五，改革开放精神突出了时代性理念。中华民族精神作为一种活的传统，必然存在于当代，并对正在进行的改革开放实践具有现实的推动意义。因此，对改革开放精神的提炼和构建，必须以对现实背景的观照为前提。对于传统文化的考察，也要考虑其在当代是否具有现实意义，是否仍为当代的民族成员所认同和遵循。也就是说，要看此种文化成分在当代是否仍具有活力。即只有具有时代性的文化成分，才能成为改革开放精神的内涵。

第六，改革开放精神突出了世界性理念。在强调改革开放精神所具有的民族特色的同时，不能割裂其与其他民族精神彼此沟通、相互学习的可能性。换言之，不能将对民族特色的强调，等同于闭关自守和敝帚自珍。“进入中国特色社会主义新时代以来，我国确立了以中国共产党的领导为根本保障，以社会主义核心价值观为价值引领，以人民群众的主体地位为实践认知，以文化自信为内在驱动的人民精神生活共同富裕中国范式，这一范式是对资本主义文明形态的超越，是具有世界意义的精神文明新形态。”② 因此，在肯定改革开放精神对本民族所具有的积极意义的同时，应该从全人类的角度对其作用和价值进行评判。在对改革开放精神进行提炼和构建时，必须结合当前的全球化背景和人类命运共同体角度，实现民族性与世界性的统一。

（二）改革开放精神的方法创新

党的十一届三中全会以来，张岱年先生将他“创造的综合”论发展为

① 忻平，姜楠．从“中华民族的新文化”到文化自信：中国共产党文化民族性理念的百年传承与实践创新［J］．探索与争鸣，2021（6）：60-77，229-230.

② 谷松岭．人民精神生活共同富裕中国范式的渊源、内涵和世界意义［J］．学校党建与思想教育，2023（14）：1-4.

“综合创新”论，“以其巨大的学术含量以及时代精神特质而逐渐得到学界的同情和理解”。[①] 李宗桂先生认为，“它的价值在于：开启了文化创新发展的新路径，是文化自觉与文化自信的典范代表；昭示了文化研究和文化建设的正确精神方向，为文化建设方针的科学化提供了方法论和价值观方面的有益思路”。[②] “综合创新”的思想方法启示我们，在马克思主义的指导下综合中国传统文化的优秀内容与西方文化的优秀成果，以现代化建设的实践需要为依据，创造出新的文化。这对于培育和弘扬当代中华民族精神具有重要的方法论意义。我们应该立足于中国现代化建设的实践，对古代民族精神、近代民族精神及世界上其他民族的民族精神进行综合创新、辩证融通，创造出集古今中外民族精神之大成的改革开放精神。

改革开放精神的凝练以民族精神为根基。一是改革开放精神作为一种新事物，要被全社会认同，就必须为民族精神所承载。改革开放精神尽管是以新事物的面目出现的，但它毕竟是在民族的土壤中滋生、成长的，因而与民族精神有着内在的联系。中华民族既有浓厚的重守成传统，又有革故鼎新的改革传统；既有任人唯亲的官僚传统，又有选贤与能的政治理念；既有关注政治的士大夫传统，又有重视实用技术的能工巧匠传统；既有闭关锁国的封闭传统，又有兼收并蓄的开放传统。其中消极的文化传统成为容纳改革开放精神的沉重包袱，积极的文化传统则为接纳改革开放精神提供了一定空间。积极的文化传统正是中华民族精神的具体体现，是承载当代中国改革开放精神的重要依据。二是改革开放精神的现实化要靠民族精神提供精神动力。改革开放精神预示着、反映着社会发展的必然趋势，是对时代主题的解答和对理想的呼唤。要使改革开放精神所指向的目标成为现实，就必须发挥群众的智慧和力量，而民族精神能够为群众智慧和力量的发挥提供精神动力。在当前我国建设社会主义现代化强国的伟大事业中，需要自强不息的精神来激励士气，需要厚德载物的精神来创造和谐，需要勤劳勇敢的精神来战胜困难，需要爱国主义的精神来凝聚力量。只有发扬民族精神，才能实现时代赋予我们的历史使命。三是改革开放精神是民族精神新的生长点。相对于时代精神来说，民族精神属于传统精神（当然包括新传统）。面对新情况、新问题，现有的民族精神所能发挥的作用难免会有一定的局限性，这就需要我们将经受

① 方克立，等．马魂中体西用：中国文化发展的现实道路［M］．北京：人民出版社，2015：166.

② 李宗桂．“文化综合创新论”的价值与中国文化前景［J］．黑龙江社会科学，2019（5）：2，15-22.

过考验的时代精神转化、提升为民族精神，成为中华民族“精神支撑”的新力量。我们讲培育改革开放精神，实际上就是要以时代精神来充实民族精神，使民族精神更加饱满、更富有生命力。

改革开放精神吸收世界文明的优秀成果。当代中国的民族精神，只有放到世界发展的全局上，汲取当代世界各国文明的优秀成果，才能得到真正的发展。我们讲中华民族精神并不意味着只有中华民族才有民族精神。事实上，当今世界每个民族都有自己的民族精神，没有民族精神作支撑的民族，不可能在复杂的生存竞争中延续到今天。各民族精神既有各自的特色，也有许多共同点。既然民族精神是民族文化的精华，那么各民族的民族精神就有值得其他民族学习、借鉴的地方。“从源头异同、民族精神与国家关系、民族生存基础、基本内容与价值组合等方面比较英国、美国、俄罗斯、中国等国的民族精神，主张开放心态，加强民族精神的交流与融通。”① 所以，当代中国改革开放精神的凝练，必须着眼于世界优秀文化的发展前沿，以海纳百川的胸怀面向世界，大胆吸收人类创造的一切优秀文明成果，大胆借鉴世界各民族的民族精神，通过综合创新来赋予改革开放精神以顽强的生命力，使之成为推动中华民族不断前进的不竭动力。当今，全球化为改革开放精神的生成提供了难得的机遇。“正确看待民族精神与全球化的关系，合理引导中华民族精神的发展，这是加强社会主义文化建设的一项重要任务。”② 全球化，打开了我们的文化视野，使我们能够用一种新的眼光来环顾世界、审视自己。加深对世界各国文化及其民族精神的了解，并通过比较深入地认知中华民族精神，以便采取相应的对策推进中华民族精神的发展。例如，我国的社会主义市场经济体制已经运行三十多年了，不仅积累了丰富的经验，还形成了与之相应的精神特质，如时间观念、效益观念、创新精神、法治观念、竞争意识、科学精神、民主精神等。这些都是我们在社会主义市场经济条件下培育改革开放精神值得借鉴的新文化要素。

（三）改革开放精神的内容创新

随着改革开放伟大实践的深化，中国共产党革命精神的内容得以不断丰富和创新。党和国家领导人立足改革开放和社会主义现代化建设的崭新实践，先后对改革开放的时代文化精神及其具体表现做出许多精辟概括，使改革开

---

① 欧阳康．民族精神的比较与融通：兼论中华民族的精神走向［J］．淮海工学院学报（社会科学版），2006（4）：1-6.

② 谢勇．全球化与民族精神的塑造［J］．思想教育研究，2014（10）：99-103.

放精神在中国共产党革命精神基础上有了内容创新，成为当代中国人民最鲜明的精神标识。

1. 升华了中国共产党人的国际主义精神

在国际共产主义运动中，共产党人的国际主义精神一直是一种重要的精神力量。它体现了共产党人的全球视野和人类情怀，是推动国际共产主义运动发展的重要动力。共产党人国际主义精神的首要内容是坚持无产阶级国际主义原则。这一原则强调，无产阶级应该超越民族和国家的界限，团结起来共同反对国际资本主义的剥削和压迫。共产党人应该站在全球的高度，认识和把握无产阶级解放事业的共同性和规律性，推动国际共产主义运动的发展。共产党人国际主义精神的最高体现是为人类解放事业而奋斗。共产党人坚信，实现人类解放是共产主义运动的最终目标。在这一目标的指引下，共产党人应该积极投身于国际共产主义运动，为推动世界革命、实现人类解放贡献自己的力量。共产党人国际主义精神对于推动国际共产主义运动的发展具有重要意义，它促进了各国共产党之间的团结和协作，增强了国际共产主义运动的凝聚力和战斗力。

改革开放精神在多个方面升华了中国共产党人的国际主义精神。它拓宽了我们的国际视野，增强了我们的国际责任感，提升了我们的国际影响力。改革开放精神强调开放包容和合作共赢，促使共产党人更加关注国际形势和全球治理，积极参与国际事务和全球治理体系改革，为推动构建人类命运共同体贡献中国智慧和力量。改革开放精神强调务实进取和改革创新，促使共产党人更加注重实际效果和长远发展，在国际舞台上积极承担更多责任和义务，为推动解决全球性问题贡献中国方案和中国力量。改革开放精神推动了中国经济的快速发展和综合国力的提升，使中国在国际舞台上的地位和影响力不断提升。这为共产党人提供了更多的话语权和影响力，使其可以在国际事务中更好地发挥作用。

改革开放精神倡导平等互利、合作共赢的国际关系，有助于缓解国际矛盾、化解国际冲突，为世界和平与发展创造有利条件。同时，改革开放精神倡导各国之间互相学习、互相借鉴，推动不同文化、不同制度、不同发展道路的国家和平共处、共同发展。改革开放精神彰显了共产党人的全球视野和人类情怀。它体现了共产党人对于人类解放事业的深刻理解和坚定信念，展示了共产党人对于全体无产阶级和广大劳动人民的深厚感情和无私奉献。这种全球视野和人类情怀不仅有助于增强共产党人的凝聚力和战斗力，而且为推动国际共产主义运动的发展提供了强大的精神动力。

2. 深化了实事求是的思想路线

实事求是是一个内涵极其丰富的命题，它体现了马克思主义的唯物论、辩证法和认识论的内在统一。在《坚持党的路线，改进工作方法》中，邓小平同志指出："三中全会确立了，准确地说是重申了党的马克思主义的思想路线。马克思、恩格斯创立了辩证唯物主义和历史唯物主义的思想路线，毛泽东同志用中国语言概括为'实事求是'四个大字。实事求是，一切从实际出发，理论联系实际，坚持实践是检验真理的唯一标准，这就是我们党的思想路线。"① 此后，邓小平同志多次论证了这条思想路线。邓小平同志并不只是重申了党的思想路线，而是把实事求是、一切从实际出发、理论联系实际、坚持实践是检验真理的唯一标准等内容联系起来，构成了一个整体，从而赋予党的思想路线以新的内容。由于实事求是是党的思想路线的核心，所以，邓小平同志把党的思想路线称为"实事求是"。② 他说："思想路线是什么？就是坚持马克思主义，坚持把马克思主义同中国实际相结合，也就是坚持毛泽东同志说的实事求是。"③

党的十一届三中全会以来，中国共产党人对实事求是的时代内涵作过许多精辟的论述，形成了以实事求是为核心的思想方法体系。其中，解放思想、实事求是、与时俱进、求真务实是中国特色社会主义理论思想方法的精髓。中国共产党人对实事求是思想路线的创造性运用和发展，深化了中国共产党人实事求是的思想路线，引发人们的思想观念以及整个社会生活领域的一系列深刻的变化。

中国共产党人不仅精辟论述了实事求是思想路线的内涵，而且进一步阐明了实事求是的方法论意义。邓小平同志指出："实事求是，是无产阶级世界观的基础，是马克思主义的思想基础。过去我们搞革命所取得的一切胜利，是靠实事求是；现在我们要实现四个现代化，同样要靠实事求是。不但中央、省委、地委、县委、公社党委，就是一个工厂、一个机关、一个学校、一个商店、一个生产队，也都要实事求是……"④ 在这里，邓小平同志从革命和建设的各项事业、各个时期、各个领域，肯定了实事求是的普遍指导意义。

---

① 邓小平文选（第二卷）[M]. 北京：人民出版社，1994：278.

② 刘东朝，刘颖明. 论求真务实是党的思想路线的核心内容 [J]. 延安大学学报（社会科学版），2005（4）：38-42.

③ 邓小平文选（第三卷）[M]. 北京：人民出版社，1993：62.

④ 邓小平文选（第二卷）[M]. 北京：人民出版社，1994：143.

改革开放对当代共产主义运动难题的科学解答，将科学社会主义理论与中国特色社会主义实践更好地统一起来，从理论与实践相统一的角度深化了实事求是的思想路线。正如江泽民在党的十五大报告中所指出：“邓小平理论坚持科学社会主义理论和实践的基本成果，抓住‘什么是社会主义、怎样建设社会主义’这个根本问题，深刻地揭示社会主义的本质，把对社会主义的认识提高到新的科学水平。新时期的思想解放，关键就是在这个问题上的思想解放。我国社会主义在改革开放前所经历的曲折和失误，改革开放以来在前进中遇到的一些困惑，归根到底都在于对这个问题没有完全搞清楚。拨乱反正，全面改革，从以阶级斗争为纲到以经济建设为中心，从封闭半封闭到改革开放，从计划经济到社会主义市场经济，近二十年的历史性转变，就是逐渐搞清楚这个问题的进程。”① 邓小平理论“第一次比较系统地初步回答了在中国这样经济文化比较落后的国家如何建设社会主义、如何巩固和发展社会主义的一系列基本问题，用新的思想、观点，继承和发展了马克思主义”。② 这些新思想、新观点，“是指引我们实现新的历史任务的强大思想武器”。③

改革开放精神强化了实事求是、解放思想、与时俱进、求真务实的思想自觉。在党的基本理论指导下，一切从实际出发，注重对社会实践中产生的新的经验进行理论概括，注重以当前的实情为中心对新的实践提出的重大理论和现实课题进行深入研究。在党的十六大上，江泽民同志强调：“坚持党的思想路线，解放思想、实事求是、与时俱进，是我们党坚持先进性和增强创造力的决定性因素。”④ 坚持解放思想、实事求是、与时俱进，与我们党在思想理论上的不断提高互为条件。不坚持解放思想、实事求是、与时俱进，我们党就不能实现思想理论上的提高；不实现思想理论上的提高，没有深厚的思想理论素养，我们党就不能真正坚持解放思想、实事求是、与时俱进，⑤ 就无法深刻认识到落后的传统观念和主观偏见的危害性，并进而真正冲破落后的传统观念和主观偏见的束缚，就无法摆脱对马克思主义理论的教条式理解以及对社会主义的一些不科学的甚至是扭曲的认识，就无法彻底改变因循守

---

① 江泽民文选（第二卷）［M］. 北京：人民出版社，2006：10.

② 中国共产党第十四次全国代表大会文件汇编［M］. 北京：人民出版社，1992：12.

③ 中国共产党第十四次全国代表大会文件汇编［M］. 北京：人民出版社，1992：46.

④ 江泽民. 全面建设小康社会，开创中国特色社会主义事业新局面：在中国共产党第十六次全国代表大会上的报告［M］. 北京：人民出版社，2002：12.

⑤ 沈壮海. 深刻认识文化建设的战略意义［J］. 思想理论教育导刊，2003（6）：45-48.

旧、不接受新事物的精神状态，从而以宽阔的胸怀、战略的眼光敏锐地观察世界政治、经济、科技、文化等各种变化，始终走在时代发展、改革开放和现代化建设的前列。

3. 丰富了开拓创新精神的时代内涵

李宗桂教授认为："改革开放以来，通过文化创新，培育了以解放思想、实事求是、与时俱进为特征的开拓创新的民族精神。这种新的民族精神，是对守成型的古典民族精神和革命型的现代民族精神的超越。"① 党的十一届三中全会以后，中国共产党人以敢闯敢试、敢为人先的时代精神，积极推进实践基础上的理论创新，实现了实践创新与理论创新的良性互动，使中国化、时代化的马克思主义绽放出新的时代光彩。这极大地丰富了中国共产党人开拓创新精神的时代内涵。

中国共产党人是具有敢闯敢试、敢为人先精神的人，具有强大勇气和信心的人，具有强大忍耐力、意志力的人，否则不可能表现出矢志不渝、百折不挠的奋斗精神。"发展上的突破需要开拓创新精神的促就，发展上的跨越需要观念上的超越。"② 唯有如此，才能积极主动地向各种阻碍社会发展的陈规旧俗和利益集团开战，才能做到面对强敌步步为营、稳扎稳打，不断积小胜为大胜，直至取得最后胜利。他们的创新精神不仅内涵丰富，而且风格独特，有着鲜明的特点，包括"敢于啃硬骨头""敢于涉险滩"，实事求是、开放包容，知情意行、协同并行等。这些特点体现出他们与时俱进地丰富发展中国化、时代化马克思主义的创新精神，更体现出他们独特的思想创造、精神境界与思维风格。

改革开放精神对开拓创新精神的丰富和发展主要体现在如下五个方面：一是理论创新与实践创新的辩证互动。敢闯敢试、敢为人先和解放思想、大胆探索的精神，把马克思主义关于认识世界和改造世界必须创新的基本精神充分地发挥出来，在认识世界中改造世界，在改造世界中认识世界，以实践创新推动理论创新，以理论创新引导实践创新，体现出二者的良性互动。二是解放思想与实事求是的内在交融。只有坚持实事求是，才能按照现实生活的内在逻辑去思维，从而实现解放思想。解放思想与实事求是是一个过程的两个方面，它们的内在交融必然带来思维创新，成就思维的创新品格。只有

---

① 李宗桂．文化自觉与文化发展［J］．中山大学学报（社会科学版），2004（6）：161-165，266.

② 何成学，文红艳．论邓小平领导百色起义的求实开拓创新精神［J］．广西师范学院学报（哲学社会科学版），2018，39（6）：80-86.

勇于解放思想，冲破旧思想、旧观念的束缚与限制，一个人才能更好地接受新思想、新观念、新事物、新事态、新经验，从而为创新提供源源不断的新的思维材料。三是问题导向下的高度辩证思维。中国共产党人解决“问题”的方法主要是唯物辩证法这一认识世界与改造世界的根本方法。比如，既要讲两点论又要讲重点论，既要“摸着石头过河”又要加强顶层设计。四是深刻的人民性与顽强的实践精神。坚持群众观点、走群众路线，是改革开放精神的又一重要特征，改革开放精神正是在汲取群众智慧与力量、总结人民群众实践的成果经验、解决党和国家及社会发展的重大问题中生成的。五是知情意行的协同并行。对治理中国这样超大规模的国家来说，要想在理论和实践方面有所创新，尤其是要真正实现改造社会、服务人民、推动国家治理方式不断进步，创新的过程就成了一个极复杂的过程。它是一个人或一个群体精神境界的总体体现，需要多种思维方式、方法的交互使用，并依赖于全部思维素养的共同作用，是知情意行高度合一、协同并行的过程。以上五个方面的创新是相互关联的。理论创新与实践创新辩证互动，解放思想与实事求是的内在交融是改革开放精神的两大思维品格，问题意识与辩证思维方法为改革开放精神提供了科学的思维方法，人民性或始终坚持群众路线为其提供了力量源泉与正确的价值方向，知情意行的协同并行则从综合的视角体现了改革开放精神的总体特征。

中国特色社会主义进入新时代，以习近平同志为核心的党中央在治国理政历程中，在坚持中国化马克思主义创新思维方法论的基础上，立足时代发展的最前沿，站在全局发展的新高度，顺应人民群众的新期盼，以解放思想增强社会活力，不断提高认识和解决重大时代课题的能力，不断推进理论创新、实践创新、制度创新、文化创新，进一步丰富与发展了开拓创新精神。党的十八大以来，我国改革发展进入关键阶段，经济体制深刻变革，社会结构深刻变动，利益格局深刻调整，思想观念深刻变化。“改革开放的历史经验告诉我们，当核心技术掌握在别人手里时，进口就是天价，甚至花大价钱也买不来。发展是硬道理，支撑高质量发展的必然是自主创新。”① 加强自主创新、建设创新型国家，是中国共产党综合分析世界发展大势和我国所处历史阶段提出的面向未来的重大战略。面对经济社会发展中的新情况、新问题，中国共产党人大力弘扬中华民族自尊自强、除旧布新的优良传统，始终保持清醒的头脑，正确把握形势变化，更加自觉地走深化改革和高质量对外开放

① 本刊评论员．以创新精神推动高质量发展［J］．中国石油石化，2022（24）：1.

的道路。广大干部群众进一步增强改革开放的自觉性和主动性，在尊重客观规律的前提下，充分发挥主观能动性，激发创新热情、创新智慧。他们坚持解放思想、求真务实和探索新知，冲破一切不合时宜和妨碍创新的思想观念，使有关自主创新的意识更为符合实际情况和社会发展趋势。他们克服故步自封、不思进取、畏首畏尾、墨守成规的思想观念，坚持用改革创新的思路和办法研究新情况、解决新问题、化解新矛盾，在解放思想、进一步增强社会活力中开创改革开放和社会主义现代化建设新局面。事实证明，改革开放精神深化了开拓创新的历史主动精神，已经成为中国特色社会主义的鲜明品格，并深深熔铸在民族的生命力、创造力和凝聚力之中，深深熔铸在社会主义核心价值体系之中，深深熔铸在中华民族团结奋斗的伟大实践当中。

三、促进了中华民族精神的现代转化

中华民族精神是中华优秀传统文化的精髓，它源于古代中国，经过几千年的发展演变，逐渐形成了具有鲜明民族特色的精神谱系。随着社会的不断变革，人们的思想观念也在不断地发生变化。现代社会要求人们不断地更新观念，以适应时代的需求。中华民族精神也需要不断地进行现代转化，以适应现代社会的需求。随着全球化的深入发展，不同文化之间的交流越来越频繁。中华民族精神需要不断地吸收外来文化的优秀成果，以丰富和发展自身。中华民族精神的现代转化需要经由一定的路径。首先是传承与创新。传承是中华民族精神的基础，只有在传承的基础上才能进行创新。因此，在传承中华民族精神的过程中，需要不断发掘其内涵和价值，使其能够更好地适应现代社会的发展。其次是借鉴与融合。借鉴其他文化的优秀成果和融合不同文化的特点，是中华民族精神现代转化的重要路径。通过借鉴和融合，可以丰富中华民族精神的内涵和形式，使其能够更好地适应现代社会的需求。最后是教育与实践。教育是传承和弘扬中华民族精神的重要途径之一。通过教育，可以让更多的人了解和认识中华民族精神，从而更好地传承和弘扬它。同时，实践是中华民族精神现代转化的重要途径之一。通过实践，可以让中华民族精神更好地与现代社会相结合，以发挥其作用。

中华民族精神在吸收世界优秀文明的成果中丰富发展。中华民族精神的发展，只有放到世界发展全局上，汲取当代世界各国文明的优秀成果，才能得到真正的发展。我们讲中华民族精神并不意味着只有中华民族才有民族精神。事实上，每个民族都有自己的民族精神，没有民族精神作支撑的民族，就不可能在复杂的生存竞争中延续到今天。各民族精神之间既有各自的特色，也有不少共同点。既然民族精神是民族文化的精华，那么各民族的民族精神就有值得其他民族学习、借鉴的地方。所以，当代中华民族精神的建设，要积极着眼于世界优秀文化的发展前沿，以天下胸怀面对世界，大胆吸收人类创造的一切优秀文明成果，大胆借鉴世界各民族的民族精神，通过综合创新来赋予中华民族精神以新的时代内涵，使之成为推动中华民族前进的不竭动力。

经济全球化为民族精神的发展提供了世界视野。全球化的扩张，开阔了我们的文化视野，使我们用一种新的眼光来观察世界、审视自己。深入了解世界各国文化及其民族精神，并通过比较来加深对中华民族精神的认识，以便采取相应的对策推进中华民族精神的发展。例如，西方资本主义市场经济的运行已有数百年的历史，其间不仅积累了丰富的经验，而且形成了与市场经济相适应的精神特质，如时间观念、效益观念、创新精神、法治观念、竞争意识、科学精神、民主精神等。我们在改革开放的过程中对这些来自西方又属于世界人民的精神资源进行了科学辨别，使其以民族化的风格融入改革开放精神中，使中华民族精神在比较中得以快速发展。

江泽民同志把民族精神看作衡量一个国家综合国力的重要尺度，强调“面对世界范围各种思想文化的相互激荡，必须把弘扬和培育民族精神作为文化建设极为重要的任务来抓”。① 他指出：“中华民族是勤劳智慧的民族，也是富有创新精神的民族。”② 以人为本、重在建设的文化建设指导思想以及相应的方针政策的制定和实施，有力地推进了当代中华民族精神的建设。江泽民同志在庆祝中国共产党成立八十周年大会上的讲话中提出：“增强自立意识、竞争意识、效率意识、民主法制意识和开拓创新精神。”③ 他还特别注重民族精神的提炼和总结工作，从传统民族精神到革命传统精神，再到新时期创业精神（包括“六十四字创业精神”“特区精神”“抗洪精神”和“五种革命精神”等），都一一作了高度的概括。江泽民提出要在全社会大力宣传和弘扬为实现社会主义现代化而不懈奋斗的精神，并将其具体概括为五种精神：解放思想、实事求是的精神，紧跟时代、勇于创新的精神，知难而进、一往无前的精神，艰苦奋斗、务求实效的精神，淡泊名利、无私奉献的精神。④ 如李宗桂教授所言：“这里的自立、竞争、效率、民主法制等意识，与此前的中

---

① 中国共产党第十六次全国代表大会文件汇编［M］. 北京：人民出版社，2002：38.

② 江泽民文选（第二卷）［M］. 北京：人民出版社，2006：132.

③ 江泽民．在庆祝中国共产党成立八十周年大会上的讲话［M］. 北京：人民出版社，2001：19.

④ 本刊编辑部．弘扬为实现社会主义现代化而不懈奋斗的精神［J］. 理论视野，2001（3）：1.

华民族精神的内容并不相同，是在继承、弘扬此前中华民族精神基础上的培育和创新。”①

胡锦涛同志提出树立社会主义荣辱观，准确地指出了新时期社会主义精神文明建设的现实着力点，提升了精神文明建设的新理念，是培养社会主义合格公民的价值标尺与精神导引。他将全国人民在抗击“非典”战斗中所表现出来的“抗击非典精神”作为中华民族精神新的形态。正是由于中国共产党特别重视民族精神的建设，并根据新形势、新任务、新特点不断培育新的民族精神，从而使中华民族精神始终保持着顽强的生命力，并激励全国人民沿着中国特色社会主义道路奋勇前进。这些带有中国特性、中国作风、中国气派的高尚精神，生动地体现了发展着的马克思主义在中国思想文化领域具体化的新鲜活泼的过程，体现了中国共产党的先锋队性质、与时俱进的思想风范，体现了中国共产党与人民同呼吸共命运、与中华民族血肉相连的优良作风，体现了中国共产党人的崇高思想境界、坚定理想信念和浩然正气，体现了爱国主义、集体主义、社会主义的精神，民族精神不断增添着新的时代内容。②

党的十八大以来，习近平总书记不仅对弘扬伟大精神的必要性和重要性进行了深入阐释，对伟大精神的形态发展和谱系建设作出了新贡献，而且就新的历史条件下如何弘扬伟大精神、激励广大党员以及全社会建功立业提出了实践要求，为在新征程上弘扬以伟大建党精神为源头的中国共产党人精神谱系提供了根本遵循。中国精神、中国共产党人精神谱系的构建取得实质性进展和历史性突破。一是部分伟大精神的地位得到提升。党的十八大以前，照金精神、大别山精神、东北抗联精神、沂蒙精神、太行精神、吕梁精神、红旗渠精神、兵团精神等伟大精神在地方层面已进行学习弘扬。经由习近平总书记提炼和阐发，这些精神上升为全国层面的伟大精神。二是部分伟大精神的内涵得到明晰。党的十八大以后，习近平总书记对一些伟大精神的内涵作出界定，或者根据实践需要进行重新界定，使之更具有权威性、时代感。这些精神包括长征精神、抗战精神、抗美援朝精神、焦裕禄精神、王杰精神、“老西藏”精神、“两路”精神、伟大建党精神、右玉精神、塞罕坝精神、劳动精神、工匠精神、中华体育精神、中国医疗队精神、垦荒精神与莫高精神，明确了它们的具体内涵。着眼于历史实践，命名相应精神、明确其内涵和意义，是对精神谱系的重大贡献。三是凝练提出新时代孕育的伟大精神。先后

---

① 李宗桂．中国文化精神和中华民族精神的若干问题［J］．社会科学战线，2006（1）：250-254.

② 姜珊．东北抗联精神及其当代价值［J］．党政干部学刊，2022（5）：28-33.

提出了丝路精神、企业家精神、新时代北斗精神、伟大抗疫精神、科学家精神、中国载人深潜精神、“三牛”精神、探月精神、脱贫攻坚精神、北京冬奥精神。在庆祝中国共产党成立 100 周年大会上，习近平总书记首次提出“伟大建党精神”概念并明确其内涵为“坚持真理、坚守理想，践行初心、担当使命，不怕牺牲、英勇斗争，对党忠诚、不负人民”，[①] 强调这一精神是中国共产党“精神之源”。伟大建党精神聚焦于建党这个重大历史事件，涵盖了从马克思主义传播到首部党章制定等丰富实践，在起点意义上完善了党的精神谱系。

习近平总书记着眼于全面深化改革开放的重大课题，对改革开放的历史地位、依靠力量、基本经验、重要方法、时代要求等进行了全面系统的阐述，铺就了凝练改革开放精神的理论基石，提出改革开放精神是“当代中国人民最鲜明的精神标识”[②] 的重要论断。改革开放精神是既具有历史文化根基又符合时代要求的当代中华民族精神。改革开放以来逐渐形成并日益强化的“敢闯敢试、敢为人先，勇于创新、大胆探索，胸怀天下、兼收并蓄，脚踏实地、埋头苦干”的改革开放精神，是中华民族精神现代化的标志性成果。

第三节　改革开放精神的实践意义

中国共产党人不断提炼时代精神，主要是着眼于统一意志、创造性地开展工作。习近平总书记指出：“改革开放 40 年积累的宝贵经验是党和人民弥足珍贵的精神财富，对新时代坚持和发展中国特色社会主义有着极为重要的指导意义，必须倍加珍惜、长期坚持，在实践中不断丰富和发展。”[③] 改革开放精神的重大实践意义正在于此，它为推进中国式现代化注入强劲动力，为全面深化改革开放注入生机活力，为发展新质生产力激活创新动能。

一、为推进中国式现代化注入强劲动力

习近平总书记指出：“实现新时代新征程的目标任务，要把全面深化改革作为推进中国式现代化的根本动力，作为稳大局、应变局、开新局的重要抓

---

① 习近平．在庆祝中国共产党成立 100 周年大会上的讲话［M］．北京：人民出版社，2021：8.
② 习近平．在庆祝改革开放 40 周年大会上的讲话［M］．北京：人民出版社，2018：13.
③ 习近平．在庆祝改革开放 40 周年大会上的讲话［M］．北京：人民出版社，2018：19-20.

手，把准方向、守正创新、真抓实干，在新征程上谱写改革开放新篇章。”①

（一）自立自强，重要历史关头保持战略自信

战略自信表现为个体或集体对自身战略能力的肯定和信任，以及对未来发展的积极预期。具体到国家层面，战略自信表现为一个国家或民族对自身战略能力的信心，这种信心源自对内外环境的深刻认识和准确判断。保持战略自信对于国家和民族的发展具有重要意义。战略自信能够增强战略定力，在复杂变局面前稳中求进；战略自信能够激发国家和民族的进取心，勇于面对挑战；战略自信有助于提高战略执行效率。

第一，改革开放精神能够增强推进中国式现代化的战略定力，在复杂变局面前稳中求进。改革开放精神实质上是一种开拓创新的精神，一种自我革新的勇气。它要求我们在面对复杂变局时，既要有坚定的信念，又要有勇于变革的决心。习近平总书记指出：“推进中国式现代化是一个探索性事业，还有许多未知领域，需要我们在实践中去大胆探索，通过改革创新来推动事业发展，决不能刻舟求剑、守株待兔。”② 改革开放以来，我们党始终坚持以人民为中心的发展思想，不断解放思想，实事求是，与时俱进，求真务实，守正创新。面对当今世界的复杂变局，我们要深刻理解改革开放精神的指导意义。在百年未有之大变局下，国际环境日趋复杂，各种挑战层出不穷，需要我们以更大的决心和勇气去应对。在这个过程中，改革开放精神为我们提供了行动指南。它告诉我们，在重大历史关头，要勇于担当，敢于直面问题，不回避、不退缩。在实践中，要注重改革创新，不断探索适应时代发展的新思路、新方法。只有这样，我们才能在复杂变局中保持定力，实现稳中求进。

第二，改革开放精神有助于应对推进中国式现代化过程中的挑战。现代化的挑战包括经济、政治、文化、社会和生态等方面的挑战。在经济方面，面临着产业结构调整、创新驱动发展等挑战；在政治方面，面临着发展民主、健全法治等挑战；在文化方面，面临着文化多样性、文化传承和创新等挑战；在社会方面，面临着人口老龄化、社会公平和和谐等挑战。这些挑战具有复杂性和多变性特点，需要我们具备应对复杂问题的能力和创新思维。改革开

---

① 习近平主持召开二十届中央全面深化改革委员会第一次会议强调守正创新、真抓实干，在新征程上谱写改革开放新篇章［N］. 人民日报，2023-04-22（001）.

② 习近平在学习贯彻党的二十大精神研讨班开班式上发表重要讲话，强调正确理解和大力推进中国式现代化［N］. 人民日报，2023-02-08（001）.

放精神是中国特色社会主义思想的重要组成部分，其核心在于改革、创新、开放、实干。这种精神强调敢于尝试、勇于创新，不断开拓进取，同时注重实事求是、脚踏实地，不断推进实践。改革开放精神的特点在于其具有很强的包容性和韧性，能够适应不同的环境和挑战，且不断自我完善和发展。改革开放精神在应对现代化挑战中具有重要的作用。一是创新是应对现代化挑战的关键，而改革开放精神鼓励创新思维和行动，有助于我们不断探索新的解决方案和发展路径。二是开放的态度有助于我们借鉴其他国家的成功经验，吸收全球的智慧和资源，增强我们的应对能力。同时，务实和进取的精神能够帮助我们立足现实，积极面对挑战，不畏难而退。三是改革开放精神的包容性和韧性能够帮助我们更好地适应变化，克服各种困难和挑战，保持战略自信。

第三，改革开放精神有助于提高战略执行效率。战略执行效率是指在实施战略过程中，组织有效利用资源、实现战略目标的能力和效果。影响战略执行效率的因素包括组织结构、领导力、员工素质、企业文化等。良好的战略执行效率能够提高组织的竞争力和绩效水平。改革开放精神对提高战略执行效率具有促进作用：一是解放思想，打破思维定式。改革开放精神强调解放思想，打破传统思维定式，以更加开放、包容的心态面对问题和挑战。这种思维方式有助于开阔视野、拓宽思路，提高战略制定和执行过程中的创新能力和应变能力，从而提高战略执行效率。二是实事求是，强化目标导向。改革开放精神坚持实事求是，强调以实际情况为基础，制定切实可行的战略目标。在战略执行过程中，实事求是的态度能够帮助组织更好地把握实际情况，及时调整战略方向和行动计划，确保战略目标的顺利实现，从而提高战略执行效率。三是与时俱进，适应环境变化。改革开放精神要求与时俱进，不断适应时代发展的变化和要求。在战略执行过程中，与时俱进的精神能够帮助组织及时感知外部环境的变化，迅速作出反应和调整，抓住机遇、应对挑战，从而提高战略执行效率。四是勇于创新，突破发展瓶颈。改革开放精神鼓励勇于创新，不断探索新的发展模式和路径。在战略执行过程中，勇于创新的精神能够激发组织的创造力和活力，推动组织不断突破发展瓶颈，实现持续发展和进步，从而提高战略执行效率。在实际工作中，各级有关部门应深入学习和领会改革开放精神的内涵和要求，将其贯彻落实到组织的发展实践中，以提高组织的战略执行效率。组织应通过多种形式的学习和教育活动，使员工深入理解和掌握改革开放精神的内涵和要求，将其内化为组织文化的重要组成部分；应强化实事求是的态度和精神，在制定和实施战略过程中，组织应坚持实事求是的原则和方法，切实把握实际情况和发展趋势，确保战略目标的可行性和可操作性；应时刻关注外部环境的变化和要求，保持敏锐的洞察力和应变能力，及时调整战略方向和行动计划，以适应时代发展的需要。

（二）居安思危，科学预判形势，提早谋划布局

任何改革都不是一帆风顺的，需要我们有足够的勇气和智慧去面对各种困难和挑战。居安思危，正是我们在改革开放过程中，面对复杂多变的国内外环境时所需要的心理素质。居安思危是一种清醒的自我认知。在改革的道路上，我们不能被眼前的成绩迷惑，应该时刻保持清醒的头脑，看到隐藏在繁荣背后的危机。只有具备了这种自我认知，我们才能在面对困难时不失方寸，从容应对。居安思危是前瞻性的战略眼光。在快速发展的时代，我们不能仅仅局限于眼前的利益，而应该看到未来趋势，制定出符合时代要求的战略规划。只有具备这种前瞻性的战略眼光，我们才能在面对机遇时将其紧紧抓住，推动更大的发展。

改革开放精神为科学预判形势提供了先进的思想方法。解放思想、实事求是意味着要从实际出发，摒弃教条主义和思维定式，以开放的心态接受新事物和新思想。这种思维方式有助于我们更全面、客观地认识世界，把握事物发展的规律，从而更好地预判形势。改革开放精神注重实践探索和创新，这对科学预判形势具有重要的指导意义。实践是检验真理的唯一标准，只有通过实践才能更好地认识事物发展的规律。在科学预判形势的过程中，我们需要不断地进行实践探索和创新，总结经验教训，不断完善和优化预判模型和方法。这种实践探索和创新的精神有助于我们更准确地把握事物发展的趋势，提高科学预判的准确性和可靠性。改革开放精神强调团结协作、共同发展，这对科学预判形势具有积极的促进作用。在全球化时代，各种复杂因素相互交织、相互影响，导致形势的发展变化更加复杂多变。只有通过团结协作、共同发展，才能更好地应对各种挑战和危机。在科学预判形势的过程中，需要充分考虑各种因素的影响，加强国际交流与合作，共同应对全球性挑战，推动世界和平与发展。改革开放精神强调不断进取、追求卓越，对科学预判形势具有积极的激励作用。在改革开放进程中，中国人民不断进取、追求卓越，取得了举世瞩目的成就。这种精神激励我们在科学预判形势时始终保持高度的敏锐性和洞察力，不断探索新的方法和途径，提高科学预判水平。同时，这种进取精神提醒我们要保持谦虚谨慎的态度，不断学习新知识、新技

能，以更好地适应时代发展的需要。总之，改革开放精神对科学预判形势具有重要的作用。在新的历史时期，我们需要继续弘扬改革开放精神，不断探索新的方法和途径，提高科学预判的准确性和可靠性。

改革开放精神对谋划布局中国式现代化具有积极意义。首先，改革开放精神能激发创新活力。改革开放精神鼓励敢于尝试、勇于创新，这种精神能够激发社会各界的创新活力，推动中国式现代化理论和实践上的创新，为现代化建设提供源源不断的创新动力。其次，改革开放精神能优化资源配置。改革开放精神强调实事求是，要求根据实际情况进行资源的合理配置。在谋划布局中国式现代化的过程中，这种精神有助于优化资源配置，提高资源利用效率，为中国式现代化的推进提供坚实的物质基础。再次，改革开放精神能促进社会和谐。改革开放精神包含着开放包容的精神内涵，这种精神有助于促进社会和谐，增强社会凝聚力。在现代化建设中，这种精神有助于协调各方面的利益关系，化解社会矛盾，为中国式现代化的推进创造良好的社会环境。最后，改革开放精神能强化全球视野。改革开放精神强调开放包容，这种精神有助于我们在谋划布局中国式现代化的过程中，强化全球视野，借鉴国际先进经验，吸收人类文明优秀成果，为中国式现代化的推进提供更多思路和借鉴。

（三）主动作为，灵活应对变局，努力开创新局

改革开放精神有助于我们在推进中国式现代化的过程中灵活应对变局。改革开放精神深深植根于历史文化土壤中。在中华元典中，我们可以发现一种强烈的变易思想，即认为世界是不断变化的，而人的生存和发展必须适应这种变化。这种思想与改革开放精神有着异曲同工之妙。改革开放精神所强调的灵活应对变局，正是基于对世界变易本质的深刻理解。在面对国内外环境的巨大变化时，中国并没有固守既定的模式或路径，而是根据实际情况进行了大刀阔斧的改革和创新。这种改革和创新不仅体现在经济领域，更延伸至政治、文化和社会等各个领域。在哲学层面，改革开放精神所体现的灵活应对变局，实际上是对人的主体性和能动性的充分肯定。在面对复杂多变的局面时，人们必须充分发挥自身的智慧和创造力，才能找到解决问题的方法和途径。习近平总书记强调："各地区各部门要结合各自具体实际开拓创新，特别是在前沿实践、未知领域，鼓励大胆探索、敢为人先，寻求有效解决新

矛盾新问题的思路和办法，努力创造可复制、可推广的新鲜经验。”① 这种主体性和能动性正是改革开放精神的核心所在。此外，改革开放精神告诉我们，灵活应对变局不仅是一种哲学思考，更是一种实践智慧。在改革开放的过程中，中国经历了无数困难和挑战，但因为有了这种灵活应对变局的精神，使得中国能够在逆境中崛起。总之，改革开放精神所体现的灵活应对变局的意识，不仅是对中国传统哲学思想的继承和发展，更是对现代社会的深刻洞察和积极回应。它告诉我们，在面对复杂多变的局面时，我们必须保持清醒的头脑和敏锐的洞察力，充分发挥自身的智慧和创造力，方能找到解决问题的方法和途径。这种精神不仅是中国独有的文化瑰宝，更是对全人类的宝贵贡献。因此，深入研究改革开放精神，弘扬其灵活应对变局的哲学理念和实践智慧，对于加快推进中国式现代化具有重要意义。

改革开放精神有助于我们在推进中国式现代化的过程中努力开创新局面。首先，这种精神激发了人们的创造力。在改革开放的进程中，无数人以创新的精神，投身于经济建设和社会发展，创造了诸多奇迹。其次，改革开放精神推动了制度创新。无论是农村的家庭联产承包责任制，还是城市的国有企业改革，都是制度创新的典范。最后，改革开放精神强化了国家的发展动力。这种精神鼓励人们敢于尝试、勇于突破，为国家的发展提供了源源不断的动力。当前，我们正处于推进中国式现代化的关键时期，更需要弘扬改革开放精神。我们要以这种精神为指引，积极应对国内外环境的变化，努力开创发展的新局面。创新既是引领发展的第一动力，也是实现高质量发展的关键。我们要在科技、教育、文化等各个领域加大创新力度，推动经济社会的持续健康发展。改革是发展的根本动力，开放是繁荣的必由之路。我们要坚定不移地推进改革，以更大的力度扩大开放，为经济社会发展注入新的活力。企业家是经济活动的主体，他们的创新精神和实干精神是推动发展的重要力量。我们要尊重和保护企业家的创新精神，鼓励他们积极投身于国家的发展建设。人才是第一资源，是推动创新发展的关键因素。我们要在教育、培训等方面加大投入，培养更多具有创新精神和实践能力的人才。总之，改革开放精神是开创新局面的重要法宝。我们要深刻领会其内涵和实质，将其贯彻到经济社会发展的各个方面，以实际行动推动中国式现代化阔步向前。

---

① 习近平．推进中国式现代化需要处理好若干重大关系［J］．共产党员（河北），2023（20）：1，4-5.

二、为全面深化改革开放注入生机活力

（一）以改革开放精神强化破解深层次问题的主体担当

我国正处于全面深化改革开放的关键时期，面临着许多深层次的问题。这些问题包括新旧发展格局的矛盾、人民对美好生活的向往与不平衡不充分发展的矛盾等。这些问题成因复杂，既有历史遗留原因，也有现实发展中的原因。同时，在全面深化改革开放的进程中，面临着许多体制机制上的难题，其中“中梗阻”现象尤为突出。所谓“中梗阻”，是指在政策执行过程中，中间环节的阻碍和延宕，导致政策难以顺利实施。[①] 在多层级的行政体系中，政策上传下达需经过多个环节，难免会出现信息的扭曲和失真。部分政府部门和公务人员缺乏担当精神，对政策执行采取消极态度，导致政策在执行过程中大打折扣。同时，监督机制的缺位使得“中梗阻”现象越发严重。既得利益者往往固守自己的利益，对改革产生阻力和抵触情绪，成为体制机制创新的重大障碍。这一问题严重影响了社会治理效能，成为制约发展的瓶颈。

改革开放精神对破除“中梗阻”有积极的作用。改革开放精神能够进一步激励人们解放思想，打破传统观念的束缚，以创新思维推动改革发展；改革开放精神能够激励人们勇于实践，不断探索解决问题的新途径和新方法；改革开放精神能够激励人们加强理论研究，为破解深层次问题提供科学的理论指导；改革开放精神能够激励人们弘扬团结协作的精神，汇聚全社会的力量共同推动问题的解决。具体到实践中，改革开放精神能够推动深化行政体制改革，精简行政层级，优化政府组织结构，提高政策执行效率，强化公务员队伍建设，培养担当有为的公务人员。改革开放精神能够促使相关部门强化制度执行力度，完善监督机制，对政策执行情况进行全程跟踪和督查，确保政策落地生根。对于执行不力的部门和个人，改革开放精神能够激励人们以更大的政治勇气和智慧，深化改革，打破利益固化的局面。通过建立公平公正的市场竞争机制，激发社会活力，推动经济社会发展。改革开放精神能够积极引导全社会树立改革开放的意识，培养创新思维和进取精神。通过宣传教育，使更多人认识到“中梗阻”的危害，积极投身于改革事业。同时，我们应当看到，破解深层次问题需要长期努力和持续推进。要强化破解深层次问题的主体担当，坚定不移地走全面深化改革开放之路，不断开创中国式

---

① 张占斌．中国改革新起点［M］．北京：人民出版社，2017：148.

现代化新局面。

（二）以改革开放精神激发应对发展新变化的思想活力

思想活力是指思想的敏锐性和创新性，是能够及时适应和应对新情况的思维能力。在现阶段，思想活力表现为对社会现象的深刻理解和创新思考，这有助于人们根据时代的变化调整视角。思想活力，作为国家发展的内在驱动力，是确保国家长治久安、持续进步的关键因素。[①] 一个失去思想活力的国家，必将陷入困境，无法实现长期发展。失去思想活力的国家，难以产生新的思想和观念，会导致科技、文化、经济等领域的创新能力严重不足。这使得国家在面对外部挑战时，缺乏有效的应对策略，错失发展机遇。失去思想活力的国家，思想的僵化会导致社会观念的落后，进而影响社会的进步。失去思想活力的国家，往往在教育、医疗、环保等领域发展滞后，无法满足人民日益增长的需求。失去思想活力的国家，往往会导致政治体制的僵化，使得政治系统缺乏自我革新和进步的能力，并可能导致权力的滥用和腐败的滋生，进一步损害国家的稳定和发展。

在推进中国式现代化的今天，我们面临着前所未有的挑战和机遇，这需要我们具备敏锐的洞察力和灵活的思维方式，以应对这些新变化。保持思想活力，对于应对发展新变化、应对挑战和抓住机遇具有重要意义。[②] 改革开放精神能够激发人民的思想活力。解放思想、实事求是的精神激发了人们的创新意识，使人们敢于挑战传统、勇于尝试新事物，从而推动社会的进步与发展。与时俱进、求真务实的精神促使人们关注学术前沿，了解最新的研究成果，勇于提出自己的见解和假设，不断更新知识体系，增强思维能力，提高认识世界和改造世界的能力。改革开放精神使人们保持积极向上的心态，勇于面对挑战和困难，从而不断提升自身素质和精神状态。在改革开放精神的引领下，人们的思想观念得到更新，社会风气得到改善，形成良好的思想氛围。国家应积极推动不同思想之间的交流与融合，打破思想的封闭和僵化。通过举办学术交流、文化活动等方式，增进人们对不同思想的了解和认知，激发新的思考和创新。同时，国家应鼓励外部先进思想的引进和借鉴，以开放的态度面对世界，吸收人类文明的优秀成果。教育是培养思想活力的关键环节。国家应重视教育改革和创新，提高教育质量和水平。同时，应加强人

---

① 胡伯项，等．我国现代化进程中意识形态安全问题研究［M］．北京：人民出版社，2017：385.

② 李秀林，等．中国现代化之哲学探讨［M］．北京：人民出版社，1990：296.

才的培养和管理，为国家的长远发展提供强有力的人才支撑。通过强化教育和人才培养，推动社会思想的进步和创新能力的提升。

（三）以改革开放精神保持落实改革新举措的恒久毅力

当前，我国正处于全面深化改革的关键时期，各项改革举措不断出台。这些新举措的实施对于推动我国经济社会发展、增强国家综合实力具有重要意义。然而，要真正实现改革目标，就必须在落实过程中注重持久性和连续性，确保改革举措得到有效执行和长期坚持。改革新举措的落实是一个长期过程，需要不断探索和实践。只有通过久久为功的努力，逐步完善改革举措，才能更加符合实际情况、更加具有可操作性。只有通过长期的坚持和努力，改革成果才能得以巩固，避免出现反复和倒退。然而，在落实改革新举措的过程中，面临着诸多挑战。随着时间的推移，人们的观念和认识会发生变化，可能会对改革产生怀疑或抵触情绪。经济社会的发展可能会对改革提出新的要求和挑战，需要不断调整和完善改革举措。此外，各种风险和不确定因素可能对改革的持久性造成影响。

改革开放精神能够提高人们对改革的认同感和参与度，为改革举措的持久落实打下坚实的思想基础。改革开放精神激发了人民群众的自信心和自豪感，使其更加认同和支持改革；改革开放精神鼓励人民群众勇于创新、敢于实践，提高了其参与改革的积极性和创造性。通过弘扬改革开放精神，可以增强人民群众对中国特色社会主义的道路自信、理论自信、制度自信和文化自信，进一步增强其对改革的认同度和参与度。

改革开放精神内在包含着钉钉子精神，而这恰恰是落实改革新举措不可或缺的精神品质。在改革开放的实践中，钉钉子精神得到了充分体现。无论是经济体制改革还是科技创新，无论是社会治理还是生态文明建设，都需要我们发扬钉钉子精神，一锤一锤地敲下去，直到最终实现目标。钉钉子精神强调的是一种不畏难、不惧苦的工作态度，是持之以恒、锲而不舍的工作作风，要求我们在改革开放的道路上，稳扎稳打、一步一个脚印地前进。[①] 它要求我们在面对困难和挑战时，坚定信念、保持定力，以持久的耐心和毅力攻坚克难。钉钉子精神不仅是改革开放精神的题中之义，更是全面深化改革开放和推进中国式现代化的重要动力。[②] 在当前的新时代背景下，我们更需要发扬钉钉子精神，坚定不移地推进各项改革事业。只有发扬钉钉子精神，我们

① 赵艾．改革开放与构建新发展格局研究［M］．北京：人民出版社，2021：19.

② 赵艾．改革开放与构建新发展格局研究［M］．北京：人民出版社，2021：20.

才能一步一个脚印地推进改革开放事业，实现中华民族伟大复兴的中国梦。同时，钉钉子精神体现了我们对中国特色社会主义事业的坚定信念和执着追求，它激励着我们为实现国家富强、民族振兴、人民幸福而不懈努力。钉钉子精神是改革开放精神的题中之义，它既体现了改革开放精神的本质，又为推动中国特色社会主义事业发展提供了强大动力。在新的历史起点，我们要继续发扬钉钉子精神，坚定不移地推进改革开放事业，为实现中华民族伟大复兴的中国梦而努力奋斗。同时，我们应该深刻认识到，发扬钉钉子精神并不是一蹴而就的过程，它需要我们持之以恒、锲而不舍地努力。因此，我们要在日常工作中注重培养和践行钉钉子精神，将其内化为我们的行为准则和价值追求。只有这样，我们才能在全面深化改革的新时代背景下，以更加坚定的信念、更加务实的作风，推动中国特色社会主义事业不断向前发展。

三、为发展新质生产力激活创新动能

2023 年 9 月，习近平总书记在黑龙江考察时首次提出“新质生产力”。新质生产力是生产力质的跃迁，是经济高质量发展的要求，是实现社会主义现代化强国战略目标的重要推动力。改革开放精神能够有效激活发展新质生产力所需的创新动能。

（一）以改革开放精神培育新质生产力核心优势

改革开放精神强调创新发展，要加快发展新质生产力，必须加强科技创新，提高自主创新能力。通过加大科技研发投入，加强人才培养和引进，推动产业升级和转型，以创新驱动实现新质生产力的快速发展。近年来，许多国家已经将创新驱动作为经济发展的核心动力。如德国的工业 4.0、中国的“大众创业、万众创新”等，都是通过创新驱动实现经济提质增效的实践。在这些实践中，政府、企业、科研机构等多方共同参与，形成了一个良好的创新生态系统，有力地推动了经济的持续发展。中国的“大众创业、万众创新”[①] 战略的实施，激发了大量的小微企业发展，从而为社会创造了更多的就业机会。这些企业不仅提供了更多的工作岗位，还为经济发展注入了新的活力。这体现了国家通过鼓励创业和创新，实现社会稳定和经济发展的战略意图。“大众创业、万众创新”战略的实施，可以激发更多的人投入创新活动中，从而推动技术的不断创新。技术创新是经济发展的重要驱动力，它可以

① 王昌林．大众创业万众创新理论初探［M］．北京：人民出版社，2018：267.

提高生产效率，降低成本，增强企业的竞争力。这体现了国家通过鼓励创新，提高国家竞争力的战略意图。“大众创业、万众创新”战略的实施，可以推动传统产业的升级和新兴产业的发展。随着新技术的不断涌现，新兴产业如互联网、人工智能等正在迅速发展。这些新兴产业的发展不仅可以创造更多的就业机会，还可以推动传统产业的升级和转型。这体现了国家通过鼓励创业和创新，实现产业升级和转型的战略意图。“大众创业、万众创新”战略的实施，可以提高国家的竞争力。一个国家的竞争力取决于其经济、科技、文化等方面的发展水平。通过鼓励创业和创新，可以提高国家的科技水平和创新能力，从而增强国家的竞争力。这体现了国家通过鼓励创业和创新，提高国家竞争力的战略意图。

在市场竞争中，质量是企业生存和发展的关键。改革开放精神倡导以提高质量为核心的企业理念，要求企业在生产经营中注重产品质量、服务质量、管理质量等，以高质量的产品和服务提高市场竞争力。华为技术有限公司，作为全球领先的信息与通信技术解决方案供应商，以其高质量的产品和服务赢得了市场的广泛认可。这不仅在经济领域，而且在政治领域都产生了深远的影响。华为公司自成立以来，始终坚持以技术创新和产品质量为核心竞争力，在产品研发、生产、销售等各个环节，始终保持高标准的质量要求，以满足客户需求。华为在对发展中国家市场的拓展中，采取了符合当地国情的合作模式，实现了互利共赢的目标。此外，华为还通过技术创新和产业升级，推动全球信息通信技术的进步和发展，为全球经济的繁荣做出了贡献。对质量的执着追求，使得华为在全球市场上赢得了良好的口碑和信誉。[①] 华为公司坚持绿色发展理念，提高了企业的经济效益，实现了经济高质量发展。例如，通过大力发展清洁能源，华为公司在提高能源利用效率的同时，为企业带来了可观的经济收益。华为的绿色发展实践得到了社会的广泛认可，提升了企业的社会形象。华为公司在节能减排方面的努力，有效减轻了对环境的污染，改善了公众的生活环境，赢得了社会的赞誉。在全球绿色发展的大背景下，华为的绿色转型提升了其在国际市场的竞争力。许多国际组织和国家对华为的绿色发展实践表示赞赏，这为华为公司在国际能源市场的进一步拓展打下了坚实的基础。华为公司坚持绿色发展理念，对实现经济高质量发展的实践具有重要意义。这不仅是对全球绿色发展趋势的积极回应，更是对国家发展

① 国家发展和改革委员会．中国“互联网+”行动发展报告［M］．北京：人民出版社，2018：62.

战略的深度践行。华为的这一转型不仅提升了企业的经济效益和社会形象，更增强了其在国际市场的竞争力。这充分说明，坚持绿色发展理念是实现新质生产力发展的必由之路。

人才是发展新质生产力的关键要素。改革开放精神强调人才的重要性，要求我们实施人才强国战略，加强人才队伍建设。通过优化人才政策，提高人才素质和能力，为高质量发展提供强有力的人才支撑。在知识经济时代，人才资源作为第一资源，已经成为推动社会高质量发展的核心要素。高素质人才以其独特的创新能力和专业技能，为经济社会发展提供了强有力的支撑。高素质人才是创新的重要源泉，他们在科技研发、企业管理、市场营销等方面具有独特的创新思维和创新能力。通过技术创新和管理创新，高素质人才为企业和地区的发展注入新的活力，推动产业升级和经济发展方式的转变。高素质人才具备较高的专业素养和技能水平，能够推动企业提高产品质量和服务水平。他们在生产、管理、营销等各个环节都能发挥关键作用，为企业创造更大的价值。同时，高素质人才的涌现能带动整个行业的质量提升。高素质人才在推动社会进步方面也具有重要作用。他们不仅在科技创新、企业管理等方面取得了显著成就，而且在文化传承、公益事业等方面发挥了积极作用。高素质人才的涌现为社会文明进步提供了有力的人才保障。

（二）以改革开放精神筑牢新质生产力关键支撑

加快发展新质生产力，需要多方面的支撑和保障。科技创新是发展新质生产力的核心动力。科技创新可以推动产业升级和转型，提高产品质量和竞争力，从而实现经济的高质量发展。人才是发展新质生产力的关键因素。高素质、专业化的人才队伍可为高质量发展提供源源不断的动力。营商环境是影响新质生产力发展的重要因素。良好的营商环境可以吸引更多的投资和企业入驻，促进经济发展和就业增长。生态文明建设是发展新质生产力的重要保障。只有保持良好的生态环境，才能实现经济、社会和环境的协调发展。科技创新、人才支撑和生态文明建设上面已经探讨过了，此处不再赘述。这里重点探讨改革开放精神对良好营商环境的塑造。

营商环境是指企业在经营过程中所面临的外部环境和条件，包括政策环境、市场环境、法治环境、人文环境等多个方面。[①] 良好的营商环境能够为企业提供更加公平、透明、便捷的经营条件，降低企业的经营成本和风险，提

---

① 陈宇学，许正中，等．创新驱动发展经济学研究［M］．北京：人民出版社，2022：94.

高企业的竞争力和创新能力。因此，营商环境的优劣对于一个国家或地区的经济发展至关重要。改革开放精神有助于培育和塑造良好的营商环境。一是改革开放精神强调开拓创新，有助于推动制度和政策的创新。在营商环境的培育和塑造过程中，需要不断推动制度创新，为企业提供更加公平、透明、便捷的经营条件。改革开放精神可以引领打破旧有体制和观念的束缚，推动制度和政策的创新，为营商环境的优化提供有力的制度保障。二是改革开放精神强调开放包容，有助于促进市场的开放。在营商环境的培育和塑造过程中，需要不断推进市场的开放，打破地区封锁、行业垄断等限制，为企业提供更加公平、透明、便捷的市场环境。改革开放精神可以进一步推进市场开放，吸引更多的投资者和企业进驻，促进经济的繁荣和发展。三是改革开放精神强调务实进取，有助于优化政府服务。在营商环境的培育和塑造过程中，政府的服务质量和效率对于企业的经营和发展至关重要。改革开放精神可以引领推动政府不断优化服务流程、提高服务效率、加强监管力度等方面的工作，为企业提供更加优质、高效的服务。四是改革开放精神有助于激发全社会的活力和创造力。在营商环境的培育和塑造过程中，需要充分激发社会各界的活力和创造力，推动经济的繁荣和发展。改革开放精神可以引领激发全社会的创新意识和创造能力，推动新业态、新模式、新技术的涌现和发展，为营商环境的优化注入新的动力和活力。综上所述，改革开放精神对培育和塑造良好营商环境具有重要作用。通过弘扬改革开放精神，可以推动制度创新、促进市场开放、优化政府服务、激发社会活力，为营商环境的优化提供有力的支持和保障。因此，在未来的发展中，我们要继续弘扬改革开放精神，努力营造更加公平、透明、便捷的营商环境，推动经济的繁荣和发展。

（三）以改革开放精神汇聚发展新质生产力的智慧力量

发展新质生产力不仅需要雄厚的物质资源作为基础，更需要现代智慧力量的支持。智慧力量，是指依靠创新、科技、教育等多方面力量，推动经济、社会、文化等全方位的发展。① 目前，创新已成为推动新质生产力发展的核心动力。创新力量包括科技创新、管理创新、商业模式创新等，这些创新能够提高生产效率、优化资源配置、提升产品质量，从而推动新质生产力发展。现代化人才是推动新质生产力发展的关键因素。人才力量包括高素质的劳动

① 张秀中．国有企业的“根”和“魂”：新时代加强国有企业党的政治建设探究［M］．北京：人民出版社，2019：212.

者、创新型人才、专业技术人员等，人才能够提供高质量的产品和服务，推动社会高质量发展。教育是培养人才、提高国民素质的基础工程。教育力量包括基础教育、职业教育、高等教育等，教育能够培养出具有创新精神和实践能力的人才，为发展新质生产力提供源源不断的智慧力量。创新力量和人才力量在前面已多有提及，这里重点探讨改革开放精神如何汇聚教育力量的问题。

改革开放以来，教育领域的变革尤为引人注目。在改革开放精神的引领和鼓舞下，千千万万教育从业者以坚定的信念和不懈的努力，不断创新教育理念，汇聚起不竭的智慧力量，为国家的未来播撒希望的种子。改革开放精神的核心是敢于创新、勇于探索。这种精神为教育工作者提供了强大的动力支持。在改革开放浪潮中，教育工作者敢于突破传统束缚，勇于尝试新的教育方法和模式，为培养新时代的人才奠定了坚实基础，为我国教育事业的发展注入了强大的活力。一是开放包容，促进教育资源共享。改革开放以来，我国在教育领域逐步走向开放，各种优质教育资源得以广泛共享。这种开放的教育环境，不仅提高了教育质量，而且使更多人有机会接受优质教育。二是锐意进取，提升教育创新能力。在改革开放精神的引领下，教育领域不断突破传统，锐意进取，积极探索教育创新。这种创新精神不仅体现在教育理念上，更体现在教育方式、教学内容等多个方面。三是敢于尝试，加速教育信息化进程。改革开放精神鼓励我们敢于尝试、勇于创新。在这一精神的引领下，我国教育信息化进程不断加速，现代教育技术得到广泛应用，为教育质量的提升提供了强大的技术支持。要进一步强化改革开放精神在教育教学改革中的推动作用，让这种精神成为推动教育事业发展的不竭动力。同时，要不断丰富和拓展改革开放精神的内涵，使其更好地适应时代发展的需要。教育工作者是推动教育事业发展的重要力量。要通过各种途径，提升教育工作者的改革开放意识，激发他们的创新热情，使其成为践行改革开放精神的重要力量。

在改革开放精神的激励下，千千万万教育从业者以高度的责任感和使命感，默默奉献在教育战线上。他们不仅传授知识，更关注学生的全面发展，用自己的智慧和汗水为国家的未来贡献力量。改革开放精神对教育力量的引领和汇聚，鲜活地体现在华坪女子中学的办学理念中。华坪女子中学鼓励学生敢于质疑、勇于尝试，培养她们的创新意识和实践能力。同时，华坪女子中学不断完善教育管理体系和教师评价体系，激发教职工的工作热情和创新精神，为学校的持续发展注入活力。这种追求卓越的精神，正是改革开放精神的体现。华坪女子中学坚持以人为本的办学理念，关注学生的全面发展和个性需求。这种以人民利益为中心的服务精神，正是改革开放以来中国社会发展的重要价值观。华坪女子中学的办学理念不仅体现了改革开放精神，而且为培养优秀人才提供了有力支持。[①] 华坪女子中学通过开放包容的教育环境、创新驱动的教育模式和以人为本的服务理念，为女性提供了平等、优质的教育机会，为社会培养了一大批优秀女性人才。在改革开放精神的引领和鼓舞下，千千万万教育者与受教育者站在进步、创新、奉献的旗帜下，为加快发展新质生产力汇聚起永不枯竭的智慧力量。

---

① 中共中央宣传部宣传教育局．时代楷模．2020：张桂梅［M］．北京：学习出版社，2021：93.

第五章 Chapter 5

弘扬改革开放精神的时代要求与实践路径

弘扬改革开放精神，需要在党的领导下，以新时代战略眼光统一筹划、合理布局。只有明确时代要求、遵循重大原则、完善实践路径，改革开放精神的弘扬才能落到实处。面对世界百年未有之大变局，要牢记初心使命，夯实立足时代之基；要拓展理论视野，科学回答时代之问；要强化前瞻意识，积极引领时代之变。弘扬改革开放精神，要遵循以下重大原则：必须坚持中国共产党的集中统一领导；必须坚持解放思想、实事求是、守正创新；必须坚持处理好改革开放精神与民族传统、与时代元素、与外来精神文化的关系。弘扬改革开放精神，需要有清晰可行的实践路径。要明确主体责任，加强整体规划部署；要完善协同机制，整合各方参与力量；要加强舆论引导，占领主流思想高地；要构建媒体矩阵，赋能快速高效传播；要融入专题活动，强化自觉践行意识；要把握实践要求，提升改革创新能力。只有将上述各环节紧密衔接，环环相扣，才能增强改革开放精神的渗透力、影响力、引领力，才能使其在推进中国式现代化实践中发挥应有的作用。

第一节　弘扬改革开放精神的时代要求

当今时代，是世界百年未有之大变局加速演进的时代，也是新一轮科技革命和产业变革加速演进的时代。在这样复杂又充满希望的时代，要牢记初心使命，夯实立足时代之基；要拓展理论视野，科学回答时代之问；要强化前瞻意识，积极引领时代之变。只有这样，才能在如此复杂的形势下，自觉运用党的创新理论武装头脑、指导实践、推动工作，对时代之问作出正确回答，主动引领变革潮流。

一、牢记初心使命，夯实立足时代之基

（一）激发“留取丹心照汗青”的革命意志，夯实立足时代之基

在当今时代背景下，“留取丹心照汗青”的革命意志对每个人都具有重要意义。我们要通过不断学习和实践，将这种革命意志融入生活和工作，进而更好地夯实立足时代之基。

第一，需要深入学习和理解“留取丹心照汗青”的革命意志。革命意志是指为了实现某种理想或目标而坚持不懈地努力奋斗的精神。这种精神在中国共产党领导的革命战争中得到了充分体现。[①] 新民主主义革命时期，在中国共产党领导中国人民反对帝国主义、封建主义、官僚资本主义所进行的无数次英勇战斗中，革命意志得到了充分彰显。只有当我们真正领会了其中的内涵和精神实质，才能将其内化为自己的信仰和价值观，并以此为指导来面对生活中的各种挑战。同时，我们要认识到，这种革命意志在不同的历史时期和社会环境下有着不同的表现形式和具体要求。因此，我们需要结合实际情况进行灵活运用和创新发展。

第二，要将“留取丹心照汗青”的革命意志与时代相结合。随着科技的飞速发展和全球化进程的加速，我们所处的环境发生了巨大的变化。在这样的背景下，需要具备创新意识和实践能力，勇于尝试新事物和新方法，积极探索新的领域和发展空间。要将革命意志与时代相结合，注重培养年青一代的意识和能力。年青一代是国家的未来和希望，他们的意识和能力决定了国家的发展方向和前途命运。因此，要加强对年青一代的教育和培养，让他们了解和认同革命精神，同时具备创新和实践能力。只有这样，才能在激烈的竞争中立于不败之地，实现中华民族伟大复兴的中国梦。

第三，要采取切实有效的措施来传承和弘扬“留取丹心照汗青”的革命意志。这包括开展加强爱国主义教育、红色旅游、主题展览等形式多样的活动。通过这些方式，不仅可以使更多的人了解和认同“留取丹心照汗青”的革命意志，还能增强整个社会的凝聚力和向心力。同时，要注重培养年青一代对这种革命意志的认知和理解，让他们成为传承和弘扬“留取丹心照汗青”的革命意志的重要力量。

总之，“留取丹心照汗青”的革命意志是我们立足时代之基的前提之一。

---

① 葛彦东．中国共产党领导意识形态建设的历史经验研究［M］．北京：人民出版社，2021：148.

只有当我们将这种革命意志融入生活和工作，才能更好地适应和引领时代的变革与发展。

（二）涵养“一枝一叶总关情”的为民情怀，夯实立足时代之基

在快速发展的现代社会，人们常常被各种复杂议题和多变情况困扰。然而，无论社会如何变迁，“一枝一叶总关情”的为民情怀始终是我们前行的基石。这份情怀不仅关乎个人的道德修养，更是我们作为社会成员，特别是公职人员应有的责任和担当。涵养这份情怀，不仅是个人品格的升华，更是夯实我们立足时代之基的关键。

“一枝一叶总关情”的为民情怀，是指对民众生活的深切关注和关爱，是一种将民众的福祉置于首要位置的情感和态度。这种情怀源自对人民群众的尊重和敬畏，表现为对人民群众需求的敏锐洞察和及时回应，以及对人民群众利益的坚守和维护。① 具有为民情怀的人，能够在细微之处关注民生，积极为民众排忧解难，让人民群众感受到温暖和关爱。在当今社会，这种情怀尤为重要。只有真正关心民众，才能了解他们的需要，解决他们的问题，提升他们的生活品质。

涵养为民情怀，需要落实到具体的行动之中。广大党员干部要明确自己的社会责任，始终将民众的需求放在首位，积极为解决社会问题贡献自己的力量。广大党员干部要通过不断学习，提高自己的认知水平和综合素质；要通过实践，将所学知识转化为实际行动，更好地服务民众。要站在民众的角度思考问题，理解他们的感受和需求；要用实际行动去关爱他们，为他们提供力所能及的帮助。要通过参与志愿者活动、慈善捐赠等方式，亲身感受民众的需求，为他们提供实质性帮助。广大党员干部要积极倾听民众的声音，了解他们的需求和困扰；要用心解决他们的问题，不推诿、不敷衍；要以公正公平的态度对待每一个人，不偏不倚。此外，需要敢于直面困难和挑战，勇于承担责任，不断创新工作方式和方法，以更好地服务民众。涵养为民情怀并非一蹴而就，需要不断地培养和提升。广大党员干部要树立正确的价值观，明确人民至上的原则；要增强自身的专业素养和实践能力，以便更好地为人民服务。此外，要保持谦逊和敬畏的态度，时刻提醒自己不忘初心、牢记使命。

在全面建设社会主义现代化强国的历史背景下，我们更应该涵养“一枝

---

① 李建强．不泯的记忆：口述焦裕禄［M］．北京：人民出版社，2018：11.

一叶总关情”的为民情怀，以实际行动践行人民至上的价值观。只有这样，我们才能真正做到心中有民、心中有责，更好地服务于人民和社会。同时，这是我们夯实立足时代之基的重要途径。

（三）赓续“越是艰险越向前”的英雄气概，夯实立足时代之基

习近平总书记指出：“一个有希望的民族不能没有英雄，一个有前途的国家不能没有先锋。”① 英雄是民族最闪亮的坐标，是时代最耀眼的星辰。在革命、建设、改革的历史洪流中，无数英雄儿女为了民族独立、人民幸福、国家富强，用鲜血染红了理想信念的旗帜，用生命铸就了担当作为的丰碑。英雄的事迹和精神，既是激励我们前行的强大力量，也是我们赓续红色血脉、担当时代重任的宝贵财富。

随着全球化的不断推进，各国之间的竞争愈加激烈。作为一个走近世界舞台中央的大国，我国现代化进程备受瞩目。然而，现代化的推进并非一帆风顺，需要我们在各个方面都具备足够的实力和决心。因此，在推进中国式现代化的过程中，我们必须赓续“越是艰险越向前”的英雄气概，不断开拓创新，以应对各种挑战和机遇。

中国式现代化是指在中国特色社会主义理论指导下，实现经济、政治、文化、社会和生态文明建设等方面的现代化。这个现代化模式既不同于西方模式，也不同于其他国家的现代化模式。它具有鲜明的中国特色，符合中国国情，是中华民族伟大复兴的必由之路。推进中国式现代化是我们面临的重大历史使命。在这个过程中，必须赓续“越是艰险越向前”的英雄气概，以应对各种挑战和机遇。“越是艰险越向前”的英雄气概是指一种不畏艰险、勇往直前的精神状态。在推进中国式现代化的过程中，需要具备这种精神状态，以应对各种挑战和机遇。这种精神状态不仅体现在个人层面上，更体现在国家和民族层面上。只有具备了这种一往无前的英雄气概，我们才能不断开拓创新，为实现中华民族伟大复兴而不懈奋斗。基于树立远大理想、勇于担当责任、坚持开拓创新、团结协作和增强文化自信等方面的努力，我们一定能够不断推进中国式现代化。

二、拓宽理论视野，科学回答时代之问

拓宽理论视野可以帮助人们更好地认识和理解当今时代所面临的挑战和

① 习近平．习近平在纪念中国人民抗日战争暨世界反法西斯战争胜利70周年系列活动上的讲话［M］．北京：人民出版社，2015：19.

问题。通过学习和研究各种理论知识和思想体系，人们可以从不同的角度和层面深入分析问题的本质和根源，从而更好地把握问题的实质和关键。拓宽理论视野可以为科学回答时代之问提供理论支持和方法论指导。① 时代之问是时代对人们提出的问题和挑战，需要通过科学的方法和理论来回答这些问题。② 各种理论知识和思想体系都有其独特的理论观点和方法论原则，通过学习和借鉴这些理论和方法，可以更好地指导实践，解决实际问题。拓宽理论视野对于科学回答时代之问至关重要。宽广的理论视野能够让我们更好地理解和把握时代的发展趋势，从而更加准确地回答时代所提出的问题。

一是拓宽理论视野，科学回答时代之问，需要保持开放和批判的态度。保持开放的态度可以帮助人们接受和了解不同的理论观点和思想体系。在理论学习过程中，我们可能会遇到与原有认知不同的观点和思想，这时需要保持开放的心态，积极了解和思考这些不同的观点和思想，从而拓宽理论视野。批判性思维可以帮助我们深入分析和评估各种理论观点和思想体系。在学习各种理论观点和思想体系时，需要运用批判性思维，深入分析评估，判断其合理性和可行性，从而更好地理解和掌握其内在逻辑和理论依据。在涉猎和学习各种理论知识和思想体系时，需要保持独立思考和批判性思维，不盲目接受各种观点和思想；同时要尊重他人的观点和思想，通过交流和讨论不断深化对理论的理解和认识。另外，保持开放和批判的态度有助于促进学术交流和思想碰撞。在学习和研究过程中，我们可以与他人进行交流和讨论，分享自己的观点和见解，倾听他人的意见和建议，通过思想的碰撞和交锋，不断深化对理论的理解和认识。总之，保持开放和批判的态度是拓宽理论视野的重要前提。只有持开放的心态和批判性思维，才能更好地理解和评估各种理论观点和思想体系，从而拓宽我们的理论视野，更好地回答时代之问。③

二是拓宽理论视野，科学回答时代之问，需要注重理论与实践的结合。拓宽理论视野需要将理论与实践密切结合，因为理论与实践是相互促进、相互检验的关系。理论是指导实践的重要依据，理论与实践相结合，可以更好地理解理论的实用性和适用性，同时可以通过实践不断检验和完善理论。理

---

① 靳书君．全球化、现代化与马克思主义中国化的互动关系［M］．北京：人民出版社，2012：154.

② 洪向华．解码中国：科学回答中国之问、世界之问、人民之问、时代之问［M］．北京：人民出版社，2023：122.

③ 吴德凯．认知主体的三个维度：韦斯特法尔与扎格泽博斯基认识论思想［M］．北京：人民出版社，2019：157.

论的发展需要实践的推动，理论源于实践，并在实践中得到检验和发展。只有通过实践，我们才能不断发现和解决问题，推动理论的创新和发展。实践需要理论的指导，理论为实践提供了指导和方向，使实践有了明确的目标和路径。只有通过理论的指导，我们才能更好地把握实践的方向和目标，避免盲目性和随意性。理论与实践的密切结合有助于形成全面、系统的认识。理论与实践是相辅相成的，只有将两者密切结合起来，才能形成全面、系统的认识，更好地回答时代之问。总之，理论与实践的密切结合是拓宽理论视野的重要途径。将理论与实践的密切结合，我们可以更好地认识和理解各种理论观点和思想体系，从而拓宽理论视野，更好地回答时代之问。①

三是拓宽理论视野，科学回答时代之问，需要广泛涉猎各种理论知识和思想体系。每种理论知识和思想体系都有其独特的观点和方法，可以为我们提供不同的思考角度和思路。广泛涉猎各种理论知识和思想体系，有助于我们洞悉不同学科领域和思想流派，从而更好地认识和理解当今时代所面临的挑战和问题。通过了解不同的理论观点和思想体系，我们可以从不同的角度和层面深入分析问题的本质和根源，从而更好地把握问题的实质和关键。广泛涉猎各种理论知识和思想体系，能为我们的思考和研究提供更加全面和系统的理论支持和方法论指导。每种理论知识和思想体系都有其独特的理论观点和方法论原则，通过学习和借鉴这些理论和方法，可以更好地指导实践，解决实际问题。同时，通过比较和分析不同理论观点和思想体系的优劣和适用性，我们可以更加准确地评估其合理性和可行性，从而更好地筛选并应用合适的理论和方法。广泛涉猎各种理论知识和思想体系还有助于促进跨学科的研究和合作。当今时代的许多问题都具有复杂性和综合性，需要不同学科领域的专家学者进行跨学科的研究和合作。通过广泛涉猎各种理论知识和思想体系，我们可以更好地整合不同学科领域的观点和方法，形成更加全面和系统的解决方案。总之，广泛涉猎各种理论知识和思想体系是拓宽理论视野的重要途径。通过广泛涉猎不同的学科领域和思想流派，我们可以更好地认识和理解当今时代所面临的挑战和问题，为解决实际问题提供更加全面和系统的方案和思路。

四是拓宽理论视野，科学回答时代之问，需要注重跨学科的学习和研究。② 现代社会的问题越来越复杂和多元化，需要综合运用多个学科的知识和

---

① 王立胜、单继刚．中国马克思主义哲学何以可能［M］．北京：人民出版社，2023：242.

② 刘沧山．中外高校思想教育研究［M］．北京：人民出版社，2008：557.

理论来解决。跨学科的学习和研究可以帮助我们更好地理解问题的本质和根源。许多现实问题往往涉及多个学科领域，只有通过跨学科的学习和研究，才能深入挖掘问题的本质和根源，为解决问题提供更加全面和系统的方案和思路。跨学科的学习和研究可推动知识的融合和创新。不同学科的知识和理论有各自的优劣和适用范围，通过跨学科的学习和研究，我们可以将不同学科的知识和理论进行融合和创新，形成更加全面和系统的理论体系和方法论。跨学科学习和研究有助于培养复合型人才。现代社会需要的是具有综合素质和能力的复合型人才，只有通过跨学科的学习和研究，才能培养出具备跨学科思维能力和实践能力的复合型人才。总之，跨学科的学习和研究是拓宽理论视野的重要途径。通过跨学科的学习和研究，我们可以更好地理解问题的本质和根源，促进知识的融合和创新，培养复合型人才，为解决现实问题提供更加全面和系统的方案和思路。拓宽理论视野是科学回答时代之问的重要前提和基础。只有具备宽广的理论视野，才能更深刻地认识和理解当今时代的挑战和问题，才能创新和发展理论，科学地回答时代之问。

三、强化前瞻意识，主动引领时代之变

前瞻意识是指对未来的预见和洞察力，即能够预见未来的趋势和变化，并做出相应的应对策略。前瞻意识能够推动创新，因为它能够预见未来的需求和技术的发展趋势。[①] 前瞻意识这一预见性能够帮助个人或组织提前布局，抢占先机，从而在竞争中获得优势。在商业、科技、政治等领域，前瞻意识对于制定战略规划至关重要。通过对未来市场的预测，企业可以提前布局，调整产品线和服务，以满足未来的市场需求。前瞻意识能够帮助个人或组织识别未来的风险和机遇，从而制定相应的风险管理策略。在金融、投资等领域，这种能力尤为重要，因为它可以帮助个人或组织避免损失或抓住盈利的机会。前瞻意识对于实现可持续发展目标至关重要。通过对未来环境和社会发展趋势的预测，个人或组织可以制定相应的策略，以实现经济、社会和环境的协调发展。前瞻意识是领导者必备的素质之一。一个具备前瞻意识的领导者，能够带领团队预见未来的趋势和变化，并制定相应的战略和计划。[②] 这种能力能够帮助领导者赢得信任和尊重，并带领团队取得更大的成功。总之，

---

① 启蒙．怎样想问题：学习新时代中国共产党人的科学思想方法和思维方式［M］．北京：人民出版社，2023：168.

② 启蒙．怎样想问题：学习新时代中国共产党人的科学思想方法和思维方式［M］．北京：人民出版社，2023：169.

前瞻意识是一种非常重要的能力，它能够帮助个人或组织在未来取得成功。通过培养前瞻意识，人们可以更好地应对未来的挑战和机遇。

前瞻意识是一种可以通过学习和实践培养的能力。我们可以通过如下几种方式培养敏锐的前瞻意识。

第一，关注未来的趋势和变化，了解未来的社会需求和发展动态。要培养前瞻意识，需要广泛关注未来的趋势和变化，了解未来的社会需求和发展动态。[①] 通过对科技发展、社会问题、政策和法规、市场调查、行业动态以及学术研究等进行了解和分析，人们可以更好地把握未来的发展趋势，制定相应的应对策略，从而在未来的竞争中取得优势。要关注科技趋势及最新进展，了解人工智能、大数据、云计算、物联网等新兴技术的发展方向和应用前景。这些技术的发展将对社会、经济、产业等方面产生深远影响，关注这些技术的前沿动态有助于把握未来的发展趋势。要关注社会问题的发展趋势和未来走向，如人口老龄化、环境污染、气候变化等。这些问题不仅影响人类社会的未来，而且为企业和个人提供了新的机遇和挑战。了解这些问题的发展趋势，有助于制定相应的应对策略。要关注政策和法规的制定和调整，了解国家对未来发展的规划和导向。政策和法规的变化将对企业和个人产生重要影响，关注这些变化有助于把握未来的市场机遇和挑战。要通过市场调查和研究，了解消费者的需求和行为变化，把握未来的市场趋势。通过分析市场数据和竞争态势，可以预测未来的市场走向，从而制定相应的营销策略和产品规划。要关注所在行业的发展动态和未来趋势，了解行业内的技术进步、竞争格局、市场变化等方面的信息。通过分析行业的发展趋势，可以预测未来的市场需求和竞争态势，从而制定相应的战略规划。要关注学术界的最新研究成果和趋势，了解各领域的前沿理论和思想。学术研究是探索未知的重要途径，关注学术动态有助于开拓思维和视野，激发创新灵感。

第二，学会分析和判断事物的发展趋势和未来走向，这是培养前瞻意识的关键能力。通过数据收集、对比分析、趋势预测、逻辑推理、经验借鉴、专家咨询和实践检验等方法，我们可以逐渐提高分析和判断能力，更好地把握未来的发展趋势。要学会收集与事物相关的各种数据和信息，包括历史数据、市场数据、技术发展动态、政策法规等。通过对数据的收集和分析，可以更好地了解事物的现状和发展趋势。要善于将收集到的数据进行对比分析，找出其中的规律和趋势。通过对比不同时期、不同地区、不同行业的数据，

① 张尚仁．社会历史哲学引论［M］．北京：人民出版社，1992：390.

可以发现事物的变化和发展规律，从而更好地预测未来的发展趋势。要基于对现状的了解和分析，预测事物未来的发展趋势。通过分析历史数据、技术发展动态、市场变化等因素，可以推断未来的趋势和走向。要善于运用逻辑推理的方法，对事物的发展趋势进行推理和分析。可以运用因果关系、演绎推理、归纳推理等逻辑方法，探究事物发展的内在逻辑和规律。可通过借鉴过去类似的案例和经验，分析其发展规律和趋势，从而推断事物的发展方向。可以借鉴其他地区、行业或企业的相关经验，从中获得启示。通过咨询相关领域的专家或专业机构，了解其对事物发展趋势的看法和建议。专家的经验和见解具有参考价值，有助于我们更好地分析和判断。要敢于将分析和判断的结果付诸实践，通过实际操作和观察，检验分析和判断的准确性和可靠性。通过实践中的反馈和经验积累，不断改进和提高分析和判断能力。

第三，突破传统的思维模式和框架，勇于尝试新的思路和方法，[①] 强化前瞻意识，需要勇于突破传统的思维模式和框架，尝试新的思路和方法。通过挑战传统观念、跨领域思考、创造性想象、不断学习、实践和尝试、接受失败以及与他人合作等，可以培养创新思维，发现新的机遇和可能性。首先要勇于挑战传统的观念和思维模式，不拘泥于现有的理论和框架。通过反思和质疑传统的思维方式，可以发现其中存在的问题和局限性，从而探索新的思路和方法。要善于借鉴不同领域的知识和思维方式，进行跨领域思考。将不同领域的思想和概念结合起来，可以产生新的创意和灵感，开拓新的思路。要发挥创造性想象力，想象未来的可能性。通过头脑风暴、情景规划、角色扮演等方式，激发想象力和创造力，探索新思路。要坚持学习，不断吸收新的知识和信息。通过阅读、参加培训、与他人交流等方式，开阔自己的视野和思维方式，以便于产生新的创意和想法。要敢于将创新的思路付诸实践，尝试新的方法和手段。通过实践和尝试，可以发现新思路的可行性和优缺点，从而不断完善和改进。要勇于接受失败和挫折，不气馁、不放弃。创新过程中难免会遇到失败和挫折，但这些经历也是宝贵的财富。通过反思和总结经验教训，可以不断调整思路和方法，逐步走向成功。要善于与他人合作，共同探讨新的思路和方法。要通过与他人交流和合作，互相启发，不拘泥于现有的理论和框架，敢于挑战和突破，寻求创新的可能性。

第四，将前瞻意识付诸实践，需要勇气、决心和行动力。通过制定计划和目标、勇于尝试、学习成长、团队协作、持续改进、评估总结等途径，我

---

① 梁作民．当代思维哲学［M］．北京：人民出版社，2003：194.

们可以将前瞻意识转化为实际行动，实现创新和发展。首先要将前瞻意识转化为具体的计划和目标，制定可行的实施方案。确保计划和目标具有明确性、可衡量性、可达成性、相关性和时效性，以便有效地推进实施。在实践过程中，要勇于尝试新的思路和方法。不要害怕失败和挫折，要有冒险精神，不断探索和创新。通过尝试和实践，不断优化和改进实施方案。在实践过程中，要坚持学习，不断汲取新的知识和经验。通过参加培训、阅读专业书籍、与他人交流等方式，不断提升自己的能力和素质，以应对未来的挑战。要与团队成员保持紧密联系和协作，共同推进。充分发挥团队成员的优点和特长，协同解决问题，共同面对挑战。在团队协作中，要注重沟通和协调，建立良好的工作关系。在实践过程中，要持续关注方案的实施效果和反馈，及时进行调整和改进。通过不断优化和改进实施方案，提高工作效率和质量，以收到更好的效果。在实践过程中，要定期进行评估和总结，分析实施方案的进展和成果。通过评估和总结，可以发现存在的问题和不足之处，并及时进行调整和改进。同时，通过总结经验和教训，为未来的实践提供借鉴和参考。在实践过程中，要有持之以恒的精神和耐心。创新和变革往往需要较长时间才能看到成果，要坚定信念、坚持不懈地推进实施方案。同时，要保持耐心和冷静，不因一时的挫折而放弃。

总之，以前瞻意识引领时代之变，需要具备洞察力和预见能力、创新思维、学习与适应能力，积极推动变革和创新。要有强烈的使命感和责任心，积极推动变革和创新。要以积极的态度拥抱未来，相信未来的美好和可能性。同时，要认识到未来的不确定性和挑战，做好应对准备。通过不断学习和探索，我们可以在时代之变中抓住机遇、应对挑战，为实现中华民族伟大复兴作出应有的贡献。

第二节　弘扬改革开放精神的原则遵循

弘扬改革开放精神，必须坚持中国共产党的集中统一领导，发挥党领导思想政治工作的优势和经验智慧；必须坚持解放思想、实事求是、守正创新，积极探索新思路、新方法；必须处理好改革开放精神与民族传统、时代元素、外来精神文化等重大关系，厘清改革开放精神在推进中国式现代化中的功能定位。

一、坚持中国共产党的集中统一领导

中国共产党是中国工人阶级的先锋队，是中国特色社会主义事业的坚强领导核心，是广大人民利益的忠实代表。中国共产党在领导中国革命和建设的伟大实践中，赓续传承了中华优秀传统文化和马克思主义的批判精神、革命精神、科学精神，批判地吸收了世界各国人民创造的先进文化成果，并在此基础上，创造了具有中国特色的精神文化成果。中国共产党始终是时代精神的创造者、实践者和大力弘扬者，进一步加强和改进党的领导，不仅是政党的、阶级的问题，而且是整个民族的生存发展问题，是培育和弘扬改革开放精神的根本保证。[①]

只有坚持中国共产党的集中统一领导，才能保证我国改革开放和社会主义现代化建设始终沿着社会主义的方向前进。首先，中国共产党的领导是保证改革开放正确方向的关键。[②] 在改革开放过程中，我们必须始终坚持中国特色社会主义道路，防止偏离正确的轨道。中国共产党人拥有丰富的历史经验和深厚的理论素养，能够确保改革开放沿着社会主义方向前进。此外，中国共产党能够制定出符合中国国情的政策和方针，确保国家的长期稳定发展。其次，中国共产党的领导是推动社会主义现代化的核心力量。随着全球化的发展，各国之间的经济、文化交流日益频繁，但也带来了各种挑战和风险。中国共产党具有强大的组织能力和动员能力，能够有效地应对各种挑战和风险。同时，中国共产党积极推动创新驱动发展战略，加强科技创新和人才培养，为中国的现代化建设提供了强有力的支持。最后，只有坚持中国共产党的集中统一领导，才能保证我国改革开放和社会主义现代化的成果惠及全体人民。中国共产党始终坚持以人民为中心的发展思想，努力实现全体人民的共同富裕。在改革开放和社会主义现代化建设过程中，中国共产党注重解决民生问题，加强社会建设和社会治理，保障了人民的基本权利和利益。党的十一届三中全会以来的经验教训告诉我们，要坚持现代化建设和改革开放的社会主义方向，必须坚定不移地坚持党的领导。

只有坚持中国共产党的集中统一领导，才能巩固和发展国内安定团结的政治局面，并争取一个和平稳定的国际环境。作为一个拥有 100 多年历史的

① 王彩云，孙成豪，王雅迪．中国特色社会主义民主政治建设中的价值理性和工具理性［M］．北京：人民出版社，2018：222.

② 雷厚礼，雷蕾．中国共产党管党治党理论研究［M］．北京：人民出版社，2022：516.

政党，中国共产党始终秉持为人民服务的宗旨，带领中国人民不断向前发展。在社会主义现代化建设过程中，安定团结的政治局面是至关重要的。只有坚持中国共产党的集中统一领导，才能巩固这样的政治局面。首先，中国共产党具有强大的组织能力和领导能力，能够确保政治稳定。同时，中国共产党拥有一支高素质的干部队伍，这些干部具有丰富的政治经验和卓越的领导才能，能够为国家的长远发展提供有力保障。其次，中国共产党始终坚持人民至上的原则，赢得了人民的信任和支持。在中国共产党的领导下，中国取得了世人瞩目的发展成就，人民生活水平得到了显著提高。这些成就的取得离不开中国共产党的正确领导和人民群众的积极参与。人民对中国共产党的高度信任和支持，为政治稳定奠定了坚实基础。最后，中国共产党在推进政治体制改革方面取得了显著成果。通过改革和创新，中国政治体制的民主化、法治化水平得到了显著提升。这些改革成果不仅有利于提高政治效率，还有助于消除不稳定因素，维护政治稳定。总之，只有坚持中国共产党的集中统一领导，才能巩固安定团结的政治局面。中国共产党具有强大的组织能力和领导能力，始终坚持人民至上的原则，积极推进政治体制改革，为实现政治稳定作出了巨大贡献。在未来，我们始终要坚持中国共产党的集中统一领导，以维护安定团结的政治局面，推动国家不断向前发展。

只有坚持中国共产党的集中统一领导，才能团结、组织和调动亿万人民群众为实现社会主义现代化目标而努力奋斗。① 社会主义现代化建设是全中国人民的事业，只有发挥亿万群众高度的劳动热情和首创精神，团结一致、奋发努力，现代化建设的宏伟目标才能得以实现。要有效地团结、组织和调动全国工人、农民、知识分子和其他爱国者的力量，就离不开中国共产党的领导。中国共产党以马克思列宁主义、毛泽东思想作为认识世界和改造世界的锐利武器，在领导人民改造旧中国、建设新中国的伟大实践中，积累了丰富经验，对中国的过去和现在都有深刻的认识，同广大人民群众和各民主党派建立了血肉相连、肝胆相照的关系。因此，能制定和执行适合我国国情、符合人民意愿的建设有中国特色社会主义的路线、方针和政策，指引人民群众为现代化建设而努力奋斗。同时，中国共产党还通过各级党组织的政治核心与战斗堡垒作用以及广大党员先锋模范作用，组织和带领人民群众为现代化建设而奋力拼搏。

坚持四项基本原则要求必须坚持党的集中统一领导。近代以来，落后的

---

① 雷厚礼，雷蕾．中国共产党管党治党理论研究［M］．北京：人民出版社，2022：519.

中国在列强的压迫掠夺下受尽了屈辱，跌入半殖民地半封建社会的深渊。在中国共产党的领导下，中国人民推翻了帝国主义、封建主义和官僚买办“三座大山”的压迫，使一个充满生机的中华民族重新屹立于世界民族之林。事实证明，中国共产党不愧为伟大、光荣、正确的无产阶级先锋队，不愧为中国特色社会主义事业的领导核心。因此，改革开放和社会主义现代化建设事业必须由代表无产阶级和劳动人民根本利益的中国共产党来领导。

社会主义初级阶段任务的长期性、艰巨性、复杂性决定了必须坚持党的集中统一领导。邓小平同志指出：“坚持四项基本原则的核心，是坚持党的领导。我们多次讲过，在中国这样一个大国，没有共产党的领导，必然四分五裂，一事无成。对于党内外任何企图削弱、摆脱、取消、反对党的领导的倾向，必须进行批评、教育以至必要的斗争。这是四个现代化能否实现的关键。”① 我国处在社会主义初级阶段，这是一个相当长的历史时期，精神文明建设的发展要以物质文明建设为基础，而社会主义经济建设是一个长期积累的过程；由于社会形态的变化是一个缓慢的过程，建立社会主义市场经济体制是一个长期过程，而建立和形成与社会主义市场经济体制相适应的法律、政策、管理、观念等上层建筑也是一个长期的过程；发达资本主义国家在经济、科技、军事等方面仍存在着优势，他们利用这种优势在意识形态领域对我们进行渗透的局面将长期存在；社会上还存在着封建社会、半殖民地半封建社会遗留的腐朽思想和小生产习惯势力，而这些旧社会的陈规陋习不可能在短时间内清除，等等。因此，在社会主义初级阶段建设精神文明是一项长期、艰巨、复杂的任务。这种形势下，“在中国这样的大国，要把几亿人口的思想和力量统一起来建设社会主义，没有一个由具有高度觉悟、纪律性和自我牺牲精神的党员组成的能够真正代表和团结人民群众的党，没有这样一个党的统一领导，是不可设想的。”②

党的十四届六中全会通过的《中共中央关于加强社会主义精神文明建设若干重要问题的决议》（简称《决议》）明确指出：“中国共产党是我国社会主义现代化事业的领导核心。建设物质文明关键在党，建设精神文明关键也在党。”③ 这表明，改革开放作为一个系统的宏大工程，要实现其总体目标，必须加强和改善党的全面领导。只有坚持党的集中统一领导，才能抓住改革

① 邓小平文选（第二卷）［M］. 北京：人民出版社，1994：358.

② 邓小平文选（第二卷）［M］. 北京：人民出版社，1994：341.

③ 十四大以来重要文献选编（下）［M］. 北京：中央文献出版社，2011：2065.

开放事业的根本。要把坚持“两手抓，两手都要硬”的方针，作为推动全局工作最基本的指导思想。我们党追求经济发展与社会进步的统一，追求两个文明的协调发展，追求经济发展的可持续性，这些政策导向与社会价值导向一致，符合社会发展的内在规律。党的十四大确立了邓小平建设有中国特色社会主义理论为全党的指导思想，这为我们伟大事业取得胜利提供了可靠的思想保证。[①]“两手抓，两手都要硬”的思想已成为立国治国的根本方针。只有坚持党对精神文明的领导，才能在不断探索社会主义精神文明规律的基础上，注重建设，真抓实干，把精神文明建设不断推向深入。[②] 正如江泽民同志所强调：“各级领导干部要坚持‘两手抓’，这应该成为我们领导现代化建设和改革开放的一个重要指导思想和领导方法、领导艺术。”[③] 党的十四届六中全会《决议》也明确指出：“考核评价党政领导班子和主要领导干部，不仅要看领导物质文明建设的实绩和本领，而且要看领导精神文明建设的实绩和本领。”[④] 只有坚持党对精神文明建设的领导，才能调动广大干部群众的积极性、主动性、创造性，同心同德，上下结合，形成合力，使精神文明建设有深厚的群众基础。我们党作为一个执政党，代表全国各族人民的根本利益和根本愿望，是全心全意为人民谋利益的党，具有极大的凝聚力。[⑤] 邓小平同志曾指出：“只要我们党的领导是正确的，那就不仅能够把全党的力量，而且能够把全国人民的力量集合起来，干出轰轰烈烈的事业。”[⑥] 只有坚持和加强党对改革开放事业的集中统一领导，才能为改革开放提供正确的理论指导和思想保证，为改革开放制定正确的方针、政策和发展战略，为改革开放建立完善的工作运行机制和强大的组织保障。

全面深化改革和扩大对外开放，是我们全党的任务，而要做好这一切，与加强党的自身建设，不断提高党的纯洁性与战斗力是分不开的。这是因为党是领导我们事业的核心力量，只有党自身建设搞好了，党才能够正确发挥领导作用。以思想建设为核心的党的建设，是一个相互联系、相互渗透、相互作用的统一体。其根本目的在于提高广大党员与党组织的思想政治素质，

---

① 黄志秋．加强党对精神文明建设的领导［J］．特区理论与实践，1996（12）：10.

② 黄志秋．加强党对精神文明建设的领导［J］．特区理论与实践，1996（12）：11.

③ 中共中央文献研究室．社会主义精神文明建设文献选编［M］．北京：中央文献出版社，1996：580.

④ 中共中央关于加强社会主义精神文明建设若干重要问题的决议［M］．北京：人民出版社，1996：23.

⑤ 黄志秋．加强党对精神文明建设的领导［J］．特区理论与实践，1996（12）：11.

⑥ 邓小平文选（第二卷）［M］．北京：人民出版社，1994：266.

提高党的战斗力，为实现党的任务与理想而奋斗。只要我们努力把党的自身建设搞好了，改革开放和其他一切事业就有了可靠的保证，就会不断取得新的胜利。党的建设是领导全面深化改革和扩大对外开放的前提和支柱。只要广大党员尤其是各级党员干部具有远大的革命理想、饱满的革命热情，做到廉洁奉公、密切联系群众、全心全意为人民服务，以自己的模范行动带领广大群众一道前进，整个社会的精神面貌就会大不一样，改革开放事业就会不断发展。

二、坚持解放思想、实事求是、守正创新

习近平总书记在2022年1月11日举行的中央省部级主要领导干部学习贯彻党的十九届六中全会精神专题研讨班开班式上发表的重要讲话中指出："我们要准确把握时代大势，勇于站在人类发展前沿，聆听人民心声，回应现实需要，坚持解放思想、实事求是、守正创新，更好把坚持马克思主义和发展马克思主义统一起来，坚持用马克思主义之'矢'去射新时代中国之'的'，继续推进马克思主义基本原理同中国具体实际相结合、同中华优秀传统文化相结合，续写马克思主义中国化时代化新篇章。"① 习近平总书记的重要讲话以更深邃的历史眼光、更坚定的历史自信、更高的历史主动性，从坚持和发展马克思主义的战略高度，深刻揭示了中华民族实现从站起来、富起来到强起来伟大飞跃的方法论密码，赋予守正创新与解放思想、实事求是同等重要的理论地位。深入学习习近平总书记这一重要论述，深刻领会守正创新在新时代治国理政中的重要理论地位，对于我们更好地弘扬伟大的改革开放精神，动员全党全国各族人民坚定信心、团结奋斗，具有重要方法论意义。

解放思想、实事求是、守正创新是中国共产党在不同历史时期形成的具有重要指导意义的思想。这些思想的提出，既是对马克思主义和中国国情的深刻认识和把握，也是对中国共产党人精神品质的高度概括。在新民主主义革命时期，我们党正是依靠实事求是的思想路线，深入了解国情，制定了正确的路线方针政策，取得了新民主主义革命的胜利。在社会主义革命和建设时期，我们党同样坚持实事求是，在曲折中探索社会主义建设道路，为社会主义改革开放奠定了坚实基础。解放思想，是邓小平理论的逻辑起点和精髓。

---

① 习近平在省部级主要领导干部学习贯彻党的十九届六中全会精神专题研讨班开班式上发表重要讲话强调，继续把党史总结学习教育宣传引向深入更好把握和运用党的百年奋斗历史经验［N］. 人民日报，2022-01-12.

它强调要摆脱传统观念的束缚，打破思维定式，以更加开放和包容的心态去面对新情况、新问题。只有思想解放才能促进改革的突围。在改革开放的实践中，我们党不断推动思想解放，引领全社会共同探索改革新思路和发展新路径。通过解放思想，我们成功实现了从计划经济向市场经济的转型，推动了国家经济的快速发展和社会进步。守正创新，是我们党在新时代提出的重要思想。它强调要在坚守正道、遵循科学社会主义基本原则的基础上，勇于创新、敢于突破。在新时代新征程中，我们党继续发扬守正创新的精神，在各个方面取得了令人瞩目的成就。我们不断完善社会主义市场经济体制，推动经济高质量发展；我们积极推进全面深化改革，推进国家治理体系和治理能力现代化；我们大力实施创新驱动发展战略，加快建设创新型国家。在以改革开放精神推进中国式现代化的征程中，我们要继续坚持实事求是、解放思想、守正创新的方法论精髓，不断探索符合人民意愿和时代要求的发展道路。我们要深入学习贯彻习近平新时代中国特色社会主义思想，全面推进党的建设新的伟大工程，为实现中华民族伟大复兴的中国梦而不懈奋斗。同时，我们要积极应对各种风险挑战，坚定信心、奋发有为，以实际行动践行这些重要思想，推动党和人民事业不断向前发展。

改革开放精神，是我们党和人民在改革开放伟大实践中形成的宝贵精神财富。它体现了实事求是、解放思想、开拓创新、勇于担当、开放包容、人民至上的精神品质。解放思想、实事求是、守正创新，作为弘扬改革开放精神的原则遵循，既体现了对马克思主义基本原理的坚守，又体现了对实践的不断探索和创新。在全面深化改革开放的进程中，只有坚持解放思想、实事求是、守正创新，才能不断开创中国特色社会主义事业新局面。

解放思想、实事求是，是改革开放精神的题中之义和方法论基础。[①] 实事求是，是马克思主义的根本观点，是中国共产党人认识世界、改造世界的根本要求，是我们党的基本思想方法、工作方法、领导方法，是改革开放精神的基石。在改革开放进程中，我们党始终坚持从实际出发，以我国国情为依据，不断探索和把握社会主义建设规律。正是这种实事求是的精神，推动了中国经济的快速发展、社会的全面进步和国际地位的提升。实事求是的原则要求我们在分析和解决问题时，必须以客观事实为依据，摒弃主观臆断和教条主义。只有真正做到实事求是，我们才能更好地理解改革开放的历史必然性和现实意义，才能更好地把握中国特色社会主义的发展方向。解放思想，

---

① 邓剑秋．马克思主义中国化思想［M］．北京：人民出版社，2009：237.

是改革开放精神的又一重要原则。在改革开放过程中，我们党始终强调要打破旧的思想束缚，勇于创新、敢于实践。正是这种解放思想的精神，激发了全社会的创造活力，推动了各项改革的深入开展。解放思想的原则要求我们摒弃僵化的思维模式和观念束缚，勇于探索和创新。只有真正做到解放思想，我们才能更好地应对复杂多变的国内外形势，才能更好地推动中国特色社会主义事业的发展。实事求是和解放思想是相辅相成的，它们在弘扬改革开放精神中起着相互促进的作用。实事求是的精神为我们提供了科学的方法论基础，使我们能够更好地认识和把握全面深化改革开放的本质和发展规律；而解放思想的精神则为我们提供了动力源泉，使我们能够勇于创新、敢于实践。实事求是的态度使我们能够深入实际、了解真实情况，为解放思想提供坚实的实践基础；而解放思想的精神则能够激发我们的创新意识和探索精神，推动我们不断深化对事物的认识，进一步丰富和发展实事求是的原则。二者相互作用、相互促进，共同构成了弘扬改革开放精神的重要原则和方法论基础。

守正创新是弘扬改革开放精神的基本遵循和方法论精髓。守正创新，作为弘扬改革开放精神的重要方法，既体现了对马克思主义基本原理的坚守，又体现了对全面深化改革开放实践的不断探索和创新。在改革开放的伟大实践中，我们始终坚持守正创新。在农村改革中，我们坚守土地集体所有制不变，但实行了家庭联产承包责任制，极大地激发了农民的生产积极性；在对外开放中，我们坚守独立自主、自力更生原则，同时积极引进国外先进技术和管理经验，实现了快速发展。在金融领域改革中，我们坚持守正创新，既保证了金融系统的稳定，又推动了金融市场的创新发展，为实体经济提供了有力支撑。同时，守正创新还体现在我们始终坚持中国特色社会主义道路，不断完善社会主义市场经济体制，确保了经济的稳健发展。这些都是守正创新的生动实践。守正创新作为弘扬改革开放精神的方法论精髓，具有重要的指导意义。在未来全面深化改革开放的进程中，只有坚持守正创新，才能不断开创中国式现代化新局面。首先，守正创新要求我们要有正确的立场和观点，即要以马克思主义为指导，坚守社会主义基本原则和社会主义改革方向。其次，守正创新要求我们要有开阔的视野和开放的心态，即要敢于吸收人类文明的一切优秀成果，勇于突破传统束缚，不断推进理论和实践的创新。最后，守正创新要求我们要有实践的精神和行动的力量，即要在实践中不断探索和创新，将理论转化为实践，推动社会进步和发展。它能帮助我们深刻认识全面深化改革开放的本质和发展规律，把握时代发展的趋势和要求。只有这样，我们才能正确地守正、正确地创新。我们要敢于担当、勇于实践。改革创新总是伴随着风险和挑战，只有具备担当精神，才能在实践中不断探索、不断突破。我们要善于总结经验、不断优化创新。改革创新是一个不断试错、不断优化的过程，只有善于总结经验教训，才能更好地推进中国式现代化事业。

解放思想、实事求是、守正创新三者相互贯通、相辅相成，共同构成全面深化改革开放应遵循的原则。在新的历史时期，我们要继续坚持这些思想精髓，不断推进理论创新和实践创新。要在实事求是的基础上，深入了解时代发展的新形势、新要求；在解放思想的过程中，勇于突破传统观念和体制机制的束缚；在守正创新的原则下，积极探索适应时代发展的新思路、新方法。只有这样，我们才能在全面深化改革开放的征程中不断取得新的更大成就。

三、坚持正确处理若干重大关系

（一）正确处理改革开放精神与民族传统的关系

正确处理改革开放精神与民族传统的关系，是理论与实践中的重大课题。为培育和弘扬具有当代特色的改革开放精神，应当对传统文化的精神资源进行自觉反思和批判分析，鉴别传统文化对社会发展和社会变革的价值，发掘传统精神的科学价值，并使之与时代精神相结合，塑造中华民族的当代民族精神，增强广大民众的主体意识，树立面向现代化、面向世界、面向未来的新的价值系统和共同理想，为社会主义现代化国家建设提供精神动力。

当代中华民族的许多先进精神是由传统精神发展而来的。如开拓创新精神，它是突破传统知足常乐的产物。在古代中国社会，自然经济长期占主导地位，“日出而作、日入而息”，自给自足、知足常乐、固守传统、不敢为天下先，这种状态严重制约了人们的思想和行为，限制了人们生产实践中的主动性和创造性，阻碍了社会的进步和发展。知足常乐的社会心理沉淀下来，逐渐成为一种落后的文化传统观念。①这种落后的传统观念和心态在改革开放的冲击下发生了根本性变化。随着承包制、租赁制、股份制等的实行，企业的独立法人地位得到确立，企业之间的竞争日益激烈，于是一大批敢冒风险、敢于竞争的企业家随之涌现，他们挣脱知足常乐这一传统观念的束缚，②开拓创新逐步成为社会成员的普遍追求。敢想敢冒，敢闯敢干，不畏风险，迎难而上，不断开拓，勇于创新，逐步成为当代中华民族的主流精神。改革开放

①② 李瑜青．当代中国改革的主题及民族精神建构的方法论特点［J］．上海大学学报（社会科学版），2000（2）：5.

以来，我国社会主义现代化建设取得的辉煌成就与中华民族积极进取、锐意改革、不断开拓创新是分不开的。

从中国传统文化的思维方式看，“动”与“静”构成了中国传统文化的基本精神。邓小平同志继承了中国传统文化变化日新的开拓进取精神，抨击了因循守旧、安于现状、不求发展、不求进步、不愿接受新事物的保守思维定式。他尖锐地指出：“我国古代曾经创造过辉煌的成就，四大发明对世界文明的进步起了伟大作用。但是我们祖先的成就，只能用来坚定我们赶超世界先进水平的信心，而不能用来安慰我们现实的落后。”① 他疾呼要解放思想，“在马克思主义指导下打破习惯势力和主观偏见的束缚，研究新情况，解决新问题”。② 这是自五四新文化运动和延安整风运动之后又一次伟大的思想解放运动，既打破了对马克思主义的教条化理解，纠正过去附加给马克思主义的错误观念，开拓了马克思主义的新境界，同时突破几千年传统观念的束缚，推进了社会主义现代化进程。

从中国传统文化的价值取向看，“义利合一”与“存理灭义”构成了中国传统文化的基本价值追求。社会主义初级阶段的主要矛盾是人民日益增长的物质文化需求与落后的社会生产之间的矛盾。坚持以经济建设为中心，推动物质文明和精神文明协调发展，是中国特色社会主义的重要特征，从而在现实经济利益基础上实现了义与利的统一，突破了中国传统文化“重义轻利”和“存理灭欲”的价值观。邓小平同志提出的“科学技术是第一生产力”的观点，改变了中国传统文化“尊道鄙器”和“君子不器”的僵化心态。他提出社会主义市场经济理论，推动了社会主义商品经济发展，变革了中国传统文化“重农抑商”和“重本抑末”的思维定式。他提出的先富带动后富、最终达到共同富裕的战略，纠正了中国传统文化“不患寡而患不均”和“不患贫而患不安”的平均主义价值观。他提出全面建设富强、民主、文明的社会主义现代化国家目标，从根本上挣脱和超越了中国传统社会“伦理本位型”和“政治本位型”的文化模式。

在全面建设社会主义现代化国家的今天，对照先进文化的前进方向，我们一方面要通过文化继承来大力弘扬中华民族以爱国主义为核心的团结统一、爱好和平、勤劳勇敢、自强不息的基本精神；另一方面要通过文化内容和观念的创新来拓宽先进文化建设的视野，加紧培育中华民族顺应时代需要的新

① 邓小平文选（第二卷）[M]. 北京：人民出版社，1994：90.
② 邓小平文选（第二卷）[M]. 北京：人民出版社，1994：279.

型文化精神，特别是增强民族自立自强精神和开拓创新精神等。习近平新时代中国特色社会主义思想，“是中华文化和中国精神的时代精华，”[①] 它的提出和贯彻，就是以文化创新培育新型民族精神的一个典范。只有坚持以继承求弘扬，以创新促培育，进而在培育中弘扬，在弘扬中培育，我们的民族精神才会既有历史的凭借又有现实的滋养。

（二）正确处理改革开放精神与时代元素的关系

改革开放精神是当代中国人民在追赶时代、引领时代的实践中生成的精神标识，时代意识是改革开放精神的内涵之一。时代精神是一个时代特有的价值观念和行为方式的总称，是反映该时代的本质特征和发展趋势的集中体现。改革开放精神与时代精神有着密切的关系：一方面，改革开放精神是时代精神的重要组成部分，是对时代精神的丰富和完善；另一方面，改革开放精神指引着时代发展的方向。首先，改革开放精神是时代精神的有机组成部分。它既体现马克思主义基本原理，又吸收中华传统文化优秀成分，具有鲜明的时代特色。改革开放精神强调解放思想、实事求是，注重实践和创新，这些都是时代精神的重要内容。其次，改革开放精神引领着时代发展的方向。改革开放以来，中国经历了巨大的变革和发展，这些变革和发展都是在改革开放精神的指导下进行的。最后，这些变革和发展都是在中国共产党的领导下，基于改革开放精神的具体指导和实践而取得的伟大成就。

在弘扬改革开放精神时，要紧跟时代步伐，立足社会实践，反映现实发展要求。中国人民进行的社会主义现代化建设和改革开放的伟大实践，铸就了以解放思想、实事求是和改革创新为主要内核的时代精神。民族成员所从事的社会实践活动是改革开放精神的不竭源泉，社会实践活动的不断发展变化，深刻地改变着社会生活的性质、方式和面貌，不断开拓民族成员物质生活和精神生活的新境界。因此，弘扬改革开放精神必然以不断变革前进的社会生活为基础，积极反映社会实践活动的发展要求，以民族先进精神凝聚力量，促进发展，推动历史前进。弘扬改革开放精神必须强调社会实践的重要意义，始终将改革开放精神与时代精神紧密联系在一起。今天的时代精神从根本上说，就是习近平新时代中国特色社会主义思想，是体现坚持和发展中国特色社会主义、不断解放和发展社会生产力、不断增强社会活力的精神，是实现中华民族伟大复兴的不懈追求。

---

① 中共中央关于党的百年奋斗重大成就和历史经验的决议［M］. 北京：人民出版社，2021：26.

在弘扬改革开放精神时，要充分发挥改革开放精神的前瞻功能，以追赶时代、引领时代发展。改革开放精神强调解放思想、实事求是，注重实践和创新，这些都是时代精神的重要内容。在改革开放精神的指导下，我们可以更好地应对各种挑战和问题，推动中国特色社会主义事业不断发展。改革开放是一个不断探索的过程，需要我们不断总结经验、把握规律。在这个过程中，我们需要坚持改革开放的精神，勇于尝试新事物和新方法，不断探索新的领域和方向，以更好地把握未来的发展趋势。改革开放不仅是一种实践过程，也是一种学习过程。通过学习和实践，我们可以不断提高自身的综合素质和能力，更好地适应时代发展的需求。改革开放精神作为一种价值观念和文化形态，具有引领风尚、塑造形象的功能。它可以引导人们树立正确的世界观、人生观和价值观，形成良好的社会风气和道德风尚，为社会主义现代化建设提供强大的精神动力和智力支持。改革开放精神可以凝聚各方面的力量和资源，促进社会的和谐稳定。它可以通过弘扬爱国主义、集体主义和社会主义精神，激发人们的爱国热情和社会责任感，形成全社会共同的价值取向和精神追求，为实现中华民族伟大复兴的中国梦而努力奋斗。

习近平新时代中国特色社会主义思想是立足时代之基、回答时代之问的科学理论，最为集中而深刻地体现了当代中国马克思主义的理论意蕴和思想力量，最为集中而深刻地彰显了中国精神独特的文化传统与民族风范，最为集中而深刻地展现了中国共产党人崇高的理想信念与价值追求，① 是中国精神的时代精华，是指导国家各项事业发展的根本指针。

习近平新时代中国特色社会主义思想所展现的时代精神在当代社会具有重要价值。一是习近平新时代中国特色社会主义思想所展现的时代精神是推动高质量发展的重要动力。通过激发人们的创新思维和创造力，习近平新时代中国特色社会主义思想的时代精神能够引领社会发展的潮流，推动社会的进步和发展。二是习近平新时代中国特色社会主义思想所展现的时代精神是人类文明进步的重要标志。通过倡导人类文明进步、公平正义、民主自由等价值观，习近平新时代中国特色社会主义思想的时代精神能够提升人类的道德水平和文明程度，推动人类社会的繁荣和发展。三是习近平新时代中国特色社会主义思想所展现的时代精神是全球交流的重要纽带。随着全球化进程的推进，不同国家和地区之间的交流越来越频繁。通过新思想的交流和传播，

① 李丹阳，俞海萍，王金虎，等．迈进新征程　建功新时代［N］．光明日报，2021－11－22（001）．

人们能够增进相互了解和尊重，促进全球文化的多样性和繁荣发展。四是习近平新时代中国特色社会主义思想所展现的时代精神具有前瞻性和预见性，能够引领未来的发展方向。通过对未来趋势的把握和预测，习近平新时代中国特色社会主义思想的时代精神能够为人类社会的未来发展提供重要思路和指导。

（三）正确处理改革开放精神与外来精神文化的关系

改革开放精神，是我国当代最具代表性的精神符号，它象征着开放、进步和创新。然而，在全球化大背景下，外来精神文化也随着经济交流进入我国，与改革开放精神产生碰撞与交融。如何在弘扬改革开放精神的过程中，正确处理与外来精神文化的关系，成为我们必须面对和思考的问题。随着全球化的深入发展，外来精神文化对我国的影响日益显著。这些外来精神文化既有积极、健康的一面，也有消极、颓废的一面。因此，在吸收和借鉴时，我们必须保持清醒的头脑，正确识别和对待外来精神文化。

在多元的世界大格局和大趋势中，全球化的迅猛发展和中国“入世”后各种文化价值观的碰撞与冲突，必然会引起文化资源配置的调整。在这种情况下，无论是对中华文化立场的坚守，还是对域外文化的吸收都相应地变得复杂起来，蕴含了解决当下问题的可能。开放就进步，封闭就落后，这是历史所证明了的真理。[①] 中国传统的“和而不同”的文化观念作为一种处理不同文明间交流与整合的原则，将得到世界各国和各民族的认同，成为人类所追求的理想方式。我们要从理论到实践形成一种融汇中西、开放创新的文化精神生成机制，以确保运用马克思主义的立场、观点、方法，对中外文化精神予以恰当定位和辩证分析，使中外文化精神交汇、互动、会通、融合，通过新的整合与创造，在此基础上探索出一条建构当代中华民族精神的正确道路。

这种文化生成机制的运转，要依据“中国特色”和“社会主义”的要求与标准，通过对中外文化的比较，择善而从，会通融合，锤炼、铸就当代中国全新的民族精神。首先，我们要坚持改革开放精神的主体地位。在弘扬改革开放精神的过程中，要始终保持文化的自主性和自信心，防止外来精神文化对我国文化的冲击和侵蚀。同时，要充分吸收和借鉴外来精神文化的优秀成果，丰富和发展我国的文化内涵。其次，要提高对外来精神文化的鉴别能

---

① 李瑜青．当代中国改革的主题及民族精神建构的方法论特点［J］．上海大学学报（社会科学版），2000（2）：5.

力。在吸收和借鉴的过程中，我们要有批判性思维，正确识别和对待外来精神文化。对于那些符合我国文化发展需要的部分，要积极吸收；对于那些不适合我国国情的内容，要果断摒弃。再次，要加强对外来精神文化的引导和管理。应建立健全相关法律法规，规范和管理外来精神文化的传播和影响。最后，要通过教育和宣传等途径，提高公众对外来精神文化的认知和鉴别能力，引导公众理性对待外来精神文化。

弘扬改革开放精神，正确处理与外来精神文化的关系，是一项重大课题。这需要我们坚持主体性原则，提高鉴别能力，加强引导和管理。只有这样，才能在全球化大背景下，既保持我国文化的独立性又树立文化自信心，充分吸收和借鉴外来精神文化的优秀成果，推动我国文化的繁荣和发展。向世界展示具有高度民族个性的改革开放精神，有助于我们发掘和弘扬中华优秀传统文化中具有世界意义和现代价值的精华，做好科学的阐释推介，使其创造性地转化为具有世界意义的文化价值，为世界大文化格局和大文化机体注入源源不断的活力，促进人类文明的交融与发展。

第三节　弘扬改革开放精神的实践路径

弘扬改革开放精神，需要有清晰可行的实践路径。要明确主体责任，加强整体规划部署；要完善协同机制，整合各方参与力量；要加强舆论引导，占领主流思想高地；要构建媒体矩阵，赋能快速高效传播；要融入专题活动，强化自觉践行意识；要把握实践要求，提升改革创新能力。只有将上述各环节紧密衔接，环环相扣，才能增强改革开放精神的渗透力、影响力、引领力，才能使其在推进中国式现代化实践中发挥更大作用。

一、明确主体责任，加强整体规划部署

弘扬改革开放精神，为全面深化改革开放统一思想、凝聚意志，离不开政府的整体规划部署。一是政府应制定弘扬和培育改革开放精神的战略规划，明确相关目标、任务和措施，为弘扬和培育改革开放精神提供方向和指导。二是政府应通过各种渠道，如学校、媒体、社区等，加强对改革开放精神的宣传教育，提高人们对改革开放精神的认识和理解。三是政府应加强公共文化服务体系建设，提供丰富的文化产品和服务，满足人民的精神文化需求，推动改革开放精神的发展和普及。四是政府应加强法制建设，保障改革开放

精神的弘扬和培育。通过以上措施，政府可以有效指导改革开放精神的弘扬和培育，引领社会风尚和发展潮流，推动社会的进步和发展。同时，政府自身应该积极践行改革开放精神，成为改革开放精神的引领者和推动者。①

第一，政府应制定弘扬和培育改革开放精神的规划，为弘扬和培育改革开放精神提供方向和指导。为了弘扬改革开放精神，需要制订相应的教育计划，包括在学校、家庭、社会等领域开展民族精神教育，让人们了解民族历史和文化，增强民族自豪感和自信心。文化产业是弘扬民族精神的重要途径，可以借助文化产业的发展，如电影、电视剧、音乐、书籍等来传播改革开放精神。在全球化背景下，加强国际交流与合作是弘扬改革开放精神的重要方面。可以通过与其他国家进行文化交流，展示本民族的文化和价值观，增强国际影响力。民族精神的传承需要建立完善的机制，可以通过制定相关法律法规，建立传承机构和培训基地等方式，确保改革开放精神的传承和发展。

第二，政府应开辟各种渠道，如学校、媒体、社区等加强对改革开放精神的宣传。政府在加强对改革开放精神的宣传中扮演着重要角色。② 政府应通过制定相关政策和法规，为宣传工作提供有力的制度保障。政府应积极推动媒体融合发展，利用传统媒体和新媒体的各种渠道，扩大宣传覆盖面和影响力。此外，政府应鼓励社会各界参与宣传工作，形成全社会共同参与的格局。政府应利用报纸、电视、广播、网络等各种媒体形式，加强对改革开放精神的宣传。政府可通过新闻报道、专题节目、评论文章等多种方式，深入浅出地阐释改革开放精神的内涵和意义，引导人们正确认识和把握改革开放的历史必然性和现实意义。校园是培养人才的重要场所，也是传承和弘扬改革开放精神的重要阵地。政府应加强对校园教育的支持力度，通过开展主题班会、举办讲座、组织社会实践活动等多种方式，引导学生树立正确的历史观和发展观，增强他们的责任感和使命感。社区既是人们生活的重要场所，也是宣传工作的重要阵地。政府应通过社区活动、社区讲座、社区文艺演出等多种形式，加强对改革开放精神的宣传。同时，政府应鼓励社区居民积极参与宣传工作，形成良好的社会氛围。文艺作品具有独特的魅力和感染力，是宣传工作的重要手段。政府应鼓励文艺工作者创作出更多反映改革开放精神的优秀作品，如电影、电视剧、小说、诗歌等。这些作品让人们更加深入地了解改革开放的历史和现实意义，激发他们的爱国情感和奋斗精神。对外宣传是

① 田秀云．角色伦理：构建和谐社会的伦理基础［M］．北京：人民出版社，2014：257.

② 毕瑞峰．政府行政人员角色研究［M］．北京：人民出版社，2018：25.

提升中国改革开放形象的重要手段。政府应加强对外宣传工作，通过各种国际交流平台和媒体，向世界展示中国改革开放的成果和经验。同时，政府应积极回应国际社会的关切和质疑，以开放、包容、自信的态度展示中国的良好形象。

第三，政府应加强法治建设，保障改革开放精神的弘扬和培育。法治建设在促进改革开放精神的弘扬方面起着至关重要的作用。通过制定相关法律法规，我们可以明确弘扬改革开放精神的责任和义务，对那些损害改革开放精神的行为进行惩处。① 例如，对于那些传播消极、颓废思想的媒体和网络平台，可以依法进行监管和处罚，确保网络空间的清明。此外，通过法治教育，我们可以提高公民的法律意识和道德水平，使人们自觉地维护民族精神的尊严。为了更好地弘扬改革开放精神，需要不断完善法治建设。随着时代的发展，各种新问题和新挑战不断涌现，需要与时俱进地完善相关法律法规，确保其适应时代的需求。同时，需要不断提高公民的法律意识和道德水平，使每个人都成为弘扬改革开放精神的积极力量。只有这样，才能真正地为弘扬改革开放精神保驾护航。

二、完善协同机制，整合各方参与力量

如何构建完备的弘扬改革开放精神的传承机制，是一个复杂的现实问题，需要从多个方面进行深入研究和探讨。一是要建立健全目标导向机制，这是弘扬和培育改革开放精神的核心机制。② 通过制定明确的目标，引导党员干部始终保持对共产主义事业的忠诚，为实现党的历史使命而努力奋斗。目标导向机制主要包括制定目标、分解目标、落实目标等方面。二是要建立健全教育引导机制，通过学校、家庭、社会等多方面的教育引导，培养人们积极向上的价值观和人生观，增强人们对改革开放精神的理解和认同。三是要建立健全实践养成机制，通过各种形式的实践活动，让人们在实践中体验和感悟改革开放精神，形成良好的行为习惯和道德品质。四是要建立健全文化传承机制，通过各种文化载体，如文学作品、艺术作品等传承和弘扬改革开放精神，增强人们对国家和民族的认同感和归属感。五是要建立健全制度保障机制，通过建立和完善相关制度，保障改革开放精神的贯彻落实，如政策法规、

① 潘嘉玮．加入世界贸易组织后中国文化产业政策与立法研究［M］．北京：人民出版社，2006：110.

② 马春玲．苏区时期中国共产党理想信念的培育与当代启示研究［M］．北京：人民出版社，2022：180.

管理制度等。六是要建立健全改革先锋的辐射带动机制。这些保障机制需要相互配合、协同作用，才能更好地培育和弘扬改革开放精神，推动社会的进步和发展。同时，需要根据不同地区、不同人群的特点和需求，采取有针对性的措施，提高培育和弘扬改革开放精神的针对性和实效性。

建立健全目标导向机制。明确的目标导向机制，可以确保各项工作围绕改革开放精神的弘扬展开，避免出现偏离主题或分散资源的情况。具体来说，首先，要确定活动的总体目标和阶段性目标，并制定相应的计划和措施。可以将目标细化到不同的领域和层面，如经济发展、社会进步、文化创新等方面，以便更好地推进工作。要将总体目标和阶段性目标进行分解，落实到具体的部门和个人。通过分工合作的方式，确保各项任务得到有效执行。其次，要建立有效的沟通渠道和反馈机制，及时解决遇到的问题和困难。要建立健全监督机制，对活动开展过程中的各个环节进行监督和管理。可以通过定期检查、专项督查等方式，确保各项工作按照既定计划和要求进行。最后，要对活动的实施效果进行全面评估，包括受众满意度、社会反响等方面。根据评估结果及时调整工作策略和方法，提高活动的针对性和有效性。建立持续改进机制，不断总结经验教训，不断完善工作流程和方法。通过不断优化和创新，我们能使活动更加贴近人民群众的需求和社会发展的需要。通过建立目标导向机制，可以有效促进改革开放精神的弘扬和培育。

建立健全教育引导机制。① 可通过开展各种形式的宣传教育活动，让广大群众了解改革开放的历史背景、发展历程和伟大成就，增强对改革开放的认识和理解。同时，注重加强对青少年的宣传教育，培养他们的爱国情怀和对中国特色社会主义道路的认同感。通过宣传先进人物的事迹和精神风貌，引导人们学习榜样、争做先锋。可以组织评选表彰活动，推选出在改革开放进程中作出突出贡献的人物和集体，发挥榜样的引领作用。通过举办主题展览等方式，展示改革开放以来取得的巨大成就和经验教训，帮助人们深入了解改革开放的重要性和必要性。同时，加强展览内容的针对性和实效性，吸引更多人参与其中。通过创作具有鲜明时代特征和改革特色的文艺作品和文化产品，如歌曲、舞蹈、电影等，激发人们的爱国热情和民族自豪感，进一步弘扬改革开放精神。充分利用互联网平台开辟专题网页或专栏，及时发布相关政策法规和资讯，加强与公众的互动交流，提高公众对改革开放的认识度

① 马春玲. 苏区时期中国共产党理想信念的培育与当代启示研究［M］. 北京：人民出版社，2022：195.

和参与度。加强对媒体的管理和监督，确保其保持正确导向和良好形象。对于一些敏感事件和社会热点问题，要及时回应并做好舆论引导工作，防止不良信息和虚假消息的传播扩散。要鼓励和支持专家学者深入研究改革开放的相关理论和实践问题，为深化改革提供有力的理论支撑和实践指导。可以设立专项课题和研究项目，推动研究成果的应用转化和创新发展。总之，健全教育引导机制是弘扬改革开放精神的重要途径之一。通过多种形式的教育引导工作，可以帮助人们更好地理解和贯彻改革开放的基本方略和方针政策，为实现中华民族伟大复兴的中国梦不断奋斗。

中国共产党精神建设史上有一项非常值得注意和推广的机制，就是发挥先锋模范的辐射带动作用。① 改革先锋群体具有新时期改革开放和社会主义现代化建设的独特精神风貌，能够在新时代持续发挥不可替代的辐射带动作用。一方面，改革先锋群体生动体现了解放思想、实事求是、开拓创新等主流价值要求，具备多元丰富、个性突出的色彩，能够引领新时代社会价值观念、促进时代发展。另一方面，改革先锋群体体现了放眼世界、与时俱进、学习先进的开放精神，这是推动我国大踏步赶上时代的重要因素。如果没有这种开放、学习的精神，就很容易被时代抛弃。这也是建设社会主义现代化强国所必需的精神。可以说，只有这样的榜样才能跨越时代、穿越时空，拥有恒久的生命力。

改革先锋的辐射带动机制具有其他机制不可替代的作用。改革先锋往往是某一领域的先行者，他们敏锐地洞察时代发展的趋势，明确改革的方向和目标。他们的探索和实践，不仅实现了自身的创新发展，更为广大群众提供了可借鉴的经验和路径。② 他们的行动，激发了更多人参与改革的热情和信心。改革过程中不可避免地会遇到各种困难和挑战，改革先锋们不畏艰难，勇于担当，以坚定的信念和决心攻克难题。他们的勇气和智慧，为其他人树立了良好的榜样，激发了全社会攻坚克难的信心和力量。改革先锋在推动改革的过程中，往往能够根据实际情况优化制度环境，为社会的进步提供有力的制度保障。他们的实践经验，为政府决策提供了有益的参考，促进了政策环境的改善。同时，他们的成功经验有助于提升社会整体的文明程度。改革先锋的事迹和精神，能够激励更多的人参与到改革进程中来。他们的榜样作用，不仅增强了社会的凝聚力，更形成了改革合力。在这样的氛围下，改革

---

① 冯刚．探索思想政治教育发展的内生动力［M］．北京：人民出版社，2017：149.

② 冯刚．探索思想政治教育发展的内生动力［M］．北京：人民出版社，2017：151.

不再是个别人的孤立行动，而是全社会的共同事业。中国的改革开放取得了举世瞩目的成就，离不开改革先锋们的努力。他们的探索和实践经验，不仅为中国的发展提供了有益参考，更为世界其他国家提供了借鉴。他们的成功经验，提升了中国在国际舞台上的影响力。综上所述，改革先锋在中国的改革开放进程中发挥了重要的带动作用。他们以实际行动践行改革精神，引领了改革的方向和进程；他们攻坚克难、勇于担当的精神激励了更多人参与到改革中来；他们的成功经验为全社会提供了有益的借鉴；他们的探索和实践经验为中国的发展提供了有益参考，而且为世界其他国家提供了借鉴。因此，我们应该充分肯定改革先锋的贡献和价值，同时要继续发挥好他们的带动作用，推动中国的改革开放事业不断向前发展。

三、加强舆论引导，占领主流思想高地

在弘扬改革开放精神时，进行有效的舆论引导至关重要。有效的舆论引导能够影响公众对改革开放精神的理解和认同，对于改革开放精神的传承和发展具有不可替代的作用。[①]

第一，有效的舆论引导有助于统一思想，增强民族凝聚力。通过积极的舆论引导，我们可以传递正能量，弘扬改革开放精神，增强全民族的自信心和自豪感。这样有助于将各个民族、各个阶层的人团结起来，共同为实现中华民族伟大复兴而努力。

第二，有效的舆论引导有助于引领社会风尚。改革开放精神不仅体现在个体层面，而且体现在社会层面。通过舆论引导，可以倡导社会主义核心价值观，引领社会风尚，推动社会文明进步。例如，通过宣传诚信、友善、敬业等价值观念，可以提升社会道德水平，营造和谐的社会氛围。

第三，有效的舆论引导有助于提升国家形象。[②] 改革开放精神是国家形象的重要组成部分。通过在国际舞台上积极展示改革开放精神的优秀品质，可以提升国家的国际形象和影响力。例如，通过举办文化交流活动、加强国际传播等途径，可以让世界更好地了解中国的优秀传统文化和时代精神。因此，在弘扬和培育改革开放精神的过程中，我们必须高度重视舆论引导的作用。要充分发挥媒体、网络等渠道的作用，加强正面宣传，传递正能量，为民族精神的传承和发展营造良好的舆论环境。同时，要注意引导公众理性看待民

① 伍义林．中国共产党理论传播论［M］．北京：人民出版社，2022：260.
② 伍义林．中国共产党理论传播论［M］．北京：人民出版社，2022：262.

族问题，防止极端言论和行为的出现，维护民族团结和社会稳定。

进行有效的舆论引导，要坚持正确的价值导向。① 舆论引导的核心目的是弘扬正能量、引领社会风尚，而正确的价值导向能够确保引导的方向和内容符合社会主流价值观，具有积极向上的意义。在舆论引导过程中，如果价值导向出现偏差，可能会引发社会矛盾和冲突。因此，必须始终以社会主义核心价值观为指导，倡导团结、和谐、进步的价值理念，营造稳定的社会环境。我们可以通过舆论引导，倡导诚信、友善、敬业等积极向上的价值观念，引领社会风尚。这样不仅能够提升社会道德水平，还能够推动形成良好的社会风气。坚持正确的价值导向有助于提升国家形象。通过积极展示民族精神的优秀品质，可以提升国家的国际形象和影响力，增强国家的软实力。

进行有效的舆论引导，要强化媒体责任。媒体作为信息传播的主要渠道，对公众的认知和态度有着重要影响。因此，媒体应当承担起弘扬改革开放精神、传递正能量、引领社会风尚的社会责任。首先，媒体应当坚守真实、客观、公正的原则。在报道新闻和信息时，要深入调查、核实事实，避免传播虚假信息或片面之词。② 同时，媒体应当对涉及改革开放精神的内容进行认真审核，确保传递正确的价值观和精神内涵。其次，媒体应当积极传播正能量。在报道改革开放精神相关内容时，要突出其解放思想、实事求是、锐意进取、开拓创新的内涵，弘扬爱国主义、集体主义等正能量。同时，媒体应当关注社会热点问题，及时发出正面声音，引导公众理性看待问题，化解负面情绪。再次，媒体应当加强国际传播能力建设。在全球化背景下，改革开放精神的弘扬需要面向世界。媒体应当积极开展国际传播，向国际社会展示中华民族的优秀传统文化和民族精神的魅力，提升国家形象。最后，媒体应当注重与公众的互动和沟通。通过多种形式的活动和互动平台，媒体可以与公众进行交流和沟通，了解公众的需求和意见，及时回应公众的关切和质疑。这样能够增强媒体与公众的互信和认同，提高舆论引导的效果。总之，强化媒体责任是有效进行舆论引导的重要环节。媒体应当承担起社会责任，坚守真实、客观、公正的原则，积极传播正能量，加强国际传播能力建设，注重与公众的互动和沟通，为弘扬改革开放精神、引领社会风尚作出积极贡献。

进行有效的舆论引导，要发挥网络平台作用。随着互联网的普及，网络平台已经成为信息传播的主要渠道之一，对于舆论的形成和传播具有重要影

① 伍义林．中国共产党理论传播论［M］．北京：人民出版社，2022：249.
② 聂静虹．公共政策制定中的大众媒体功用研究［M］．北京：人民出版社，2012：194.

响。因此，应当充分利用网络平台的优势，加强舆论引导，弘扬改革开放精神。首先，网络平台应当积极传播正能量。网络平台应当以社会主义核心价值观为指导，积极传播爱国主义、集体主义等正能量，弘扬改革创新的时代精神。同时，网络平台应当关注社会热点问题，及时传递正面声音，引导公众理性看待问题。其次，网络平台应当加强对信息的审核和管理。网络平台应当建立健全信息审核机制，对涉及改革开放精神的内容进行认真审核，确保传递正确的价值观和精神内涵。① 同时，对于虚假信息、恶意攻击等不良内容，网络平台应当及时删除和屏蔽，维护网络空间的健康和秩序。再次，网络平台应当注重与用户的互动和沟通。通过评论、回复、私信等方式，网络平台可以与用户进行交流，了解用户的需求和意见，及时回应关切和质疑。这样能够增强用户对网络平台的信任和认同，提高舆论引导的效果。最后，政府应当加强对网络平台的监管。政府应当建立健全相关法律法规，规范网络平台的行为。同时，鼓励网络平台创新和探索新的传播方式和方法，提高信息传播的质量和效果。总之，发挥网络平台的作用是有效进行舆论引导的重要环节。网络平台应当承担起社会责任，积极传播正能量，加强对信息的审核和管理，注重与用户的互动和沟通，为弘扬改革开放精神、引领全面深化改革开放作出积极贡献。同时，政府和社会各界应当共同努力，营造健康向上的网络环境。

有效进行舆论引导，要建立健全监测机制。通过监测机制，可以及时发现和应对舆论风险，确保舆论导向的正确性。② 要建立专业的监测团队，负责实时监测网络舆情，收集和分析相关信息，为决策提供依据。团队成员应具备舆情分析、危机管理和媒体沟通等专业技能。要根据组织的特点和需求，制订详细的监测计划和指标。监测范围应覆盖主流媒体、社交媒体和论坛等平台，重点关注与组织相关的舆情动态监测。定期对监测机制进行评估和调整，根据实际情况不断完善和优化。通过评估结果，总结经验教训，改进监测方法和技术。要加强媒介素养教育，提高公众对媒介信息的辨别能力和批判思维。培养公众理性看待舆情信息的能力，不盲目传播和扩散不实信息。完善相关法律法规，对网络舆情进行规范和约束。对故意制造和传播谣言等违法行为进行打击，维护网络空间的健康秩序。总之，建立健全监测机制是有效进行舆论引导的重要保障。通过建立专业的监测团队、制订监测计划和

① 贾哲敏 . 移动政府：政务新媒体的传播图景与效果［M］. 北京：人民出版社，2021：169.

② 贾哲敏 . 移动政府：政务新媒体的传播图景与效果［M］. 北京：人民出版社，2021：135.

指标、运用技术手段进行监测、建立快速响应机制、加强与媒体的沟通合作、定期评估和调整监测机制等措施，可以及时发现和应对舆论风险，确保舆论导向的正确性。同时，还需要提高公众媒介素养和强化法律法规约束，共同营造健康向上的舆论环境。

有效进行舆论引导，要创新传播方式。在信息爆炸的当今，传统的传播方式和方法已无法满足人们的需求，因此需要探索新的传播方式和方法，提高舆论引导的效果。首先，可以利用社交媒体平台进行传播。社交媒体已经成为人们获取信息的主要渠道之一，通过社交媒体平台发布正面、积极的信息，可以迅速传播正能量，引导公众的认知和态度。同时，可以通过社交媒体与公众进行互动和沟通，及时了解公众的需求和意见，增强互信和认同。其次，可以采用短视频、直播等多媒体形式进行传播。短视频和直播等多媒体形式具有直观、生动、易于传播的特点，可以吸引更多人关注和参与。[①] 通过短视频或直播等形式传递正面信息，可以更有效地引导公众的认知和态度。再次，可以采用线上线下相结合的方式进行传播。通过组织线下活动、讲座等形式，可以让更多人亲身参与和体验，增强传播效果。同时，可以将线下活动与线上传播相结合，通过线上直播、分享等方式扩大影响范围。最后，政府和社会各界应该鼓励和支持创新传播方式。政府可以出台相关政策，支持媒体创新和探索新的传播方式。社会各界可以通过各种方式支持和推动创新传播方式的发展和应用。总之，创新传播方式是有效进行舆论引导的重要环节。通过探索新的传播方式和方法，可以提高信息传播的质量和效果，更好地引导公众的认知和态度。同时，政府和社会各界应该共同努力，为创新传播方式提供支持和保障。

四、构建新媒体矩阵，赋能快速高效传播

随着科技的飞速发展，新媒体以其独特的传播方式和广泛的影响力，日益成为信息传播的重要渠道。尤其在改革开放的背景下，新媒体的崛起不仅改变了信息的传播方式，更在深层次上为改革开放精神的网络宣传工作提供了更多可能性。[②] 新媒体以其数字化、交互性、个性化等特点，迅速占领了信息传播的高地。其信息传播的速度快、范围广，且具有较强的互动性，使得每一个个体都能成为信息的生产者和消费者。这种特性使得新媒体在宣传工

① 贾哲敏．移动政府：政务新媒体的传播图景与效果［M］．北京：人民出版社，2021：119.

② 许鑫．网络时代的媒介公共性研究［M］．北京：人民出版社，2015：20.

作中具有天然的优势，为改革开放精神的网络宣传提供了广阔的平台。[①] 改革开放精神，是敢于创新、勇于突破的精神，这与新媒体的特性不谋而合。新媒体的崛起，为这种精神的传播提供了更为便捷的途径。通过网络平台，我们可以将改革开放的精神以更为生动、形象的方式传递给大众，引导人们深入理解、积极践行。

（一）探索以新媒体传扬改革开放精神的动态模式

第一，要利用微信、微博等社交媒体平台，发布关于全面深化改革开放的动态、政策解读等内容，与网民进行互动，增强宣传的广度和深度。在内容上要注意权威性和可读性的统一，既要保证内容的准确和权威，又要采用通俗易懂的语言和图文并茂的方式呈现。同时，要加强与读者的互动交流，及时回应读者的反馈和问题，增强平台的互动性和参与感。[②] 利用微信、微博等社交媒体平台发布政策解读等内容，可以增进公众对改革开放政策的理解和认识。可以通过通俗易懂的语言和图文并茂的方式，让公众更好地理解政策内涵和意义。同时，通过与公众的互动交流，可以及时了解公众对政策的反应和意见，为政策制定和调整提供参考。还可以利用社交媒体平台推动社会各界形成共识，共同推进改革开放事业。在平台上发布关于全面深化改革开放的动态和政策解读等内容，可以吸引更多的人关注和参与到改革开放的事业中来。通过互动交流和讨论，可以促进不同领域、不同阶层人们的思想碰撞和交锋，形成共识和合力，共同推进改革开放事业的发展。[③]

第二，要利用抖音、快手等短视频平台，制作关于改革开放的微电影、纪录片等，以直观、生动的方式展现改革开放的历程和成果。改革开放是中国历史上具有划时代意义的重要事件，它深刻地改变了中国的社会面貌。然而，传统的讲述方式难以生动地展现这一历程的全貌；而短视频平台，以其独特的传播方式和强大的用户基础，为讲述改革开放的故事提供了新的可能性。通过微电影、纪录片等形式，我们可以更直观、更生动地展现改革开放的历程，引发人们更广泛的思考和讨论。随着科技的飞速发展，短视频平台，如抖音、快手等已经成为人们获取信息和娱乐的主要渠道。它们的影响力已经超越了技术范畴，成为现代娱乐文化的重要组成部分。因此，我们要学会利用抖音、快手等短视频平台，制作关于改革开放的微电影、纪录片，以全

---

① 许鑫．网络时代的媒介公共性研究［M］．北京：人民出版社，2015：27.
② 许鑫．网络时代的媒介公共性研究［M］．北京：人民出版社，2015：281.
③ 许鑫．网络时代的媒介公共性研究［M］．北京：人民出版社，2015：271.

新的视角和表达方式，呈现这一伟大的历史进程。要选择改革开放中的重要事件、人物和主题，如农村改革、经济特区建设、国有企业改革等。同时，要关注普通人的生活变化，反映社会基层的变迁。在创作过程中，注重故事的叙述和视觉效果的呈现，充分利用短视频平台的交互性，引导观众参与讨论。在制作阶段，要注重素材的收集和拍摄，保证视频的质量和内容的真实性。在发布阶段，要充分利用短视频平台的推广功能，扩大视频的影响力。可以组建跨学科的团队，包括历史学者、传媒学者、视频制作专业人士等，共同完成这一项目。

第三，要邀请专家学者、改革先锋等，通过直播平台进行线上讲座、访谈，与网民实时交流，增强宣传的影响力和说服力。在直播平台的互动环节，观众可以向嘉宾提问，与嘉宾进行实时交流。这将有助于打破传统学术交流的局限，让更多人参与到全面深化改革开放的讨论中来。同时，通过互动环节，观众可以更好地理解全面深化改革开放的理论和实践，提高自身的政治参与意识和能力。邀请专家学者、改革先锋等通过直播平台进行线上访谈，是传播改革开放精神、促进学术交流和提升公众政治素养的有效途径。我们相信，通过这样的方式，可以让更多人对政治学有更深入的了解，为改革开放精神的学术交流和发展作出贡献。直播平台也应该在技术和运营方面不断创新和完善。可以引入更多的互动形式和技术手段，如实时投票、弹幕评论等，以增强观众的参与感和互动体验。同时，可以在直播前进行预热宣传，提高节目的知名度和影响力。

（二）增强新媒体传播改革开放精神的实效性和吸引力

虽然新媒体为改革开放精神的网络宣传提供了更多可能性，但同时也面临着一些挑战，如信息泛滥、舆论引导难度加大等。对此，我们应采取有效的对策，增强新媒体传播改革开放精神的实效性和吸引力。

新媒体的崛起为改革开放精神的网络宣传工作提供了更多可能性。我们应该充分利用这一平台，发挥新媒体的优势，加强宣传力度，引导人们深入理解、积极践行改革开放精神。一是要强化内容建设。在宣传工作中，要始终坚持以内容为王的原则，注重信息的真实性和权威性，避免虚假信息的传播。[①] 同时，要深入挖掘改革开放中的典型人物和事件，以生动的故事情节吸

① 全国干部培训教材编审指导委员会．公共事件中媒体运用和舆论应对［M］．北京：人民出版社，2011：105．

引网民关注。[①] 二是提高媒介素养。对于宣传工作者来说，要不断学习新媒体传播的规律和技巧，提高自身的媒介素养。同时，要加强对网民的教育引导，提高他们的信息辨别能力和自我约束能力。三是加强监管力度。政府相关部门应加强对新媒体平台的监管力度，防止恶意信息的传播和泛滥。同时，要建立健全网络舆情监测机制，及时发现和解决网络舆情问题。四是创新宣传方式。在保持传统媒体宣传的基础上，要充分利用新媒体的优势，如通过 H5 页面、VR 技术等，制作形式多样的宣传内容，提高宣传的互动性和参与度。

增强新媒体传播改革开放精神的实效性和吸引力，关键是坚持内容为王的原则。这一原则要求我们在创作中注重内容的品质和价值，力求提供有深度、有见地、有思想的内容，以满足读者的需求。我们在挖掘改革开放中的先进人物和典型事件时，更应遵循这一原则，深入挖掘事件的内涵和人物的内心世界，以呈现更丰富、更真实的历史画卷。在改革开放的进程中，涌现出了许多具有时代特色和影响力的先进人物。他们有的是在科技创新领域取得了重大突破，为国家的科技进步作出了突出贡献；有的是在文化领域积极探索，引领了社会思想的发展；还有的是在平凡的岗位上默默奉献，为社会的进步付出了辛勤的劳动。通过对这些人物的挖掘，我们可以更深入地了解那个时代的历史背景和社会氛围。在改革开放的过程中，发生了许多具有代表性的事件。这些事件有的反映了当时的社会矛盾和问题，有的则体现了人民群众的智慧和力量。通过对这些事件的挖掘，我们可以更全面地了解改革开放的历史进程和时代变迁。同时，通过对这些事件的深入研究，我们还可以从中吸取历史的经验和教训，为今天的发展提供借鉴。坚持内容为王的原则，深入挖掘改革开放中的先进人物和典型事件，我们可以更全面、更深入地了解那个时代的历史背景和社会氛围。同时，这些先进人物和典型事件所体现出的精神品质和时代价值，对于今天推进全面深化改革、实现中华民族伟大复兴的中国梦仍具有重要意义。因此，我们应该注重对这一历史时期的深入研究，以期为后人留下更加真实、有价值的历史记录。同时，我们应该从这些先进人物和典型事件中汲取力量和智慧，为实现今天的发展目标提供强大的精神动力。

（三）汇聚新媒体的传播合力

通过制定科学的传播策略、丰富传播内容、强化互动与参与等手段，新

---

① 全国干部培训教材编审指导委员会．公共事件中媒体运用和舆论应对［M］．北京：人民出版社，2011：103.

媒体能够汇聚强大的传播合力。这种合力不仅能够扩大改革开放政策的影响力，还能有效引导社会舆论，坚定人们对未来发展的信心。要针对不同新媒体平台的受众特点，制定有针对性的传播策略，提高传播效果。要结合时代特点，创新传播内容，用生动、形象的方式呈现改革开放的伟大历程和成就。要利用新媒体平台的互动功能，引导受众参与讨论，增强传播的互动性和参与感。[①] 要发挥意见领袖的作用，借助知名人士、专家的力量，扩大传播的影响力。要及时监测传播效果，对传播策略进行动态调整，确保传播效果的最大化。新媒体时代下，宣传改革开放精神需要我们充分认识到新媒体的特点和优势，制定科学的传播策略，丰富传播内容，强化互动与参与。只有这样，才能汇聚新媒体的传播合力，让更多的人了解和认同改革开放精神。同时，需要密切关注新媒体的发展动态，不断调整和完善宣传策略，以适应时代的变化。

五、融入专题活动，强化自觉践行意识

对弘扬和培育改革开放精神具有促进作用的活动有很多。一是可以举办专题展览和宣传活动。通过组织专题展览和宣传活动，向广大群众介绍改革开放的历史背景、发展历程和伟大成就，展示改革开放精神的内涵和精神实质。[②] 同时，可以通过开展讲座、论坛等形式，邀请专家学者进行深入解读和阐释，增强活动的理论深度和文化底蕴。二是开展实地考察和体验活动。通过组织实地考察和体验活动，让人们亲身感受改革开放的成果和变化，了解各行各业的发展状况和改革进程。可以组织参观企业、农村、社区等不同领域，了解改革开放以来取得的巨大成就和实践经验。三是举办文艺作品征集和评选活动。通过举办文艺作品征集和评选活动，鼓励广大群众积极创作反映改革开放历程和精神的优秀文艺作品。这些作品可以是歌曲、舞蹈、电影、电视剧等，通过评选和展演等方式，为广大群众提供丰富的文化盛宴和精神食粮。四是开展志愿服务和社会实践活动。通过组织志愿服务和社会实践活动，引导广大志愿者和社会力量积极参与改革开放精神的弘扬工作。可以组织开展扶贫济困、助学助残、环保公益等活动，为社会贡献爱心和力量。五是开展群众性精神文明创建活动，沿着“巩固、提高、延伸、辐射”的基本

---

① 全国干部培训教材编审指导委员会．公共事件中媒体运用和舆论应对［M］．北京：人民出版社，2011：104.

② 连维良．中国国家综合配套改革试验区（2005—2021 年）［M］．北京：人民出版社，2022：169.

思路向广度和深度拓展。总之，通过开展各种形式的改革开放精神弘扬活动，可以让更多的人了解和认同这种精神，激发人们的爱国热情和民族自豪感，为全面建设社会主义现代化国家汇聚强大的精神力量。

专题展览和宣传活动是一种有效的宣传方式，通过向广大群众介绍改革开放的历史背景、发展历程和伟大成就，展示改革开放精神。这种活动可以激发人民群众的爱国热情和社会责任感，增强民族自豪感和自信心，推动社会主义精神文明建设。在组织专题展览和宣传活动时，首先，要根据不同的受众群体，确定相应的主题和内容，如介绍改革开放的历史背景、发展历程、重要人物等。其次，要确保内容的真实性和客观性，避免虚假信息和误导性的言论。要根据展览内容和受众群体的需求，设计合理的展览形式，如规划展板、图片、文字、实物等布局。最后，注意色彩搭配、视觉效果，使展览更加生动有趣。要为参观者提供专业的讲解服务，帮助他们更好地了解展览内容和历史背景。讲解员应具备扎实的专业知识和良好的沟通能力，能够深入浅出地解释复杂的概念和问题。要针对不同受众群体，制作不同类型的宣传资料，如海报、折页、宣传册等。这些资料应简洁明了、图文并茂，易于理解和接受。要加强互动体验，通过设置互动环节或体验区等方式，增强参观者的参与度和体验感。例如，设置多媒体展示区域、模拟操作台等，让参观者亲身体验改革开放带来的变化和成果。要扩大传播渠道，除了在现场进行展览和宣传，还可以利用各种媒体平台进行广泛传播。例如，在报纸、电视、广播、网络等媒体上发布新闻稿件、刊登相关报道等。通过举办专题展览和宣传活动，可以让更多的人了解改革开放的历史背景和发展历程，感受改革开放带来的巨大变化和成就，进一步弘扬改革开放精神。

实地考察和体验活动是一种生动、直观的宣传方式，可以加深参观者对改革开放精神的理解和认识。人们通过参与这些活动，能更深入地了解改革开放的历史背景、发展历程和伟大成就，感受改革开放带来的巨大变化和成果，进一步弘扬改革开放精神。在组织实地考察和体验活动时，首先要确定考察地点和主题。要根据不同的受众群体，选择具有代表性的地区或机构作为考察地点，如深圳特区、浦东新区等。[①] 同时，要确保考察内容的丰富性和多样性，包括经济发展、社会进步、文化创新等方面。要针对不同受众群体的需求，设计多样化的体验项目和互动环节，让参观者能够亲身感受到改革

① 秦淑娟、祁明．立德树人实践育人：改革开放40周年社会实践调研报告［M］．北京：人民出版社，2020：340.

开放所带来的变化和成果。例如，可以通过模拟操作台、互动游戏等方式增加趣味性。要为参观者提供专业的讲解服务，帮助他们更好地了解考察地的历史背景和发展状况。讲解员应具备扎实的专业知识和良好的沟通能力，能够深入浅出地解释复杂的概念和问题。在组织实地考察和体验活动时，要加强安全保障措施，确保参观者的安全。例如，设置警示标识、安排工作人员巡视等。这些活动能让更多的人深入了解改革开放的历史背景和发展历程，感受改革开放带来的巨大变化和成果，进一步弘扬改革开放精神。

文艺作品征集和评选活动，可以鼓励广大群众积极参与创作，以多样化的形式展示改革开放精神。这些作品涵盖歌曲、舞蹈、戏剧、电影等多种形式，涉及各个领域和层面，能够生动形象地反映改革开放的历史进程和精神风貌。在组织文艺作品征集和评选活动时，首先要明确活动的主题和范围，确保参赛作品的创作方向符合要求。可根据不同受众群体设置不同的主题，如企业、农村、城市等。要设置丰富的奖项和奖励机制，激发参赛者的积极性和创造力。可以考虑设立一等奖、二等奖、三等奖等多级奖项，并为获奖者提供一定的物质奖励和精神鼓励。可以邀请相关领域的专家学者担任评委或指导老师，为参赛者提供专业的指导和支持。可以通过举办培训讲座、艺术交流等活动，提高参赛者的创作水平和艺术表现力。可以利用各种渠道和平台加强宣传推广力度，吸引更多的参赛者和观众参与活动。可以在报纸、电视、网络等媒体上发布新闻稿件、刊登相关报道等，扩大活动的知名度和影响力。通过文艺作品征集和评选活动，可以让更多的人了解改革开放的历史进程和精神风貌，感受改革开放带来的巨大变化和成果，进一步弘扬改革开放精神。

群众性精神文明创建活动，是改革开放以来党和人民的伟大创造，是提高公民思想道德素质和文明程度的重要途径。[①] 改革开放以来，精神文明创建活动已经形成了文明行业、文明单位、文明城市创建等系列品牌，正在沿着“巩固、提高、延伸、辐射”的基本思路向广度和深度拓展。

第一，要在文明行业创建活动中大力弘扬改革开放精神。开展文明行业创建活动，必将有力地提高行业管理和服务水平，培育行业精神，提升行业的知名度和信任度，增强行业的整体实力和竞争力，使行业在激烈的市场竞争中立于不败之地，并不断得到新的发展。[②] 要在各行业职工队伍中培育良好

---

① 李合亮．解析与建构：当代中国思想政治教育的哲学反思［M］．北京：人民出版社，2010：9.

② 王学俭．社会主义价值论纲［M］．北京：人民出版社，2016：361.

的职业道德和创新精神。通过开展创建文明行业活动，加强对职工的思想道德教育，帮助他们解决工作和生活中遇到的实际困难，引导他们增强主人翁责任感，自觉把个人利益的实现与行业业务工作的发展结合起来，从业人员以推进行业发展为己任，在行业的发展中实现自身的价值。创建文明行业活动，要把提高从业人员职业道德素质放在首位，根据行业特点，针对突出问题，具体细化、科学制定不同岗位的职业道德规范和行为准则，形成规范的职业行为，养成良好的职业道德。要充分发挥自我约束机制和外部监督机制的作用，组织干部职工修订完善行业规范、职业守则等，逐步建立和完善职业道德规范体系，把职业道德教育融入行业管理和服务之中，使广大从业人员成为职业道德的模范实践者。要通过行风评议活动增强广大职工的服务意识、提升业务创新能力。行风的好坏，是一个部门和行业管理水平的重要标志。行业风气好，经济效益和社会效益就好。近年来，各地各部门非常重视行风评议活动，通过设立政风行风投诉举报中心、开设“行风热线”、组建市民巡访团、聘请行风监督员等形式，切实加强对行风的评议，取得了明显成效。行风评议的目的是改善行业作风。要把行风评议活动与纠正行业不正之风结合起来，坚持以“评”促“纠”、以“评”促“建”，通过行风评议活动发现问题、查找不足，通过纠正行业不正之风，改善服务质量、提高服务水平。

第二，要在文明城市创建活动中大力弘扬改革开放精神。在创建文明城市活动中，要高度重视城市经济社会发展的人文因素，努力培育城市精神，不断提升城市品位。[①] 要积极培育具有鲜明改革开放时代特色的城市精神。我国地域辽阔，各个城市的自然环境、文化传统、风土人情、发展水平有着很大差别。改革开放以来，我国城市建设与发展相当迅猛，但存在一个共性的问题，就是城市缺乏特色与个性，一些原来颇具地方特色及民族特色的城市，正在被整齐划一的新建筑淹没。城市的魅力在于特色。创建文明城市，要从实际出发，充分挖掘和弘扬每个城市独有的历史文化和现代文明资源，彰显城市的文化个性和品位，凸显城市的独有魅力，努力做到各具特色，各展所长。城市精神是一个城市的灵魂，充分展示了城市的文化魅力，鲜明地体现了城市的特色。在创建文明城市活动中，要广泛发动群众及时总结和提炼特色鲜明、内涵深刻的城市精神。

为了推动文明城市创建彰显个性、展示特色，《全国文明城市（地级以

---

① 洪晓楠．哲学的文化转向［M］．北京：人民出版社，2009：382.

上）测评体系（2021年版）》专门设立了“特色指标”。中央文明办在全国集中推出了三明市、张家港市、天津和平区、大连市、厦门市、西安市、绵阳市、合肥市、南宁市、中山市、宜昌市、杭州市、深圳市、苏州市、宁波市、广州市、唐山市、青岛市、石河子市、包头市、长沙市、武汉市、南昌市、成都市、重庆市渝北区、南京市、惠州市、马鞍山市等一大批创建文明城市的先进典型，推广了北京、上海、天津、南京等城市创建文明社区活动的先进经验。这些先进典型中既有直辖市，也有省会城市、地级市、县级市；既有经济发达地区的城市，也有经济欠发达地区的城市；既有宣传一个城市的全面经验，也有宣传其中一个方面的做法。这些先进典型的推出，使其他城市学有榜样，赶有方向，带动和推进了城市精神文明建设在更广的范围内开展起来。典型城市的感召力在于其先进性和时代性。[①] 一定要结合改革开放的时代要求、中国特色社会主义事业的需要，把具有推广意义和示范价值的先进典型城市选择出来。要善于总结和提炼典型城市的精神内涵。典型的生命力在于其深度与内涵，总结经验、理论升华是挖掘典型内涵的必要环节。要站在全局工作的高度，从先进城市的实践积累中总结提炼出具有普遍借鉴意义的经验，把先进城市的具体做法上升为规律性的认识。要善于推广和运用典型。综合运用多种传播途径，大力宣传创建文明城市的先进典型，广泛开展学习典型的活动，用典型的精神促进工作，用典型的经验指导工作。[②]

第三，要在文明村镇创建活动中大力弘扬改革开放精神。当前，广大农民群众的思想积极健康向上，他们关心国家大事，期盼国泰民安，创业进取精神不断增强。同时也要看到，随着农村经济社会的深刻变革，在传统种植农业之外农民拥有了更多的谋生选择和生存空间，单一务农减少而兼业经营增多，分散性和流动性日益增强，受多元、多变、多样的社会思想观念的影响程度加深。随着以互联网、手机为代表的现代信息技术在农村的迅猛发展和广泛运用，信息传输速度大大加快，一些格调低下、色情淫秽的“文化垃圾”向农村转移蔓延。现代的与传统的、先进的与落后的思想道德观念相互交织，一些农民群众表现出了判断的茫然和选择的困惑，封建迷信、聚众赌博、大操大办等陈规陋习在一些农村地区不同程度地存在，诚信缺失、邻里失和、宗族纠纷等现象时有发生。农村社会文化环境的新变化和农民思想状

① 李长春．南粤大地创新篇：世纪之交广东改革发展的探索与实践［M］．北京：人民出版社，2016：945.

② 吴艳东．思想政治教育导向论［M］．北京：人民出版社，2017：205.

况的新特点，迫切要求我们大力加强科学精神、创新精神、和谐精神的宣传教育，扎实推进文明村镇创建活动。

六、把握实践要求，提升改革创新能力

改革开放事业对领导干部的主体品格（能力、素质和理想信念）具有较高要求。“精神文明建设的根本任务是培育有理想、有道德、有文化、有纪律的社会主义新人，提高全民族的思想道德素质和科学文化素质。”① 这句话表明，这首先要求大幅提升领导干部的改革创新能力。离开了改革创新的社会实践，精神文明建设就无法转化为一种现实的改造世界的力量。自改革开放以来，全党的工作中心已转移到经济建设上来，精神文明建设与经济建设相结合是应有之义。经济建设越发展越要加强精神文明建设，这一观念日益深入人心。经济建设和精神文明建设能够互为条件、互为目的地发展，这是社会主义精神文明建设的发展规律。科技、文化是精神文明的两个重要方面，精神文明建设不能简单地承担道德“教化”功能，而必须强化精神文明建设提升人的素质并支撑经济社会发展的功能，促进其与经济建设紧密而有机的结合。② 同时，经济建设中劳动生产率的提高，往往有赖于人的积极进取的精神信念和人的现代化的综合素质。这两个方面的需求，使经济建设和精神文明建设紧密结合，改革开放精神应运而生。

锤炼领导干部改革创新的主体品格，首先需要锤炼其驾驭改革开放的能力。这是改革开放精神的题中之义，因为改革开放精神一方面是时代的价值标准，另一方面则是时代对人的能力、素质的要求。改革中遇到的阻力和困难原因是复杂的，其中就有人的心理、观念、行为方式与时代要求的反差，有封建残余观念如安于现状、思想懒惰、惧怕变革、墨守成规等的影响。若没有从心理、思想、观念到行为方式都体现时代要求的人，没有真正投身改革、为“四化”奋力献身的人，那么深化改革、对外开放就难以为继。改革开放事业对领导干部的主体品格具有较高要求：树立共产主义远大理想、坚持四项基本原则；有较高的知识素质，即具有丰富的现代科学文化知识、理论根底、业务知识以及与思想政治工作密切相关的专业知识，能应用各类知识解决现实问题，有很强的业务能力；有较高的修养，即胸怀宽阔，坚持真

---

① 中共中央文献研究室．社会主义精神文明建设文献选编［M］．北京：中央文献出版社，1996：573.

② 吴忠．市场经济与现代伦理［M］．北京：人民出版社，2003：83.

理，尊重人、关心人、爱护人，为人诚恳，言行一致，严于律己。领导干部在决策中要解放思想，大胆探索，善于和敢于开拓创新。[①] 要培养科学的预见性，及时发现和把握一个时期带倾向性的问题和潜在的矛盾；要勇于深化改革，优化体制机制，实现领导的科学化、民主化。领导干部要在立足本国的基础上面向世界，要在大力传承和弘扬本民族优秀文化传统的同时，广泛了解与研究国外的文明成果；要在以我为主的前提下，借鉴吸纳一切民族、一切国家的长处，为我所用。改革开放越深入，越需要大胆地学习和吸收对我们有用的东西，把有利于生产力发展和社会进步的措施、方法都尽可能地学过来，用以推动我国的社会主义现代化建设事业。所谓“大胆”，就是进一步解放思想，冲破各种妨碍接受新知识、新经验、新事物的条条框框。[②]

锤炼领导干部改革创新的主体品格，要高度重视思想作风建设。所谓思想作风，指人们在一定世界观指导下，在社会生活中表现出的人生态度、行为方式和精神风貌。“思想作风是带有根本性的，搞好党风，首先要搞好党的思想作风。”[③] 领导干部是推动社会发展的重要力量，他们的思想作风直接影响整个组织的凝聚力和发展动力。因此，高度重视思想作风建设，不仅是锤炼领导干部改革创新能力的关键，更是推动社会进步的重要保障。一个优秀的领导干部必须具备前瞻性的思维方式、勇于开拓的精神、善于解决问题的能力以及良好的团队协作精神。这些能力的形成，都离不开在日常工作中的不断锤炼和实践；而思想作风建设正是为领导干部提供了一个锻炼和提升这些能力的平台。[④] 通过深入学习和思考，领导干部能够形成科学的世界观、人生观和价值观，从而更好地指导实践，推动工作的创新和发展。思想作风建设鼓励领导干部积极思考，挑战传统观念，敢于提出新思路、新方法。[⑤] 通过不断学习和反思，领导干部能够逐渐形成独立思考的能力，从而激发出强烈的创新意识。面对复杂多变的现实问题，领导干部需要具备敏锐的洞察力和高效的问题解决能力。思想作风建设可引导领导干部深入实际，调查研究，帮助他们掌握科学的方法论，从而能够更加准确地分析问题，找到合适的解决方案。在现代社会，团队协作能力已经成为领导干部不可或缺的素质。思

---

① 吴忠．市场经济与现代伦理［M］．北京：人民出版社，2003：84.

② 本书编写组．《中共中央关于全面深化改革若干重大问题的决定》辅导读本［M］．北京：人民出版社，2013：67.

③ 张立昌．党的建设的主题：谈保持党的先进性［M］．北京：人民出版社，2002：235.

④ 本书编写组．江泽民同志重要论述研究［M］．北京：人民出版社，2002：295.

⑤ 本书编写组．江泽民同志重要论述研究［M］．北京：人民出版社，2002：294.

想作风建设强调集体主义精神，促使领导干部在团队中发挥积极作用，学会倾听和尊重他人意见，提高团队协作效率。思想作风建设要求领导干部严于律己，保持良好的道德品质和职业操守。通过加强自我反思、开展批评与自我批评，领导干部能够更好地认识自己，不断完善自身素质，为改革创新能力的提升奠定坚实基础。那么，如何通过思想作风建设锤炼领导干部的改革创新能力呢？要组织领导干部定期学习马克思主义理论，提高他们的政治觉悟和理论素养。通过学习，领导干部能够更好地理解和运用党的路线方针政策，为改革创新提供正确的方向指引。要鼓励领导干部深入基层，了解人民群众的实际需求。通过调查研究，领导干部能够发现现实问题，寻找改革创新的突破口，同时能够增强他们与人民群众的联系，提高服务群众的能力。要引导领导干部树立正确的价值观和人生观，培养健康的生活情趣和良好的工作作风。通过加强自我修养，领导干部能够更好地抵御各种诱惑和错误思想的影响，保持清醒的头脑和坚定的信仰。要将思想作风建设纳入领导干部考核评价体系，作为选拔任用的重要依据。通过科学的考核机制，能够激励领导干部更加注重自身思想作风的锤炼，不断提高改革创新的能力。总之，锤炼领导干部的改革创新能力是一个长期而系统的工程，需要我们以思想作风建设为切入点，全面提升领导干部的综合素质。只有这样，我们才能培养出一支具有强烈改革创新意识和能力的领导干部队伍，为推进中国式现代化作出更大贡献。

锤炼领导干部改革创新的主体品格，要正确处理社会主义市场经济与社会主义精神文明的关系。人的道德意识，一方面是从对传统的继承中得来，另一方面是从对现实实践的反映与升华中得来。恩格斯曾经精辟地指出："人们自觉地或不自觉地，归根到底是从他们阶级地位所依据的实际关系中——从他们进行生产和交换的经济关系中，获得自己的伦理观念。"[①] 在从自然经济到市场经济、从农业文明到工业文明的社会发展大变革中，新的社会实践、新的道德要求必然越来越多地反映到人们的头脑中。我们应该引导人们从现实经济关系中汲取道德观念，而不是把精神文明作为人们必须接受的客观意志，这就容易把精神文明的宣传简单化为抽象的、不可捉摸的说教，难以为人们所接受，更难以变为人们自觉的行动。其实，社会主义市场经济自身就内在地提出了对精神文明的要求。[②] 在市场经济条件下，生产者追求利润最大

① 马克思恩格斯选集（第三卷）[M]. 北京：人民出版社，2012：470.

② 高静文，雷念曾. 社会主义市场经济的人文精神 [M]. 北京：北京出版社，2005：197.

化，是要讲利润的。但假如说市场经济缺乏道德的规范、精神的信念，这显然是不成立的。

市场经济与自然经济的区别，从经济学上讲就是“为他人生产”与“为自己生产”的区别。自然经济是“为自己生产”的，生产的目的是满足自身的需要。“男耕女织”“三十亩地一头牛，老婆孩子热炕头”，万事不求人，就是其理想的生活。这种生产方式使生产者闭塞、自私、狭隘，且注重产品的使用价值，主要是实用、耐用。市场经济是“为他人生产”的，即为满足他人的需要而生产。因此，生产者必须研究他人的需要，为他人服务，其产品价值才能实现。这种生产方式有二重性，一方面是“利他”——产品的使用价值符合社会的需要，适销对路；另一方面是“利己”——追求利润。当两者相统一，即在向社会奉献优质产品的前提下获得自身正当的利益，利他倾向就比较突出；当两者相分裂，只顾价值（金钱）不顾使用价值（质量）时，利己倾向就会压倒利他倾向而走向利己主义、拜金主义。从市场经济的本性上讲，利他、奉献是前提、基础；利己、索取是结果、回报。凡是遵循这个逻辑的企业，必定不断发展壮大；反之虽能得逞于一时，但终究会为消费者所抛弃，为社会所淘汰。由此可见，“只讲索取、不讲奉献”的不道德经济行为，不是社会主义市场经济所固有的，而是市场经济发育不成熟的表现。① 社会主义市场经济呼唤着现代精神文明，精神文明的水准越高，则表明社会主义市场经济越成熟。改革开放精神，将社会主义市场经济对人的素质和能力的要求与社会主义道德水准的提高统一起来，将全面深化改革开放的要求与社会主义精神文明建设统一起来，为经济、社会和人的全面发展提供了强大的精神动力和智力支持。

① 李仁武．制度伦理研究：探寻公共道德理性的生成路径［M］．北京：人民出版社，2009：200.

结 语

改革开放精神是与马克思主义与时俱进的理论品质、中华民族开拓创新的实践品格及改革开放基本经验相结合的重要思想成果。它体现在当代中国人民的价值追求、行为准则、思维方式、道德情操之中，是贯通改革开放事业的原则和灵魂，是中国共产党人精神谱系的重要组成部分。

本书经过深入且富有成效的研究，达到了以下目的：一是生动记录了改革开放波澜壮阔的历史进程，为改革画像，为先贤留名，为人民存史；二是总结了改革开放的历史经验，发挥借鉴参考作用，为新时代全面深化改革开放贡献智慧和力量；三是给出了弘扬改革开放精神切实可行的路径，以此激励人民、启迪人民，增进改革共识；四是以党和国家领导人的相关论述为依据，概括了中国共产党人凝练改革开放精神的方法，即“赓续优良传统、升华实践经验、把握实践指向”，为研究中国共产党人精神谱系提供了方法借鉴。

改革开放精神的理论基础、实践基础、生成路径、基本内涵、重大意义和实践路径等基本问题得以全面阐释，一个内涵丰富、立意高远的改革开放精神立体地呈现于人们面前。这是中国共产党人精神谱系研究的一个重要成果，必将对今后的研究产生积极影响。

下一步，改革开放精神的研究将在五个方面得以突破和创新。一是对于改革开放精神的内涵和外延有更深入的认识和理解；二是关于改革开放精神与民族精神关系的探讨更加丰富和完善；三是对于改革开放精神在不同历史时期的作用和影响力的研究更加系统和全面；四是关于如何在新时代背景下弘扬改革开放精神的研究更具前瞻性和指导性；五是对于如何将改革开放精神转化为实际行动和工作成效的研究更加注重实效性和可操作性。

参考文献

1. 经典著作及重要文献

[1]中共中央马克斯恩格斯列宁斯大林著作编译局．马克思恩格斯全集(第一卷)[M]．北京：人民出版社，1956—2016.

[2]中共中央马克斯恩格斯列宁斯大林著作编译局．马克思恩格斯全集(第二卷)[M]．北京：人民出版社，1956—2016.

[3]中共中央马克斯恩格斯列宁斯大林著作编译局．马克思恩格斯全集(第三卷)[M]．北京：人民出版社，1956—2016.

[4]中共中央马克斯恩格斯列宁斯大林著作编译局．马克思恩格斯全集(第七卷)[M]．北京：人民出版社，1956—2016.

[5]中共中央马克斯恩格斯列宁斯大林著作编译局．马克思恩格斯全集(第三十卷)[M]．北京：人民出版社，1956—2016.

[6]中共中央马克斯恩格斯列宁斯大林著作编译局．马克思恩格斯全集(第三十三卷)[M]．北京：人民出版社，1956—2016.

[7]中共中央马克斯恩格斯列宁斯大林著作编译局．马克思恩格斯全集(第三十六卷)[M]．北京：人民出版社，1956—2016.

[8]中共中央马克斯恩格斯列宁斯大林著作编译局．马克思恩格斯文集(第一—十卷)[M]．北京：人民出版社，2009.

[9]中共中央马克斯恩格斯列宁斯大林著作编译局．马克思恩格斯选集(第一—四卷)[M]．北京：人民出版社，2012.

[10]中共中央马克斯恩格斯列宁斯大林著作编译局．列宁全集第二版增订版(第一—七卷)[M]．北京：人民出版社，2013.

[11]中共中央马克斯恩格斯列宁斯大林著作编译局．列宁全集第二版增订版(第八—六十卷)[M]．北京：人民出版社，2017.

[12]中共中央马克斯恩格斯列宁斯大林著作编译局．列宁专题文集：论马克思主义[M]. 北京：人民出版社，2009.

[13]中共中央马克斯恩格斯列宁斯大林著作编译局．列宁专题文集：论社会主义[M]. 北京：人民出版社，2009.

[14]中共中央文献研究室．毛泽东选集(第一—四卷)[M]. 北京：人民出版社，1991.

[15]中共中央文献研究室．毛泽东文集(第一—二卷)[M]. 北京：人民出版社，1993.

[16]中共中央文献研究室．毛泽东文集(第三—五卷)[M]. 北京：人民出版社，1996.

[17]中共中央文献研究室．毛泽东文集(第六—八卷)[M]. 北京：人民出版社，1999.

[18]中共中央文献研究室．毛泽东文艺论集[M]. 北京：中央文献出版社，2002.

[19]中共中央文献研究室．毛泽东年谱(一九四九——九七六)(第二、五卷)[M]. 北京：中央文献出版社，2013.

[20]中共中央文献研究室．毛泽东传(一八九三——九四九)[M]. 北京：中央文献出版社，1996.

[21]中共中央文献研究室．毛泽东书信选集[M]. 北京：人民出版社，1983.

[22]中共中央文献研究室．毛泽东思想年编：（一九二一——九七五）[M]. 北京：中央文献出版社，2011.

[23]中共中央文献研究室．周恩来年谱(一九四九——九七六)(上)[M]. 北京：中央文献出版社，1997.

[24]刘少奇．论共产党员的修养[M]. 北京：人民出版社，1962.

[25]中共中央文献编辑委员会．邓小平文选(第一—二卷)[M]. 北京：人民出版社，1994.

[26]中共中央文献编辑委员会．邓小平文选(第三卷)[M]. 北京：人民出版社，1993.

[27]中共中央文献研究室．邓小平年谱(一九七五——九九七)(上、下)[M]. 北京：中央文献出版社，2004.

[28]中共中央文献研究室．邓小平思想年谱[M]. 北京：中央文献出版社，1998.

[29]中共中央文献研究室．邓小平思想年编[M]. 北京：中央文献出版社，2011.

[30]中共中央文献编辑委员会．陈云文选(第三卷)[M]. 北京：人民出版社，1995.

[31]董必武选集(一九四一——一九九〇年)[M]. 北京：人民出版社，1985.

[32]彭真文选(一九四一——一九九〇年)[M]. 北京：人民出版社，1991.

[33]《彭真传》编写组．彭真年谱(1979—1997)(第五卷)[M]. 北京：中央文献出版社，2012.

[34]中共中央文献研究室．宋平论党的建设文选[M]. 北京：中央文献出版社，2000.

[35]公民道德建设实施纲要[M]. 北京：人民出版社，2001.

[36]中国共产党史稿(第三分册)[M]. 北京：人民出版社，1983.

[37]中共中央文献研究室．建国以来重要文献选编(第九册)[M]. 北京：中央文献出版社，1994.

[38]中共中央文献研究室．三中全会以来重要文献选编(上、下)[M]. 北京：中央文献出版社，2011.

[39]中共中央文献研究室．十二大以来重要文献选编(上)[M]. 北京：中央文献出版社，2011.

[40]中共中央文献研究室．十二大以来重要文献选编(中)[M]. 北京：中央文献出版社，2011.

[41]中共中央文献研究室．十二大以来重要文献选编(下)[M]. 北京：中央文献出版社，2011.

[42]中共中央文献研究室．十三大以来重要文献选编(上)[M]. 北京：中央文献出版社，2011.

[43]中共中央文献研究室．十三大以来重要文献选编(中)[M]. 北京：中央文献出版社，2011.

[44]中共中央文献研究室．十三大以来重要文献选编(下)[M]. 北京：中央文献出版社，2011.

[45]中共中央文献研究室．十四大以来重要文献选编(上)[M]. 北京：中央文献出版社，2011.

[46]中共中央文献研究室．十四大以来重要文献选编(中)[M]. 北京：中央文献出版社，2011.

[47]中共中央文献研究室．十四大以来重要文献选编(下)[M]. 北京：

中央文献出版社，2011.

[48]中共中央文献研究室．十五大以来重要文献选编(上)[M]．北京：中央文献出版社，2011.

[49]中共中央文献研究室．十五大以来重要文献选编(中)[M]．北京：中央文献出版社，2011.

[50]中共中央文献研究室．十五大以来重要文献选编(下)[M]．北京：中央文献出版社，2011.

[51]中共中央文献研究室．十六大以来重要文献选编(上)[M]．北京：中央文献出版社，2011.

[52]中共中央文献研究室．十六大以来重要文献选编(中)[M]．北京：中央文献出版社，2011.

[53]中共中央文献研究室．十六大以来重要文献选编(下)[M]．北京：中央文献出版社，2011.

[54]中共中央文献研究室．十七大以来重要文献选编(上)[M]．北京：中央文献出版社，2009.

[55]中共中央文献研究室．十七大以来重要文献选编(中)[M]．北京：中央文献出版社，2011.

[56]中共中央文献研究室．十七大以来重要文献选编(下)[M]．北京：中央文献出版社，2013.

[57]中共中央文献研究室．十八大以来重要文献选编(上)[M]．北京：中央文献出版社，2014.

[58]中共中央文献研究室．十八大以来重要文献选编(中)[M]．北京：中央文献出版社，2016.

[59]中共中央文献研究室．十八大以来重要文献选编(下)[M]．北京：中央文献出版社，2018.

[60]中共中央文献研究室．十九大以来重要文献选编(上)[M]．北京：中央文献出版社，2019.

[61]中共中央文献研究室．十九大以来重要文献选编(中)[M]．北京：中央文献出版社，2021.

[62]中共中央文献研究室．十九大以来重要文献选编(下)[M]．北京：中央文献出版社，2023.

[63]中共中央文献研究室．社会主义精神文明建设文献选编[M]．北京：中央文献出版社，1996.

[64]中共中央关于社会主义精神文明建设指导方针的决议[M]．北京：人民出版社，1986.

[65]中共中央关于加强社会主义精神文明建设若干重要问题的决议[M]．北京：人民出版社，1996.

[66]中共中央关于全面深化改革若干重大问题的决定[M]．北京：人民出版社，2013.

[67]中共中央宣传部．毛泽东、邓小平、江泽民论弘扬和培育民族精神[M]．北京：学习出版社，2003.

[68]江泽民文选(第一—三卷)[M]．北京：人民出版社，2006.

[69]江泽民论社会主义精神文明建设[M]．北京：中央文献出版社，1999.

[70]江泽民论有中国特色社会主义(专题摘编)[M]．北京：中央文献出版社，2002.

[71]江泽民．在毛泽东同志诞辰100周年纪念大会上的讲话[M]．北京：人民出版社，1993.

[72]江泽民．在庆祝中国共产党成立七十周年大会上的讲话[M]．北京：人民出版社，1991.

[73]江泽民．在庆祝中国共产党成立八十周年大会上的讲话[M]．北京：人民出版社，2001.

[74]江泽民．全面建设小康社会开创中国特色社会主义事业新局面：在中国共产党第十六次全国代表大会上的报告[M]．北京：人民出版社，2002.

[75]胡锦涛文选(第一—三卷)[M]．北京：人民出版社，2016.

[76]胡锦涛．在纪念毛泽东同志诞辰110周年座谈会上的讲话[M]．北京：人民出版社，2003.

[77]胡锦涛．在邓小平同志诞辰100周年纪念大会上的讲话[M]．北京：人民出版社，2004.

[78]胡锦涛．在纪念周恩来同志诞辰110周年座谈会上的讲话[M]．北京：人民出版社，2008.

[79]胡锦涛．在孙中山先生诞辰140周年纪念大会上的讲话[M]．北京：人民出版社，2006.

[80]胡锦涛．在纪念红军长征胜利70周年大会上的讲话[M]．北京：人民出版社，2006.

[81]胡锦涛．在纪念中国人民抗日战争暨世界反法西斯战争胜利60周年大会上的讲话[M]．北京：人民出版社，2005.

[82]胡锦涛．在全国抗震救灾总结表彰大会上的讲话[M]．北京：人民出版社，2008.

[83]胡锦涛．在纪念党的十一届三中全会召开30周年大会上的讲话[M]．北京：人民出版社，2008.

[84]胡锦涛．高举中国特色社会主义伟大旗帜　为夺取全面建设小康社会新胜利而奋斗：在中国共产党第十七次全国代表大会上的报告[M]．北京：人民出版社，2007.

[85]胡锦涛．坚定不移沿着中国特色社会主义道路前进　为全面建成小康社会而奋斗：在中国共产党第十八次全国代表大会上的报告[M]．北京：人民出版社，2012.

[86]习近平著作选读(第一卷)[M]．北京：人民出版社，2023.

[87]习近平著作选读(第二卷)[M]．北京：人民出版社，2023.

[88]习近平谈治国理政(第一卷)[M]．北京：外文出版社，2018.

[89]习近平谈治国理政(第二卷)[M]．北京：外文出版社，2017.

[90]习近平谈治国理政(第三卷)[M]．北京：外文出版社，2020.

[91]习近平谈治国理政(第四卷)[M]．北京：外文出版社，2022.

[92]习近平关于社会主义精神文明建设论述摘编[M]．北京：中央文献出版社，2022.

[93]习近平关于社会主义文化建设论述摘编[M]．北京：中央文献出版社，2017.

[94]习近平关于“不忘初心、牢记使命”论述摘编[M]．北京：中央文献出版社，2019.

[95]习近平关于实现中华民族伟大复兴的中国梦论述摘编[M]．北京：中央文献出版社，2013.

[96]习近平．论中国共产党历史[M]．北京：中央文献出版社，2021.

[97]习近平．论坚持全面深化改革[M]．北京：中央文献出版社，2018.

[98]习近平新时代中国特色社会主义思想三十讲[M]．北京：学习出版社，2018.

[99]习近平．习近平总书记系列重要讲话读本[M]．北京：人民出版社，2016.

[100]习近平．在纪念孙中山先生诞辰150周年大会上的讲话[M]．北京：

人民出版社，2016.

[101]习近平．在纪念邓小平同志诞辰110周年座谈会上的讲话[M]．北京：人民出版社，2014.

[102]习近平．在纪念马克思诞辰200周年大会上的讲话[M]．北京：人民出版社，2018.

[103]习近平．在庆祝改革开放40周年大会上的讲话[M]．北京：人民出版社，2018.

[104]习近平．在第十三届全国人民代表大会第一次会议上的讲话[M]．北京：人民出版社，2018.

[105]习近平．在哲学社会科学工作座谈会上的讲话[M]．北京：人民出版社，2016.

[106]习近平．在“不忘初心、牢记使命”主题教育总结大会上的讲话[M]．北京：人民出版社，2020.

[107]习近平．加强政党合作　共谋人民幸福：在中国共产党与世界政党领导人峰会上的主旨讲话[M]．北京：人民出版社，2021.

[108]习近平．在全面抗击新冠肺炎疫情表彰大会上的讲话[M]．北京：人民出版社，2020.

[109]习近平．在庆祝中国共产党成立100周年大会上的讲话[M]．北京：人民出版社，2021.

[110]中共中央关于党的百年奋斗重大成就和历史经验的决议[M]．北京：人民出版社，2021.

[111]习近平．高举中国特色社会主义伟大旗帜　为全面建设社会主义现代化国家而团结奋斗：在中国共产党第二十次全国代表大会上的报告[M]．北京：人民出版社，2022.

[112]习近平新时代中国特色社会主义思想学习纲要(2023)[M]．北京：学习出版社，人民出版社，2023.

[113]中国共产党第二十次全国代表大会文件汇编[M]．北京：人民出版社，2022.

2. 学术专著（含国外）

[1]吴德刚．伟大建党精神：孕育与形成[M]．北京：中共党史出版社，2023.

[2]吴德刚．伟大建党精神：弘扬与发展[M]．北京：中共党史出版

社，2023.

[3]吴德刚．中国共产党精神品格[M]．北京：人民出版社，2022.

[4]左亚文．中国精神导引[M]．武汉：武汉大学出版社，2022.

[5]王士祥．中华诗词中的民族精神[M]．郑州：大象出版社，2022.

[6]辜鸿铭．中国人的精神[M]．长沙：湖南人民出版社，2022.

[7]邓军．革命精神融入高校时代新人培育的理论与实践[M]．南宁：广西师范大学出版社，2022.

[8]高国忠．高水平改革开放　推动高质量发展：改革开放精神与新时代浦东开发开放文集[M]．上海：上海交通大学出版社，2022.

[9]中共承德市委组织部．中国共产党人精神谱系：塞罕坝精神[M]．北京：中国旅游出版社，2022.

[10]王炳林．为什么需要精神：中国共产党革命精神引论[M]．北京：中共党史出版社，2021.

[11]刘锡诚．中国神话与民族精神[M]．北京：商务印书馆，2021.

[12]冯庆．历史主义与民族精神[M]．北京：华夏出版社，2021.

[13]中共上海市浦东新区委员会党校．浦东开发开放的历程及其精神品格[M]．上海：上海交通大学出版社，2021.

[14]曲青山．中国共产党百年历史经验[M]．北京：人民出版社，2021.

[15]周敬青．不负人民　解码伟大建党精神[M]．北京：中共中央党校出版社，2021.

[16]张荣臣，蒋成会．力量：中国共产党的伟大精神[M]．北京：红旗出版社，2021.

[17]人民日报理论部．中国共产党与中国[M]．长沙：湖南人民出版社，2021.

[18]蒋积伟．改革开放精神[M]．北京：中共党史出版社，2020.

[19]王炳林．新时期党的政治建设研究[M]．北京：中国书籍出版社，2020.

[20]李金和．中国梦的精神实质与社会主义核心价值观培育[M]．北京：人民出版社，2021.

[21]罗平汉．伟大的改革开放[M]．成都：四川人民出版社，2019.

[22]张兆安．改革开放40年：上海100项案例[M]．上海：上海社会科学院出版社，2019.

[23]深圳创新发展研究院．改革者：百位深圳改革人物[M]．北京：中

信出版社，2019.

[24]陈其泰．史学与民族精神[M]．北京：华夏出版社，2018.

[25]慎海雄．习近平改革开放思想研究[M]．北京：人民出版社，2018.

[26]张雄，等．改变中国人的十四个观念：改革开放40年经济哲学范畴诠释[M]．上海：上海财经大学出版社，2018.

[27]中国人民政治协商会议广东省深圳市委员会．敢闯敢试：改革开放以来深圳创造的全国“率先”[M]．深圳：海天出版社，2018.

[28]袁木．关于改革开放的若干认识问题[M]．北京：中国言实出版社，2016.

[29]田纪云．田纪云文集：经济改革和对外开放卷[M]．北京：中国民主法制出版社，2016.

[30]赵存生，宇文利．中国精神：弘扬和培育中华民族精神的理论与实践[M]．上海：上海人民出版社，2014.

[31]梅黎明．精神永存：中国共产党精神概说[M]．北京：中国发展出版社，2013.

[32]萧冬连．筚路维艰：中国社会主义路径的五次选择[M]．北京：社会科学文献出版社，2014.

[33]孙秀民．中国革命精神及其当代价值研究[M]．北京：北京师范大学，2013.

[34]肖力，邢洪儒．中国共产党精神建设研究[M]．北京：光明日报出版社，2012.

[35]中共中央党史研究室．中国共产党历史(第一卷)[M]．北京：中共党史出版社，2011.

[36]周建标．中华民族精神演化[M]．厦门：厦门大学出版社，2011.

[37]黄宏，程卫华．浦东精神[M]．北京：人民出版社，2011.

[38]人民日报理论部．精神的力量：中国共产党伟大精神最新阐释[M]．北京：人民日报出版社，2011.

[39]张启华，等．中国共产党思想理论发展史[M]．北京：人民出版社，2011.

[40]谢和平．中国的力量：从汶川与海地地震后20天看中国的制度、文化和精神[M]．成都：四川大学出版社，2010.

[41]傅治平．精神的升华：中国共产党的精气神[M]．北京：人民出版社，2010.

[42]张曙光，等．民族信念与文化特征：民族精神的理论研究[M]．北京：人民出版社，2009.

[43]刘献君，等．现实挑战与路径选择：民族精神的对策研究[M]．北京：人民出版社，2009.

[44]欧阳康．思想碰撞与方法借鉴：民族精神的比较研究[M]．北京：人民出版社，2009.

[45]雷洪．社会理想与精神追求：民族精神的实证研究[M]．北京：人民出版社，2009.

[46]郑师渠．中华民族精神研究[M]．北京：北京师范大学出版社，2009.

[47]周勇．红岩精神研究[M]．北京：中共党史出版社，2009.

[48]雷莹．不朽的丰碑：中国共产党革命精神历史嬗变研究[M]．北京：光明日报出版社，2009.

[49]杨叔子．弘扬与培育民族精神研究[M]．北京：经济科学出版社，2009.

[50]金冲及．二十世纪中国史纲[M]．北京：社会科学文献出版社，2009.

[51]石云霞．中国特色社会主义改革开放的历史经验研究[M]．武汉：华中科技大学出版社，2008.

[52]田纪云．改革开放的伟大实践：纪念改革开放三十周年[M]．北京：新华出版社，2009.

[53]陈金龙．改革开放与民族精神[M]．广州：广东教育出版社，2008.

[54]蒋斌，梁桂全．敢为人先：广东改革开放30年研究总论[M]．广州：广东人民出版社，2008.

[55]李宗桂．中华民族精神概论[M]．广州：广东人民出版社，2007.

[56]詹小美．民族精神论[M]．广州：中山大学出版社，2007.

[57]韩震．社会主义核心价值体系研究[M]．北京：人民出版社，2007.

[58]张友谊，商志晓．中华民族精神导论[M]．济南：山东人民出版社，2006.

[59]马新发，雷莹．中国共产党革命精神研究[M]．北京：中国社会科学出版社，2006.

[60]郭国祥．当代中国先进文化建设规律研究[M]．武汉：湖北人民出版社，2005.

[61]郝登峰．现代精神动力论[M]．广州：广东人民出版社，2005.

[62]孔庆榕，鲁开垠．中华民族精神与当代中华民族凝聚力研究[M]．

北京：中国社会科学出版社，2007.

[63]俞祖华，赵慧峰．中华民族精神新论[M]．济南：山东大学出版社，2005.

[64]丁少锋，刘居安．民族先进精神论[M]．北京：中央编译出版社，2004.

[65]骆郁廷．精神动力论[M]．武汉：武汉大学出版社，2003.

[66]丁建弘，李霞．德国文化：普鲁士精神和文化[M]．上海：上海社会科学院出版社，2003.

[67]齐欣．世界著名政治家、学者论邓小平[M]．上海：上海人民出版社，1999.

[68]关振强．鲁迅精神与改革开放[M]．珠海：珠海出版社，1999.

[69]汪大海．挑战失业的中国：跨世纪中国头号难题与国人的命运[M]．北京：经济日报出版社，1999.

[70]费孝通．中华民族多元一体格局[M]．北京：中央民族大学出版社，1999.

[71]金志华，汪大年．时代精神与哲学发展：改革开放的哲学探索[M]．合肥：安徽人民出版社，1993.

[72]张难生，温宪元．改革开放中的精神文明建设[M]．广州：广东高等教育出版社，1993.

[73]孙国栋，施国光．中华民族精神与素质研究[M]．杭州：杭州大学出版社，1991.

[74]娄礼生，等．改革中的民族精神[M]．徐州：中国矿业大学出版社，1990.

[75]庞朴．文化的民族性与时代性[M]．北京：中国和平出版社，1988.

[76]袁木．改革·开放·精神文明建设[M]．北京：中国经济出版社，1987.

[77]许苏民．中华民族文化心理素质简论[M]．昆明：云南人民出版社，1987.

[78]石仲泉，欧阳辉，肖伟光．力量的源泉：改革开放以来群众的首创精神[M]．北京：人民出版社，2019.

[79]江潭瑜，邢锋，李凤亮．深圳改革开放史[M]．北京：人民出版社，2010.

[80]朱庭光．世界历史名人谱近代卷[M]．北京：人民出版社，1998.

[81]陈之骅．苏联史纲(1917—1937)(下)[M]．北京：人民出版社，1991.

[82]杨海波．列宁文化理论研究[M]．北京：人民出版社，2015.

[83]徐向前．历史的回顾[M]．北京：人民出版社，2016.

[84]侯外庐，赵纪彬，杜国庠，等．中国思想通史(第二卷)[M]．北京：人民出版社，2011.

[85]方克立．马魂 中体 西用：中国文化发展的现实道路[M]．北京：人民出版社，2015.

[86]张岱年．张岱年哲学文选(上)[M]．北京：中国广播电视出版社，1999.

[87]傅治平．精神的升华：中国共产党的精气神[M]．北京：人民出版社，2007.

[88]英格尔斯．人的现代化[M]．殷陆君，编译．成都：四川人民出版社，1985.

[89]丹尼尔·贝尔．资本主义文化矛盾[M]．赵一凡，浦隆，任晓晋，译．北京：生活·读书·新知三联书店，1989.

[90]埃德加·斯诺．西行漫记[M]．董乐山，译．北京：东方出版社，2005.

[91]罗素．中国问题[M]．秦悦，译．上海：学林出版社，1996.

[92]爱尔维修．论精神[M]．杨伯恺，译．上海：上海人民出版社，2019.

[93]龙安志．大开放美国人亲历中国改革开放 40 年[M]．蒲昳林译．北京：中华工商联合出版社，2018.

[94]塞缪尔·P. 亨廷顿．变化社会中的政治秩序[M]．王冠华，刘为，等译．上海：上海人民出版社，2015.

[95]罗斯·特里尔．毛泽东传[M]．何宇光，刘加英，译．北京：中国人民大学出版社，2013.

[96]李侃如．治理中国：从革命到改革[M]．胡国成，赵梅，译．北京：中国社会科学出版社，2010.

[97]丹纳．艺术哲学[M]．曹圆英，译．西安：陕西人民出版社，2007.

[98]雅斯贝斯．时代的精神状况[M]．王德峰，译．上海：上海世纪出版集团，2005.

[99]威廉·H. 布兰察德．革命道德：关于革命者的精神分析[M]．戴长征，译．北京：中央编译出版社，2004.

[100]费正清．伟大的中国革命：1800－1985年[M]．刘尊棋，译．北京：世界知识出版社，2000.

[101]丁考夫(CJkovel)．历史与精神[M]．俞可平，译．北京：中央编译出版社，1998.

[102]弗兰西斯·福山．信任：社会道德和繁荣的创造[M]．北京：远方出版社，1998.

[103]莫里斯·迈斯纳．毛泽东的中国与后毛泽东的中国[M]．杜蒲，李玉玲，译．成都：四川人民出版社，1992.

[104]戴维·W. 张．邓小平领导下的中国[M]．喻晓，译．北京：法律出版社，1991.

[105]Woetzel Jonathan R. China's economic opening to the outside world：the politics of empowerment [M]. New York：Praeger，1989.

[106] Robert Kleinberg. China's "opening" to the outside world：the experiment with foreign capitalism[M]. Boulder，Colorad：Westview Press，1990.

[107] David S. G. Goodman. China's Campaign to "Open up the West" [M]. Cambridge：Cambridge University Press，2004.

[108] Ma Zhengang. 30 Years of reform & opening-up，evolution & prospects of China's international environment & its foreign affairs [M]. Beijing：World Affairs Press，2009.

[109] Zhiyong，Fan. China's Opening-Up [M]. New York：Paul & Co Publications Consortium，2011.

3. 期刊论文（含国外）

[1]商志晓．精神与民族精神刍议[J]．山东社会科学，1990，(3)：74-79.

[2]商志晓．破解我国改革发展稳定面临的深层次矛盾[J]．中国党政干部论坛，2023，(6)：45-49.

[3]唐洲雁．中国共产党创造人间奇迹的密码[J]．人民论坛，2021，(30)：54-57.

[4]马永庆．略论科学地研究民族精神[J]．山东社会科学，1990，(5)：75-78.

[5]高继文．习近平新时代中国特色社会主义思想对科学社会主义基本原则的守正创新[J]．思想理论教育导刊，2023，(1)：22-31.

[6]王增福，王敏．伟大建党精神的生成逻辑、构成要素与价值意蕴[J]．理论学刊，2021，(6)：51-59.

[7]姚文放．从“艺术生产”理论到生产性文学批评：马克思恩格斯文艺理论向批评实践的拓展[J]．山东社会科学，2023，(1)：64-70.

[8]史家亮．中国共产党党内政治文化的基本特征[J]．东岳论丛，2020，41(6)：153-160.

[9]李爱华．《共产党宣言》理论价值的当代意义[J]．当代世界与社会主义，2023，(1)：55-63.

[10]何中华．“民族精神”之我见[J]．山东社会科学，1990，(1)：24-26.

[11]王炳林，马雪梅．弘扬以伟大建党精神为源头的中国共产党人精神谱系[J]．中国青年社会科学，2022，41(6)：2-9.

[12]周向军．习近平新时代中国特色社会主义思想的世界观和方法论生成逻辑[J]．马克思主义理论学科研究，2023，9(3)：28-37.

[13]包心鉴．中国现代文明建设的道路：兼论中华民族精神的特点及现实价值[J]．山东社会科学，1990，(1)：16-19.

[14]齐卫平．新时代新征程弘扬伟大建党精神的使命任务[J]．思想理论教育，2023，(1)：4-11.

[15]韩震．论新时代的中国时代精神[J]．中国社会科学，2023，(1)：4-23，204.

[16]杨文．改革开放精神融入大学生思想政治教育的价值及路径探析[J]．南京航空航天大学学报(社会科学版)，2022，24(2)：108-112，118.

[17]王少．伟大建党精神的制度化实践及特征[J]．南京师范大学学报(社会科学版)，2022，(6)：95-104.

[18]张明．伟大建党精神与中国共产党人的精神谱系关系研究[J]．新疆师范大学学报(哲学社会科学版)，2022，43(1)：18-30.

[19]王易．中国共产党精神谱系的百年流变、精髓要义及赓续发展[J]．思想政治教育(人大复印)，2021，(5)：23-33，151.

[20]石仲泉．时代之魂的伟大建党精神论[J]．中国浦东干部学院学报，2021，15(5)：21-38.

[21]左亚文，常晨晨．民族精神的内在觉醒：我们何以需要中国精神[J]．江汉论坛，2021，(12)：46-52.

[22]刘建军．伟大建党精神的理论解读[J]．思想理论教育，2021，(8)：12-17.

［23］王炳林，张雨．中国共产党百年革命精神的精髓要义［J］．思想理论教育导刊，2021，（3）：27-33.

［24］董振华．伟大建党精神的科学内涵与时代价值［J］．红旗文稿，2021，（14）：16-20，1.

［25］丁俊萍．伟大建党精神的内在逻辑［J］．思想理论教育导刊，2021，（7）：4-9.

［26］张士海，张宏旭．中国共产党建党精神生成逻辑的三维考察［J］．陕西师范大学学报（哲学社会科学版），2021，50（5）：5-11.

［27］王炳林，张雨．伟大建党精神是中国共产党的精神之源［J］．中国高等教育，2021，（Z3）：4-6.

［28］雷坚，王从英．论新时代改革开放精神的时代价值与伟大意义［J］．党史博采（理论版），2021，（12）：61-63.

［29］陈锡喜．建设马克思主义学习型政党以赓续伟大建党精神［J］．马克思主义理论学科研究，2021，7（8）：23-33.

［30］赵凤欣．伟大建党精神与中国共产党人精神谱系的逻辑关系研究［J］．思想理论教育，2021，（8）：25-31.

［31］农华西，凌海金．中国共产党革命精神百年发展传承及基本经验［J］．贵州社会科学，2021，（8）：11-18.

［32］刘荣刚．论中国共产党的革命精神的基本特质［J］．毛泽东邓小平理论研究，2021，（5）：51-58，107-108.

［33］张悦．中国共产党百年历史实践铸造的革命精神实质［J］．云南师范大学学报（哲学社会科学版），2021，53（3）：13-21.

［34］陈路路．中国共产党百年伟大革命精神的新时代诠释［J］．社会主义研究，2021（1）：8-15.

［35］曹甜甜．习近平总书记关于革命精神重要论述的生成逻辑和鲜明特色［J］．中国高校社会科学，2021，（1）：91-99，159.

［36］许金华．中国共产党伟大建党精神的生成逻辑及其现实启示［J］．南昌大学学报（人文社会科学版），2021，52（5）：16-24.

［37］白显良．基于四重逻辑深刻把握中国共产党伟大建党精神［J］．学校党建与思想教育，2021，（13）：9-14.

［38］陈胜锦．生成逻辑·内涵解析·实践理路：中国共产党伟大建党精神的三维探赜［J］．西北民族大学学报（哲学社会科学版），2021，（6）：15-25.

[39]耿磊．伟大建党精神的基本内涵、生成逻辑与时代价值[J]．毛泽东研究，2021，(5)：17-25.

[40]代玉启．中国共产党伟大建党精神的三重逻辑[J]．求索，2021，(5)：33-41.

[41]蔡志强，袁美秀．伟大建党精神的内涵、形成机理与实践要求[J]．思想理论教育，2021，(8)：4-11.

[42]张志丹．伟大建党精神的多维诠释[J]．马克思主义理论学科研究，2021，7(7)：32-41.

[43]邹广文．中华民族精神所彰显的自然与生命[J]．求是学刊，2021，48(2)：49-56.

[44]王增福．新时代中国共产党人初心与使命的四重蕴涵[J]．理论视野，2020，(5)：74-79.

[45]吴潜涛，郭灏．改革开放精神的本质属性及其弘扬[J]．高校马克思主义理论教育研究，2020，(1)：47-56.

[46]詹红菊．习近平对中国共产党革命精神的理论贡献[J]．学校党建与思想教育，2020，(9)：51-53.

[47]李明，赵金科．改革开放精神：民族精神与时代精神的传承与创新[J]．南京航空航天大学学报(社会科学版)，2020，22(3)：20-27.

[48]黄坤明．弘扬伟大改革开放精神激发将改革开放进行到底的强大力量[J]．党建，2019，(1)：34.

[49]韩震．改革开放以来中国人民的精神物质[J]．理论导报，2019，(6)：20-21.

[50]石仲泉．力量的源泉：改革开放以来群众的首创精神[J]．内蒙古宣传思想文化工作，2019，(5)：48.

[51]郑敬斌．理解改革开放精神的三维向度[J]．东岳论丛，2019，40(7)：184-190.

[52]韩振峰．改革开放铸就了伟大改革开放精神[J]．思想理论教育导刊，2019，(3)：21-23.

[53]燕连福，郭世平．论改革开放精神的形成渊源、基本内涵与弘扬路径[J]．思想教育研究，2019，(1)：24-26.

[54]范宝舟．改革开放精神动力的唯物史观解读[J]．马克思主义与现实，2019，(5)：17-24.

[55]张祝平．务实：改革开放的精神品质[J]．红旗文稿，2019，(3)：39.

[56]郑佳然．新时代弘扬改革开放精神的伟大意义[J]．红旗文稿，2019，(4)：11-13.

[57]王兵．改革开放精神：新时代中国特色社会主义发展的强大动力[J]．中国延安干部学院学报，2019，12(1)：11-17.

[58]杨金海．深化改革开放精神研究的方法论思考：深入学习习近平总书记在庆祝改革开放40周年大会上的重要讲话精神[J]．思想理论教育，2019，(3)：4-10.

[59]刘志彪．中国改革开放的核心逻辑、精神和取向：为纪念改革开放40周年而作[J]．东南学术，2018，(4)：60-66，247.

[60]王炳林，房正．关于深化中国共产党革命精神研究的几个问题[J]．中国高校社会科学，2016，(3)：4-15，155.

4. 报纸文章

[1]习近平．携手同行现代化之路[N]．人民日报，2023-03-16(002).

[2]钟华论．将改革开放进行到底[N]．新华每日电讯，2023-12-19(001).

[3]习近平．关于《中共中央关于党的百年奋斗重大成就和历史经验的决议》的说明[N]．人民日报，2021-11-17(002).

[4]习近平在学习贯彻党的二十大精神研讨班开班式上发表重要讲话强调正确理解和大力推进中国式现代化[N]．人民日报，2023-02-08(001).

[5]金观平．深化改革开放增强内生动力[N]．经济日报，2024-02-25(001).

[6]弘扬伟大长征精神走好今天长征路的行动纲领[N]．南方日报，2016-10-22(F02).

[7]以伟大建党精神引领新时代赶考之路[N]．经济日报，2023-07-01(001).

[8]段丹洁．筑牢中国共产党精神之基[N]．中国社会科学报，2021-07-21(001).

[9]王健生．汲取改革开放精神鼓励改革开放探索　激发改革开放动力[N]．中国改革报，2023-12-18(002).

[10]仲音．弘扬伟大建党精神，在新的赶考之路上踔厉奋发[N]．人民日报，2023-07-01(005).

[11]查建国，陈炼．深入研究阐释伟大建党精神[N]．中国社会科学报，2022-07-18(001).

[12]王永昌．继承发扬伟大建党精神[N]．人民日报，2021-09-28(009).

[13]林雅华．从伟大建党精神中汲取前行力量[N]．人民日报，2021-10-28(009).

[14]本报评论部．中国共产党的精神之源[N]．人民日报，2021-07-07(005).

[15]本报评论员．永远把伟大建党精神继承下去发扬光大[N]．人民日报，2021-07-04(001).

[16]陈华洲，向蓉．深刻把握伟大建党精神的历史内涵[N]．湖北日报，2021-10-05(003).

[17]曾越．以伟大建党精神推进新时代中国共产党自我革命的路径探析[N]．科学导报，2024-01-26(B04).

[18]曹玲娟．铭记党的奋斗历程弘扬伟大建党精神[N]．人民日报，2022-10-17(004).

[19]汲梦喆，李厚燃．构建弘扬伟大建党精神的科学体系[N]．中国社会科学报，2021-12-16(012).

[20]张胜军．继承弘扬伟大建党精神[N]．中国纪检监察报，2021-07-04(001).

[21]传承弘扬改革开放精神奋力推进中国式现代化[N]．南方日报，2023-12-27(A10).

[22]杨昕．大力弘扬伟大改革开放精神[N]．中国社会科学报，2019-02-28(001).

[23]于俊如．弘扬改革开放精神为实现伟大梦想凝聚精神力量[N]．天津日报，2019-01-03(009).

[24]南方日报评论员．以改革开放的眼光看待改革开放[N]．南方日报，2018-12-25(F02).

[25]徐建飞．深化改革开放全面建设社会主义现代化国家[N]．深圳特区报，2022-12-13(B01).

[26]吴秋余．弘扬改革开放精神凝聚民族复兴伟力[N]．人民日报，2021-11-29(007).

[27]欧阳洁，林丽鹂，罗珊珊．发扬特区精神深化改革开放[N]．人民日报，2021-08-30(006).

[28]本报评论部．将改革开放进行到底[N]．人民日报，2021-05-28(005).

[29]陶文昭．把握伟大改革开放精神的特质内涵[N]．经济日报，2019-

06-10(012).

[30]刘建平，王昕伟．弘扬改革开放精神创造新的更大奇迹[N]．中国社会科学报，2018-12-25(008).

5. 学位论文

[1]张旭．中国共产党伟大建党精神研究[D]．长春：吉林大学，2023.

[2]陈雪雪．中国共产党革命观研究[D]．北京：中共中央党校，2021.

[3]王福军．黑龙江优秀精神研究[D]．哈尔滨：东北林业大学，2021.

[4]崔利萍．习近平革命文化观研究[D]．西安：陕西师范大学，2020.

[5]周娜．当代大学生中国共产党革命精神认同研究[D]．石家庄：河北师范大学，2016.

致谢

这部凝聚着我心血的著作《全面深化改革的动力支持研究》，终于付梓成书了。此时此刻，感慨万千！在此，要郑重地向关心、支持我的老师、同学、朋友们表达诚挚的谢意！

首先，要特别感谢的是我的导师商志晓教授。在攻读博士期间，商老师对我的生活、学习等各方面都格外关注，可谓用心良苦。刚入学的时候，商老师语重心长地对我说："尽快提升自己！"当我信心不足的时候，他鼓励我："只要找对方法，多写多练，多下功夫，坚持不懈，就必有收获！"当他发现我与老师、同学交流很少，也不出去参会，就提醒我："千万不要把自己封闭起来，要经常关注学术界的动态，要经常与学界同人交流，这样你才能够进步得更快！"商老师不仅治学严谨，成就斐然，而且坚持公允、厚道地对待人，带领大家一起进步，这是值得我终身学习的品质！

还有一位要特别感谢的老师，就是导师组的高继文教授。在 2020 年 6 月到 2021 年 1 月那段时间，我没有调整好自己的状态，博士论文的写作也遇到很大困难。那段时间里，高老师给了我很多关心和帮助！他耐心地引导我、鼓励我，给我提供了许多材料，让我认真揣摩、体会。在高老师的鼓励之下，我再次振作精神，下决心一定要把论文写好。在此衷心感谢高老师付出的心血！

导师组的其他老师，也为我的写作提供了巨大支持。比如冯继康教授、唐洲雁教授、万光侠教授、王增福教授等都学识渊博，平易近人，对学生非常关心。史家亮老师一直很关心我的学业，不厌其烦地对我的论文进行过多次指导，提出了许多宝贵意见；李爱华老师就论文框架对我进行过悉心指导；马永庆老师给我提供了许多宝贵的资料；徐稳老师鼓励我要多下功夫把论文写好；马德坤老师比较关注我的学业成长，对我的论文提出了许多非常有价值的意见；张福记老师多次打电话关心我的论文、写作进度，对写作中遇到的问题进行了耐心的指导；董振平老师对我的论文提出了宝贵意见；刘芳老师经常鼓励我要坚持不懈。老师们所付出的心血，我都铭记心间！向以上诸位老师致敬！

孙晓桐老师和庞帅康老师任劳任怨、尽职尽责，帮助我解决了许多问题，在此向两位老师表示诚挚的感谢！

其次，2017 级的博士生同学们，都非常友善、热情、真挚，我从他们身上学到了许多东西。尤其是朱文琦和王硕，在学术上给了我很大的帮助和支持。李晔、王霞、刘畅、陈琳、田兆臣几位同学，也从各方面帮助过我。这份真挚的同学情谊，我会永远珍视！

最后，要感谢父母的养育之恩。母亲在我高考的前几个月去世了，这是我心底最大的遗憾！自从 2003 年 12 月母亲去世之后，父亲从没考虑过续弦，那时他就笃定一个信念：要让他的两个孩子过上好的生活！在此后的 20 年里，他从事着极重的体力劳动，下过矿井、当过铸造工人，省吃俭用，以超常的毅力、巨大的牺牲为我和妹妹提供了良好的物质条件。父母的生养之恩，无以为报！